W0000656

Dankeschön !

Es grüßt Sie herzlich

GRÜNAU

Geschäftsgebiet WOLFIN IB - Dichtungsbahnen

Großes Buch der Antiquitäten

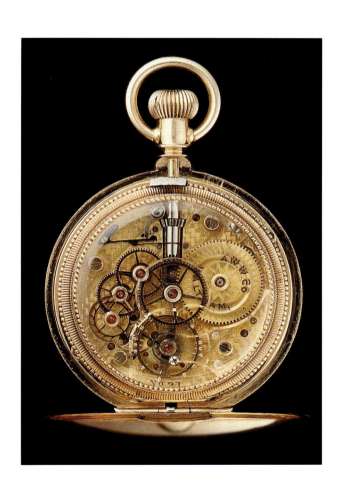

Großes Buch der Antiquitäten

von
Lucilla Watson

Deutsche Bearbeitung
Brigitte Lymant

NAUMANN & GÖBEL

GROSSES BUCH DER ANTIQUITÄTEN

© 1989 für die deutsche Ausgabe by
Naumann & Göbel Verlagsgesellschaft, Köln

UNDERSTANDING ANTIQUES
„An Artists House Book"
© für die Originalausgabe by
Mitchell Beazley Publishers 1987

Übersetzung, Bearbeitung und ergänzende Texte:
Dr. Brigitte Lymant mit freundlicher Unterstützung
des Museums für Angewandte Kunst, Köln
Lektorat: Sabina Tschaikowski-Rösgen, Klaus Kramp
Schutzumschlaggestaltung: Rincón Partners, Köln
Satz: Fotosatz Thönnessen, Köln
Gesamtherstellung: Mainpresse Richterdruck, Würzburg
Gestaltung und Inhalt geschützt
Printed in West Germany
Alle Rechte vorbehalten

ISBN 3-625-10423-7

Inhalt

Einleitung

Einleitung

Von Antiquitäten geht eine allgemeine und trotzdem geheimnisvolle Faszination aus. Ihre Anziehungskraft liegt auf der Hand, aber ihre historische und stilistische Bedeutung erweckt oftmals weniger Interesse, denn Beschreibung und Datierung, zeitliche und stilistische Einordnung erscheinen, isoliert betrachtet, leicht als bedeutungslos. Dieses Buch will die gefragtesten Antiquitätengattungen erläutern und, indem es sie in ihren stilistischen und historischen Zusammenhang stellt, das Verständnis für sie erleichtern. *The Pocket Guide to Antiques*, Bevis Hilliers ausgezeichneter Kurzführer für den beginnenden Sammler, war die hauptsächliche Quelle und Anregung für dieses Buch, das in Bild und Text die Entwicklung der wichtigsten Stile der beliebtesten Gattungen – Möbel und Spiegel, Keramik, Glas, Uhren und Silber – verfolgt. Indem es neben Europa auch Ostasien und zum Teil Amerika berücksichtigt, bietet es dem Leser einen internationalen Überblick über jede Gattung, aufgeteilt nach Ländern und Epochen.

Natürlich wechselten die Stilperioden nicht über Nacht, und es wäre ein Mißverständnis zu denken, daß sie, nachdem sie sich einmal durchgesetzt hatten, überall angenommen wurden oder daß jeder Kabinettmacher und Silberschmied oder jede Porzellanmanufaktur sich einer neuen Stilrichtung sofort anschlossen. Die meisten Neuerungen gingen von den großen Städten aus, und die Provinz hinkte oft ein gutes Stück hinterher, bevor sie schließlich einen neuen Stil annahm, der in Paris oder London bereits allgemeine Mode war. Außerdem wurden die ausgeprägtesten stilistischen Stilarten der heutigen Antiquitäten – oft die Luxusgegenstände vergangener Jahrhunderte – hauptsächlich für den Geschmack des Adels und der reichen Oberschichten entworfen. Nur sie konnten sich solche Stücke leisten, und nur sie hatten die Muße, sie in Ruhe zu genießen. Für diese Gesellschaftsschicht wog das Entzücken über ein kostbares Möbelstück oder ein erlesenes Tafelservice mehr als sein Gebrauchswert. Für die einfacheren Gesellschaftsschichten, bei denen Möbel und Hausrat vor allem praktischen Zwecken dienten, spielte der Stilwandel eine nur untergeordnete Rolle, obwohl die handwerkliche Verarbeitung oft einen hohen Standard hatte.

Dieses Buch unternimmt nicht den Versuch, die Geschichte der eher einfachen Alltagsgegenstände zu schreiben. Statt dessen will es, indem es den jeweils vorherrschenden „Luxus"-Stil der vergangenen Jahrhunderte zeigt, ein besseres Verständnis für alle Antiquitäten vermitteln und das Erkennen der nationalen und internationalen Hauptströmungen im Laufe der Jahrhunderte erleichtern.
Lucilla Watson

Dieses Buch ist den wichtigsten Gattungen und Strömungen des internationalen Kunsthandwerks gewidmet. International sind unsere Antiquitäten auch in einem umfassenderen Sinne: Trotz aller nationalen Eigenheiten gingen von einzelnen Zentren immer allgemein verbindliche Stilrichtungen aus, die geschmackbildend in ganz Europa und zum Teil bis nach Nordamerika wirkten. Diesem Wechselspiel von Geben und Nehmen war in besonderem Maße das deutsche Kunsthandwerk unterworfen, das der deutschsprachige Leser am ehesten vor Augen oder in die Hand bekommt. Auch auf diesem Gebiet macht es sich bemerkbar, daß Deutschland ein Binnenland mit vielen Nachbarn ist. Der Süden öffnete sich besonders rasch und bereitwillig den italienischen Anregungen. Der Norden nahm Einflüsse von den Niederlanden, Frankreich und England auf. Die politische und konfessionelle Zersplitterung und das Fehlen eines in Geschmacksfragen tonangebenden Zentrums begünstigten regionale Sonderformen, die sich erst im Klassizismus verwischten.

Ausgehend von Nürnberg und Augsburg, schloß sich Deutschland seit ca. 1530 der Renaissance an. Eine Höchstleistung der Kunsttischlerei sind die überreich intarsierten Kabinettschränke. Ihr Herstellungszentrum war nicht zufällig Augsburg, die Handelsstadt an der Straße nach Italien: Die Intarsie war ursprünglich eine italienische Ziertechnik. Augsburg und Nürnberg waren auch Zentren der Uhrmacher- und Goldschmiedekunst. Meisterwerke wie die vergoldeten Zimmeruhren und Figurenautomaten wurden um 1600 in keinem anderen Land hergestellt.

Als sich nach der Katastrophe des Dreißigjährigen Krieges neues Leben regte, hatte sich in Europa ein neuer Stil durchgesetzt: der Barock. Frankreich war zur europäischen Großmacht aufgestiegen, und von nun an sollten sich die französischen Stilperioden, jeweils mit leichter Verspätung, auch im deutschen Kunstgewerbe widerspiegeln. Möbeltypen und Ziertechniken – Marketerie, Boulle-Arbeit – wurden aus Frankreich übernommen. Daneben wurden holländische (in Brandenburg) und italienische (in München), im 18. Jahrhundert zunehmend auch englische Möbel vorbildgebend. Einen eigenen Beitrag leistete Deutschland mit den meisterhaft gearbeiteten Schnittgläsern. Ihre schweren, dickwandigen Formen kamen dem barocken

Stilgefühl besonders entgegen. Die Silberschmiede erbrachten mit stark plastischen Treibarbeiten auf Prunkgeräten ihre besten Leistungen. Besonders das Augsburger Silber bewahrte bis zum späten 18. Jahrhundert seinen internationalen Ruf.

Das Rokoko war ursprünglich ein französischer Stil, in Deutschland erreichte es aber seit ca. 1730 eine eigenständige Ausprägung und seine höchste Vollendung. Zum Inbegriff des Rokoko wurde das süddeutsche höfische Schnitzmöbel mit seinem Bahnbrecher Cuvilliés. Seine größte Leistung erbrachte das deutsche Kunsthandwerk jener Epoche aber auf dem Gebiet des Porzellans. Das Verdienst lag nicht alleine in der Entdeckung des Herstellungsverfahrens 1709 durch Böttger. In Meißen wurden um 1730 – 1750/60 in einer technisch und künstlerisch stürmischen Entwicklung die dekorativen Möglichkeiten des Materials ausgeschöpft, z.T. noch heute gültige Gefäßtypen entworfen und die Porzellanplastik als neue Gattung eingeführt.

Im letzten Drittel des 18. Jahrhunderts schloß sich Deutschland, wieder einer internationalen Strömung folgend, dem Klassizismus an. In jenen Jahren gelang es David Roentgen, mit seinen großflächigen Bildintarsien in die – im allgemeinen von französischen Künstlern beherrschte – Spitzenklasse der Kunsttischler aufzusteigen. In den ersten Jahrzehnten des 19. Jahrhunderts entstand in Deutschland und Österreich das Biedermeier als eigenständiger – wenn auch von internationalen Anregungen ausgehender – Stil. Das Biedermeier war vorwiegend ein Möbelstil; einen unverkennbaren Charakter zeigen aber auch die technisch und künstlerisch einfallsreichen böhmischen Ziergläser.

Der deutsche geometrische Jugendstil schlug eine sachlichere Note an als das gleichzeitige französische *art nouveau*. Hier steht weniger das luxuriöse Einzelstück als vielmehr der zweck- und materialgerechte, für die (anspruchsvolle) Serienproduktion geeignete Gegenstand im Vordergrund. Aus der Weiterentwicklung dieser Gedanken entstand schließlich Deutschlands großer Beitrag zur Moderne: der Funktionalismus. Er fand seine wichtigste Pflegestätte an dem 1919 in Weimar gegründeten Bauhaus. Die dort entworfenen "Klassiker" bestimmen noch heute das moderne Formempfinden.   Brigitte Lymant

Möbel und Spiegel

Dieses Kapitel stellt die wichtigsten Möbelnationen der Welt in alphabetischer Reihenfolge vor und erläutert die Hauptepochen des Möbelbaus. Die schönsten Beispiele für Entwurf, Dekor und Handwerkskunst sind abgebildet. Spiegeln und Spiegelrahmen ist als besonderem Teil der Raumausstattung ein eigenes Kapitel gewidmet.

Deutschland

Ein süddeutscher Kabinett-schrank, um 1600, mit vielen Schüben und Ge-heimfächern für Dokumente und Wertsachen. Die kostbar intarsierten Kabinett-schränke sind Meisterwerke deutscher Möbelkunst der Spätrenaissance.

Renaissance

Deutschland öffnete sich im 16. Jahrhundert zunächst nur zögernd dem Einfluß der italienischen Renaissance. Erst gegen 1550 hatte sie allgemein die spätgotischen Formen abgelöst. Renaissanceelemente wurden fast nur in der Ornamentik übernommen, die Grundformen der Möbel änderten sich dagegen kaum. Typisch für die süddeutschen Zentren des Möbelbaus (Nürnberg, Augsburg, Ulm, Basel) war der Fassadenschrank, ein in herkömmlicher Weise zweigeschossiger, viertüriger Schrank mit einem schmalen Zwischengeschoß und einem Sockel mit Schubladen. Neu war, daß die Front durch plastische Architekturelemente – Pilaster und Säulen, ein ausladendes Gesims und antikisierende Zierstäbe – einer Fassade ähnlich gestaltet wurde. Die Felder schmückte der typische, ebenfalls geschnitzte Renaissancezierat: Ranken, Delphine, Medaillonköpfe usw.

Der bedeutendste Kunsttischler dieser Epoche war der Nürnberger Peter Flötner (†1546). Seine 1549 postum veröffentlichte Ornamentschnittsamlung *Maureskenbüchlein* übte einen enormen Einfluß auf das Kunsthandwerk seiner Zeit aus. Ähnlich bedeutend war auch das zarte Rankenwerk auf den Ornamentstichen eines anonymen Schweizer Künstlers, der uns heute nur noch unter seinem Monogramm H S bekannt ist.

Ein Formenwandel führte von den sehr ornamentreichen Möbeln der zweiten Hälfte des 16. Jahrhunderts zu klarer und großzügiger gegliederten Fronten um die Wende zum 17. Jahrhundert. Neben dem Schrank blieb überall die Truhe weiter im Gebrauch. Als Furnierholz wurde in den meisten Fällen Esche verwendet.

Intarsien wurden, nach italienischem Vorbild, vor allem in Süddeutschland und den Alpenländern angefertigt, entweder als Holzintarsie aus verschieden gefärbten Hölzern oder auch mit holzfremden Materialien, Elfenbein und gelegentlich Perlmutt. Diese kostbaren Einlegearbeiten blieben in der Regel dem Kabinettschrank vorbehalten, einem zweitürigen Kasten, der auf einem separaten Tischgestell ruht. Bei geöffneten Türen zeigt er eine Vielzahl Schubladen, vorgesehen für Dokumente und Wertsachen. Sämtliche Flächen sind verschwenderisch mit Intarsien in Form von Figuren, Veduten, Blumenvasen, geometrischen Körpern geschmückt. Diese Luxusmöbel fanden fast nur in den fürstlichen Residenzen Abnehmer. Das wichtigste Herstellungszentrum war die Stadt Augsburg neben weiteren Zentren wie Eger in Böhmen und Nürnberg.

In Norddeutschland war das ungefaßte Eichenschnitzmöbel weiterhin beliebt. Der einflußreichste Ornamentstecher war hier Heinrich Aldegrever (1502 – 1555) aus Soest. Gegen Ende des Jahrhunderts wurden die Grotesken und Rollwerkornamente des Niederländers Cornelis Floris (1514 – 1575) viefältig nachgeahmt (Florisstil). Eine „Intarsienenklave" in Norddeutschland war Köln. Der Kölner Schrank zeigt großformatige, besonders farbenfreudige Bildmotive, meistens Blumenvasen. Hier wie auch im übrigen Norddeutschland herrscht der dem französischen *dressoir* verwandte Überbauschrank mit zweitürigem Unterteil und offenem, zurückspringendem Oberteil vor.

Oben: Kölner Schränke um 1600 zeichnen sich durch besonders farbenfrohe Holzintarsien aus. Dieses Exemplar zeigt biblische Szenen auf den Türen und im Zwischengeschoß einen Jagdfries, dazu feine Schnitzereien. Typisch für Nordwestdeutschland ist die Form des Überbauschranks mit zurückgesetztem Oberteil.

Links: Das herausnehmbare Kästchen aus einem Kabinettschrank zeigt eine lebhafte Jagdszene in Intarsienarbeit.

Rechts: Das Eichenbuffet des 17. Jh. geht in der Form noch auf die Spätrenaissance zurück. Typisch für Nordwestdeutschland ist die überreiche Schnitzerei am massiven Eichenmöbel.

Unten rechts: Der Tisch des späten 17. Jh. zeigt auf Platte und Zarge Holzmarketerie, die besonders in Süddeutschland gepflegt wurde. Kennzeichnend für die Epoche sind die gedrechselten, durch geschwungene Stege verbundenen Beine aus schwarzem Ebenholz.

Barock

Der Barockstil konnte sich in Deutschland erst nach dem Ende des Dreißigjährigen Krieges voll entfalten. Das neue Formgefühl dieser Epoche hatte sich allerdings schon seit Anfang des 17. Jahrhunderts in der Hinwendung zu großzügiger zusammengefaßten Formen angekündigt.

Der Schrank blieb das wichtigste Behältnismöbel. Zu Beginn des 17. Jahrhunderts wurde, zuerst in Süddeutschland, die Zweigeschossigkeit allmählich aufgegeben. Es entwickelte sich der zweitürige, eingeschossige Schrank mit durchgehendem Kastenraum im Innern, wobei der Sockel mit zwei Schubladen gewöhnlich beibehalten wurde. Auch die architektonische Gliederung der Front blieb bestehen, sie trat sogar stärker hervor. Die Ecken und jetzt auch die Mitte wurden durch Pilaster oder Säulen betont. Als neues Motiv erscheint die spiralig gewundene Säule, den Abschluß bildet ein mächtiges, profiliertes und oft verkröpftes Gesims. Die Flächen der Schranktüren treten kassettenartig vertieft zurück. Die wichtigsten Möbelzentren im Süden blieben die freien Reichsstädte, je nach Provenienz und Typus spricht man vom Nürnberger, Augsburger und Ulmer Schrank. Der heute wohl berühmteste Typus ist der seit Ende des 17. Jahrhunderts am Mittelrhein hergestellte Frankfurter Schrank. Er verzichtet weitgehend auf plastischen Schmuck und zeigt besonders reiche

Profilierungen, weshalb er auch als Wellenschrank bezeichnet wird. Seine Wirkung bezieht er aus dem verschiedenartig gemaserten Nußbaumfurnier, das nun auch in Deutschland, abgesehen vom Norden, zum Modeholz der Epoche wurde. Bei Intarsienarbeiten – die beim Frankfurter Schrank in sparsamster Weise auftauchen – machte man sich die verschiedenen Maserungen des Nußbaums, je nachdem, aus welchem Teil des Baumes das Holz entnommen war, zunutze. Aus Frankreich wurde jetzt auch die Marketerie als neue Technik zur Verzierung der Möbelflächen übernommen.

In Norddeutschland hielt sich der zweigeschossige und viertürige Schrank teilweise bis gegen 1700, und auch der Überbauschrank blieb als Typus bestehen. Man hielt an der Tradition des ungefaßten Eichenschnitzmöbels fest. Kennzeichnend ist der überreiche plastische Dekor in zeitgenössischen Ornamentformen (Knorpelwerk, Akanthus) oder in Form figürlicher Reliefs. An der ganzen Küste verbreitet waren wuchtige Dielenschränke mit scharf profiliertem, verkröpftem Gesims wie der Hamburger oder der Danziger Schrank. Typisch für den Hamburger Schrank sind die ovalen Türfüllungen. Die Truhe dagegen wanderte nun ganz in den bäuerlichen Bereich ab.

Das Zentrum zur Herstellung für Prunktische war Augsburg. In seinen auf Intarsien spezialisierten Werkstätten wurden sogar die kostbaren *pietra dura*-Arbeiten, Intarsien aus Halbedelsteinen, hergestellt. Solcherart geschmückte Tischplatten fanden in der Regel nur in den Residenzen Abnehmer. Üblicher waren Tische mit Holzmarketerie in der Platte und

gedrechseltem und geschnitztem Gestell. Die Beine sind oft als gewundene Säulen gedrechselt, geradezu ein „Leitmotiv" des 17. Jahrhunderts, und ruhen auf runden oder gedrückten Kugelfüßen. Für den offiziellen Gebrauch findet man häufig schwere Ausziehtische auf vier, sechs oder mehr Beinen, die durch phantasiereich geschwungene Stege verbunden sind, oft mit einem plastischen Aufsatz über dem Kreuzungspunkt.

Die Stühle hatten eine hohe, gerade Lehne. In Gebieten, die unter englischem Einfluß standen, war sie durchbrochen mit einem Mittelbrett gearbeitet. Die Beine laufen im 17. Jahrhundert oft in Voluten aus, um 1720 bekommen sie einen leichten Schwung.

In der Ornamentik lassen sich mehrere Perioden unterscheiden. Das zunächst übliche Knorpel- und Ohrmuschelwerk wird um 1660, zuerst im Italien nahegelegenen München, vom hochbarocken Akanthuslaub abgelöst. Dieses wird im frühen 18. Jahrhundert vom leichteren, eleganteren Bandelwerk nach französischem Muster verdrängt. Nußholzmarketerie in Bandelwerk wurde im 18. Jahrhundert auch für das bürgerliche Möbel bestimmend.

Neben die alten Zentren der Möbelherstellung traten nun, zur Zeit des Absolutismus, zunehmend die Residenzstädte. In München führte Hofbaumeister Josef Effner (1687 – 1745), der in Paris studiert hatte, ab 1715 den neuen französischen Stil ein. Im Norden wurde Berlin tonangebend. Seit Friedrich I. (1701 – 1713) lösten auch hier französische Elemente den italienischen Einfluß ab. Hier entstanden in den ersten Jahrzehnten des 18. Jahrhunderts unter anderem Schreibschränke in kostbarer Boulle-Arbeit mit Einlagen aus Metall und Schildpatt. Hauptorte für die Herstellung des bürgerlichen Möbels wurden Bamberg, Mainz und Würzburg.

Oben: Ein höfisches Luxusmöbel ist diese Kommode aus Königsholz, Sachsen, um 1750, mit geschweifter Front, Parkettierung, vergoldeten Bronzebeschlägen und Marmorplatte. Sie war wohl für den Dresdener Hof bestimmt.

Links: Die Platte des thüringischen Spieltischchens, um 1720, zeigt Bandelwerkmarketerie. Sie läßt sich in mehreren Variationen aufklappen und bietet so ebenfalls intarsierte Felder für verschiedene Brettspiele dar, darunter birgt sie Fächer für Spielsteine.

Rokoko und Klassizismus

Das deutsche Rokoko entwickelte sich seit ca. 1730 aus dem französischen Louis-quinze-Stil, aber in einer freieren, bewegteren und im Ornament oft asymmetrischen Form. Seine Hauptregionen waren das katholische Süddeutschland, das friderizianische Berlin und Sachsen. Der Norden und Nordwesten unterlagen eher holländischem und schließlich englischem Einfluß.

Süddeutschland brachte helles, meistens weiß gefaßtes Mobiliar mit vergoldeten Schnitzereien hervor, zuerst unter dem Münchner Hofbaumeister François de Cuvilliés (1695 – 1768). Das Ornament der Epoche

Unten links: Schreibschrank, Berlin, um 1750. Die Front des Pultgeschosses läßt sich als Schreibplatte aufklappen, die Türen des Schrankaufsatzes bergen Fächer für Briefschaften. Schreibschränke waren besonders kostbar gestaltete Luxusmöbel, dieser zeigt Metall- und Schildpatteinlagen nach Pariser Vorbild (Boulle-Arbeit).

Rechts: Der Konsoltisch aus vergoldetem Holz, um 1750, ist beispielhaft für das Münchener Rokoko in der Art des F. de Cuvilliés. Im höfischen Prunksaal bildeten Konsoltische, Pfeilerspiegel und geschnitzte Boiserien ein einheitliches Gesamtkunstwerk.

Mitte: Stuhl von Abraham Roentgen, um 1760/70, Nußbaum mit Holzintarsien. Die Grundform folgt niederländisch-englischen Vorbildern, Roentgens ingeniöse Leistung sind die Intarsien, die selbst die Stuhlbeine überziehen. Das Meisterwerk wurde für den Kurfürsten von Trier geschaffen.

Rechts: Bei dem Stuhl aus dem ausgehenden 18. Jh. stehen der vergoldete geschnitzte Rahmen und die verzierte Zarge noch in der Rokokotradition, aber die geraden kannelierten Beine und die würfelförmigen Eckstücke weisen schon auf den Klassizismus hin.

Unten: Kommode, letztes Drittel 18. Jh., aus Nußbaum mit Parkettierung und Bildintarsien aus gefärbten und gravierten Hölzern.

war die Rocaille, ein frei geschwungenes, muschelartiges Motiv, das dem Stil den hiervon abgeleiteten Namen Rokoko gab. Von Johann Michael Hoppenhaupt (1709 – nach 1750) in Berlin wurde die Rocaille durch naturalistische Motive wie Blumen, Früchte und Vögel bereichert. Das Ornament überzieht, besonders bei Kommoden und Konsoltischen, die ganze verfügbare Fläche ohne Rücksicht auf die struktive Gliederung.

Typisch für das Rokoko ist auch die Schweifung aller Fronten, selbst die Seitenflächen von Kommoden schwingen oft nach außen. Die Hauptziertechnik blieb die Holzmarketerie, die führenden Werkstätten waren in den mainfränkischen und mittelrheinischen Residenzstädten ansässig. Bis zur Mitte des 18. Jahrhunderts hielt sich das Laub- und Bandelwerk, neben figürlichen Motiven, dann wurde es zunehmend verdrängt durch Parkettierung (großflächige geometrische Muster) und perspektivische Würfelmarketerie.

Nur den kostbarsten Stücken vorbehalten war die Lacktechnik. Sie wurde im Zuge der Ostasienmode zuerst in den Seefahrernationen Holland und England erprobt und gelangte von dort nach Deutschland. Das berühmteste Zentrum für die Herstellung von Lackmöbeln war Dresden – hier entstanden meist Schreibschränke mit verspiegeltem Oberteil –, später kamen Berlin und Mannheim hinzu.

Der Kastenschrank verlor als Repräsentationsmöbel an Bedeutung, er wurde niedriger, und der Schubladensockel verschwand. Das Luxusmöbel par excellence wurde im zweiten Jahrhundertviertel der Schreibschrank mit einem schrägen Pultaufsatz mit herunterklappbarer Schreibplatte zwischen einem kommodenartigen Unterteil und einem Schrankoberteil, dessen oft verspiegelte Türen Fächer und Schübe für Briefschaften bargen.

Zum Lieblingsmöbel der Epoche vom höfischen bis zum bäuerlichen Haushalt wurde die Kommode. Von Holland kommend, breitete sich zuerst im Nordwesten, dann auch in den anderen Gebieten außerdem der Vitrinenschrank aus, ein hoher Schrank mit verglastem Oberteil, in dem Porzellan oder Fayencen zur Schau gestellt wurden. Der konservative Norden blieb ein Sondergebiet, hier konnten sich noch im 18. Jahrhundert die großen zweitürigen Dielenschränke halten, lediglich das geschnitzte Ornament läßt den Zeitstil erkennen.

marketerie von erlesener Qualität, die auch das „Markenzeichen" der Werkstatt blieb, nachdem sie 1772 sein Sohn David (1743 – 1807) übernommen hatte. Der nicht nur künstlerisch, sondern auch kaufmännisch begabte David Roentgen konnte als einziger deutscher Kunsttischler den französischen Ebenisten Konkurrenz bieten und belieferte, neben Berlin und St. Petersburg, selbst den französischen Hof mit Möbeln. Seine Spezialität waren großflächige Bildintarsien mit Chinoiserien oder Schäferszenen, oft nach Vorlagen des Malers Januarius Zick.

Seit ca. 1775 ging David Roentgen, ebenso wie die anderen führenden Kunsttischler, über zum Klassizismus. Der Frühklassizismus bürgert sich in Deutschland in der Nachfolge Englands (Hepplewhite) und Frankreichs (Louis-seize) ein. Hier gelten, mit leichter zeitlicher Verschiebung, die gleichen Tendenzen wie in den Nachbarländern. Die Behältnismöbel werden wieder kastenförmig. Stühle und Tische stehen auf geraden, sich verjüngenden Beinen mit eckigem oder rundem Querschnitt, oft sind sie kanneliert. Die Zarge wird wieder zu einer geraden Leiste, häufig mit einem würfelförmigen Verbindungsglied an der Ansatzstelle des Beins. Auch das Dekor paßt sich den neuen geraden Formen an. Außer der beliebten Würfelmarketerie werden nur noch geometrische Muster, Rosetten und die klassischen Louis-seize-Ornamente (Girlanden, Schleifen usw.) verwendet. Schnitzerei beschränkt sich auf die antikisierenden Band- und

Tische und Sitzmöbel nahmen zierlichere Formen an, wozu vor allem die S-förmig geschwungenen Beine, die oft in Tierhufe auslaufen (Rehbeine), beitrugen. Die struktive Gliederung wurde durch kurvige Schwünge verschleiert, die nun auch dekorativ geschnitzte Zarge geht fließend in den Ansatz des Möbelbeins über. Zum beliebten Sitzmöbel der Epoche wird das meist sechsfüßige Kanapee.

Bei den Stühlen setzte sich der Typus mit durchbrochener Lehne mit vasenförmig geschnittenem Mittelbrett und geschwungenen Beinen durch, der holländischen und englischen Vorbildern nachgestaltet war. Die Tische werden, wie alle Möbel in jener Epoche, zierlicher und leichter. Meisterwerke der Schnitzkunst sind die wandfesten Konsoltische in den Prunkräumen der Residenzen. In großen Mengen hergestellt wurden nun auch alle Arten kleiner, mobiler Tische, darunter hochbeinige Nähtischchen und aufklappbare Spieltische.

Eine Sondergattung bilden die Aachen-Lütticher Möbel aus dem westdeutschen Grenzgebiet, ungefaßte Möbel aus massiver Eiche mit sparsam verteiltem, aber erfindungsreich geschnitztem Rokoko-Ornament.

Der größte Name dieser Epoche ist mit der Roentgen-Werkstatt verbunden. Abraham Roentgen (1711 – 1793) ließ sich nach Lehrjahren in Holland und England 1750 in Neuwied als „englischer Kabinettmacher" nieder. Seine Möbel zeigen die klaren und leichten Formen der englischen Vorbilder. Zum eleganten Luxusmöbel wurden sie durch die Holz-

Oben: Der Kleiderschrank aus geschnitzter Eiche, um 1750, ist beispielhaft für das Aachen-Lütticher Rokoko. Die sparsamen, aber meisterhaft geschnitzten Rocailleornamente setzen sich wirkungsvoll von den glatten Flächen ab.

Unten: Sekretär von David Roentgen, um 1777/78. Die kubische Form, die modernste Pariser Tendenzen aufnimmt, bietet Platz für Roentgens großformatige Bildintarsien, die international ohne Vergleich waren. Hier zeigen sie Chinoiserien nach Vorlagen von Januarius Zick.

Friesmuster (Perl- und Eierstab, Mäander). Die klar gestalteten Möbel beziehen ihre Wirkung aus der guten Verarbeitung und dem Glanz des Edelholzfurniers, für das man neben dem herkömmlichen Nußbaum besonders Mahagoni benutzte. Prunkvolle Möbel tragen außerdem Bronzebeschläge.

Die Tendenz zum leichteren und beweglichen Möbel setzt sich fort. Beim Schreibmöbel lösen seit der Jahrhundertmitte Zylinder- und Rollbüro, jeweils mit verschließbarem Aufsatz, die schweren Schreibschränke ab. Neues Prunkmöbel wird von 1770/80 an der kastenförmige Sekretär mit einer herunterklappbaren Schreibplatte in der Front.

Oben rechts: Das Kinderschaukelstühlchen, um 1860, mit den großen Voluten über den Kufen ist ein Paradebeispiel für die Möglichkeiten der von Michael Thonet entwickelten neuen Bugholztechnik.

Rechts: Der um 1830 gefertigte Tisch nach einem Entwurf von Karl Friedrich Schinkel aus Nußbaum mit Ahorneinlagen zeigt die damals beliebte balusterförmige Mittelstütze und einen antikisierenden Dreifuß mit Volutenenden.

19. und 20. Jahrhundert

Ein Pendant zur steifen Pracht des französischen Empire hat es in Deutschland kaum gegeben. Zwar wurden auch hier zu Anfang des 19. Jahrhunderts viele Residenzen, zuerst in Berlin (Zimmer der Königin Luise im Kronprinzenpalais, 1803), dann auch in den Provinzen, im Empiregeschmack neu möbliert. Aber das Mobiliar blieb, auch wenn es von deutschen Kunsthandwerkern stammte, dem Pariser Hofstil verpflichtet und auf die Fürstenschlösser beschränkt. Einen eigenständigen Beitrag liefern allein die Möbelentwürfe des Architekten Karl Friedrich Schinkel (1781 – 1841), die in einem philologisch exakten, gräzisierenden Stil gehalten sind. Schinkel experimentierte sogar mit Möbeln aus Eisen und Zinkguß.

Das bürgerliche Mobiliar hielt auch nach der Jahrhundertwende an den leichten, gelösten Formen des Louis-seize und den bewährten Typen der englischen Kunstschreiner fest. Aus diesen Quellen speiste sich das Biedermeier als eigenständiger Stil der deutschsprachigen Länder (ca. 1820 – 1850). Modehölzer der Zeit waren das helle einheimische Obstholz für einfacheres Mobiliar und Mahagoni für teure Stücke. Der Norden verwendete etwas mehr dunkle, der Süden helle Hölzer. Beliebt waren dunkle Kontrasthölzer, etwa als Ecksäulchen für Kommoden. Die strenge kubische Kastenform der Behältnismöbel wurde nach Möglichkeit aufgelockert, beim Sekretär durch einen Aufsatz, beim verglasten Porzellan- oder Bücherschrank durch die geometrischen Muster der Sprossen. Besonders rein kommt der Geist des Bieder-

Rechts außen: Die zierlichen Formen des Hammerklaviers, um 1820, sind typisch für das Wiener Biedermeier. Es ist ein variables Damenmöbel: aufgeklappt wird es zum Näh- und Schminktischchen. Die Bronzeappliken mit griechischen Lyraspielern weisen auf die Verbindung des Biedermeier zum Klassizismus hin.

Rechts: Das Kanapee aus Mainz von 1835 zeigt in den Volutenfüßen und Rahmenteilen die typischen geschwungenen Biedermeierformen. Aufgesetzte fächerförmige Ornamente verleihen dem Rahmen Plastizität. Obwohl das Möbel bürgerlich anmutet, stand es einst in den Räumen des Bayreuther Schlosses.

meier im Kleinmöbel zur Geltung, vor allem in den lustigen, originellen Entwürfen der Wiener Möbelmacher. Zierliche Nähtischchen ruhen auf lyraförmigen oder als Voluten gerollten Stützen. Am Sofa wird das beliebte Volutenmotiv naturalistisch als Füllhorn oder Schwanenhals ausgedeutet. Beim Stuhl ist die Lehne dekorativ gestaltet. Typisch für den süddeutschen, besonders den Wiener Stuhl ist die schaufelförmige Lehne mit stark eingezogener „Taille". Als Ziermotive dienen weiterhin die typischen Muster – Lyra, Pfeil, Herz – der englischen Stühle Sheratons und Hepplewhites.

Die zweite Jahrhunderthälfte brachte, wie in allen europäischen Ländern, eine historisierende Nachahmung von Gotik, Renaissance und Rokoko. Als einziger verband seit 1830 Michael Thonet in Wien die Möglichkeiten der aufkommenden industriellen Massenproduktion mit einer klaren, aus der Technik entwickelten Linienführung. Seine Bugholzstühle aus über Wasserdampf gebogenen Buchenstäben – für den Vertrieb zerlegbar, preiswert und formschön – gelten heute noch als Musterbeispiele eines die Zeiten überdauernden Designs.

Der Jugendstil entwickelte sich in Deutschland vorwiegend in seiner linearen Variante, deren direkte Quelle die strengen geometrischen Entwürfe der

Links: Schreibtisch von Hans Christiansen, 1910. Die sachliche stereometrische Form, das geometrische Ornament und die Rückkehr zu einer soliden Verarbeitung sind kennzeichnend für den deutschen geometrischen Jugendstil, der besonders von den Darmstädter Künstlern gepflegt wurde.

Oben: Der Vitrinenschrank der Wiener Werkstätte, um 1900 – 1905, bezieht seine Wirkung aus dem edlen Furnier und dem geometrischen Sprossenwerk, das für den Wiener Jugendstil typisch ist. Als zusätzlicher Schmuck sind Silberplatten mit zartem Relief eingesetzt.

„Wiener Werkstätte" waren. Hauptvertreter waren die Mitglieder der Darmstädter Künstlerkolonie Josef M. Olbrich, Hans Christiansen und der junge Peter Behrens. Aus dieser Bewegung zum gebrauchs- und materialgerechten, serienmäßig herstellbaren Gegenstand entwickelte sich, seit 1919, getragen durch die Künstler des Bauhauses, der große Beitrag Deutschlands zum Möbel des 20. Jahrhunderts: der Funktionalismus. Die am Bauhaus lehrenden Entwerfer und Architekten, allen voran Walter Gropius und Marcel Breuer, konzipierten als erste in der Form aufs äußerste reduzierte Möbel aus Stahl, Glas und Leder, die heute als moderne Klassiker gelten. Nicht zuletzt wurde hier 1926 von Mart Stam als neuer Möbeltypus der „Freischwinger", ein auf einer Kufe aus federndem Stahlrohr ruhender Stuhl, entworfen.

Links: Armlehnstuhl mit Stahlrohrgestell und Lederbespannung, Bauhaus, um 1927. Die Designer des Bauhauses experimentierten als erste mit Stahlmöbeln.

England

Rechts: Zwei Eichenbuffets (cupboards), um 1620. Kaum jemals finden sich zwei Stücke mit gleicher Schnitzerei. Die Figuren-stützen sind ein ungewöhn-liches Detail; das obere Paar stellt Hoffnung und Glauben dar. Typisch sind aber die vasenförmigen Stützen (ganz rechts). Arkaden, wie auf dem unteren, und Buckelungen, wie auf dem mittleren Brett, waren in dieser Epoche sehr verbreitet.

Armlehnstuhl, um 1640, mit großartiger Schnitzerei am Rückenbrett.

Die Eichenholzperiode

Vom Mittelalter bis in die zweite Hälfte des 17. Jahr-hunderts war Eiche das englische Möbelholz. Das Land hatte lange Zeit reiche Eichenbestände, und die Dauerhaftigkeit des Eichenholzes spiegelte sich in der Robustheit der frühen englischen Möbel wider. Die Konstruktion war verzapft, und bis zum späten 17. Jahrhundert wurden die Möbel eher von Schrei-nern als von spezialisierten Kunsttischlern hergestellt.

Die Eichenmöbel des 16. und 17. Jahrhunderts sind hauptsächlich Stühle und Schemel, Truhen, Schrän-ke, Tische und Betten. Die Formen hatten sich seit dem Mittelalter nur wenig geändert, aber vom 16. Jahrhundert an wurden geschnitzte Renaissance-ornamente hinzugefügt. Auch die mittelalterliche Technik des Vergoldens und Bemalens blieb noch einige Zeit lebendig.

Die frühen Stühle, sog. *back-stools*, sind einfache Schemel mit einer Rückenlehne, ohne Armstützen und oft mit einem Kastensitz, dessen Konstruktion von der Truhe abgeleitet ist. Ein anderer früher Stuhl-typus aus dem späten 16. Jahrhundert war der *wain-scot chair* mit Armlehnen und einem verbretterten Kastensitz. Beim *farthingale chair*, der im frühen 17. Jahrhundert aufkommt, geht die Lehne direkt aus dem Sitz hervor. Er hatte keine Armlehnen, so daß Damen mit weiten Röcken ohne Schwierigkeiten Platz nehmen konnten. Schemel mit eingezapften Beinen und Stegen blieben ebenfalls während des 16. und 17. Jahrhunderts in Gebrauch, auch Bänke von ähnlicher Bauweise.

Truhen, die aus den primitiven Einbaumtruhen hervorgingen, wurden seit dem 13. Jahrhundert ge-zimmert und vom 15. Jahrhundert an mit Rahmen und Füllung konstruiert. Der englische Schrank *(cup-board)* war im wörtlichen Sinne ursprünglich ein Regal für die Schaustellung von Silber- und Zinn-gerät, ohne Türen und Fächer. Ende des 16. Jahrhun-derts kamen die offenen dreistöckigen, oft reich ge-schnitzten *court cupboards* auf. Variationen dieses Grundtyps sind Speise- und Wäscheschränke. Große Leinenschränke bewahrten Wäsche und Wertgegen-stände auf. Das Almosenschränkchen *(dole cupboard)* ist ein Hängeschränkchen für mildtätige Gaben. Tische mit gesondertem Gestell *(trestle tables)*, die sich leicht wegräumen ließen, wurden schon im Mit-telalter und – bei den niedrigeren Ständen – noch bis zum 17. Jahrhundert benutzt. Obwohl vierbeinige

Links: Elegante, reich geschnitzte Betten verliehen im 16. und 17. Jh., als Betten äußerst reich verziert wurden, dem englischen Schlafzimmer Pracht. Dieses Baldachinbett, bei dem Kopfbrett und Eckpfosten den „Himmel" stützen, zeigt relativ schlichte Schnitzereien.

Oben: Faltstuhl aus der Zeit Jakobs I. (1603 – 1625) mit luxuriöser Polsterung. Der praktische Faltrahmen, durch den sich der Stuhl zusammenklappen und transportieren ließ, geht wahrscheinlich auf die alten Ägypter zurück und war seitdem ständig in Gebrauch.

Tische mit Zarge und Stegen schon seit dem 14. Jahrhundert bekannt waren, setzten sie sich erst im 17. Jahrhundert durch.

Das Bett entwickelte sich vom einfachen Kastenbett zum *wainscot* mit verbrettertem Kopf- und Fußende und dann zum Himmelbett, das ähnlich dem traditionellen Vierpfostenbett konstruiert war. Es stand auf Füßen, bisweilen auch auf hölzernen Rädern. Im englischen Haushalt des 16. und 17. Jahrhunderts waren Betten geschätzte Ausstattungsstücke, das Pfostenbett mit seinen üppigen Vorhängen und Kissen stellte das prächtigste dar: Pfosten, Kopfbrett und Baldachin waren mit reichen Schnitzarbeiten versehen.

Die meisten frühen Eichenmöbel sind mit Drechseleien oder Schnitzereien verziert. Intarsien wurden gelegentlich verwendet, waren aber meistens den französischen und italienischen Arbeiten unterlegen.

Stuhl- und Tischbeine waren gedrechselt. Die häufig sehr aufwendigen Schnitzereien zeigen Festons, Trophäen oder Phantasiefiguren nach antiken oder klassischen Motiven. Medaillons mit Profilköpfen sind typisch für die Zeit Heinrichs VIII. In elisabethanischer Zeit wurde aus den Niederlanden das sog. Beschlagwerk, ein geometrisches Ornament in Flachschnitzerei, übernommen. Arkaden, Pilaster und Fül-

Oben: Gateleg tables wie dieser kamen im 16. Jh. auf und blieben auch während des 17. und 18. Jh. beliebt.

lungen schmücken sowohl die Truhen als auch die Schränke. Betten, Tische und Schränke zeigen grotesk geschwollene, vasenförmige Baluster als Beine und Stützen.

Im frühen 17. Jahrhundert, unter Jakob I., wurden die Zierformen zurückhaltender und schließlich, gegen die Jahrhundertmitte und vor der Restauration, sogar nüchtern.

Die Nußbaumperiode

Walnußholz wurde zwar in geringem Maße schon im 16. Jahrhundert verwendet, aber erst seit etwa 1670 konnte es sich wirklich durchsetzen. Mit seiner Festigkeit und dem schönen Braunton eignete es sich hervorragend für die Kunsttischlerei und als Furnierholz. Anders als die meisten Eichenmöbel mit ihrer robusten Bauweise und dem ausschweifenden Ornament wirken Nußbaummöbel sehr edel. In der zweiten Hälfte des 17. Jahrhunderts bildete sich der Gegensatz zwischen Schreinern, d.h. gewöhnlichen Handwerkern, und Kunsttischlern heraus. Aus den Händen der Kunsttischler gingen die erlesensten Möbel der Epoche hervor.

Karl II., der 1660 gekrönt wurde, hatte während seines Exils in Frankreich den prunkvollen Louis-quatorze-Stil kennengelernt und führte ihn bei seiner Rückkehr auch in England ein. Einen weiteren Einfluß in dieser Richtung erfuhr England nach 1685, denn nach der Aufhebung des Edikts von Nantes siedelten sich viele französische Hugenotten in England

an, und die Kunsthandwerker unter ihnen brachten den neuen Barockstil mit. Der Barock liebte schwungvolle Kurven und üppige Ornamente, wie sie sich am vollendetsten in den Arbeiten von Daniel Marot, einem der vielen hugenottischen Immigranten, zeigen.

Das späte 17. Jahrhundert ist auch die große Epoche des Lack- und Marketeriemöbels. Anfangs entsprachen Marketerien in kräftigen Farben und mit naturalistischen, oft floralen Motiven dem Geschmack, aber um 1700 wurden die Farben gedämpfter, und Arabesken oder das „Seetang"-Muster ersetzten die naturalistischen Motive.

Unter Karl II. waren *gateleg tables* mit gedrehten Beinen beliebt, und Stühle trugen oft überreiche Drechsler- und Schnitzarbeit. Seit etwa 1675 wurden die Stuhlvorderbeine nach niederländischem Vorbild volutenförmig gerollt. Stühle der William-and-Mary-Zeit sind kunstloser, ihr besonderes Kennzeichen ist die zurückgebogene Lehne; gedrechselte Beine und Rohrgeflecht in Sitz und Rücken blieben jedoch weiterhin gefragt. Kastenmöbel hatten kugelige oder gedrückt kugelige Füße. Viele Stühle und die neu aufgekommenen *daybeds* – Sofas – waren mit kostbaren Stoffen gepolstert. Seit ca. 1660 gab es kleine Tee-, Spiel-, Toiletten- und andere Beistelltische.

Der Höhepunkt der Nußbaumperiode mit besonders feiner Furnierarbeit fällt in die Regierungszeit der Königin Anna (1702 – 1714) – Nußbaum wurde nun auch für Truhen, Stühle und Kabinette verwandt. Ein Hauptmerkmal der Queen-Anne-Zeit sind die geschweiften Beine *(cabriole legs)* an Stühlen und Kabinetten, manchmal mit Schnitzereien auf dem „Knie".

Die beiden Tische aus dem 17. Jh. unterscheiden sich stark von den derben Eichenmöbeln früherer Epochen. Sie vertreten einen neuen, eleganten Möbelstil und zeigen effektvolle Marketerie und Parkettierung, die vom 17. bis zum frühen 18. Jh. ihre Blütezeit hatte. Die Blumenmarketerie (links) ist in Ebenholz, eingelegt in Nußholz, und gefärbtem Elfenbein ausgeführt. Bei dem Tisch im Wiliam-and-Mary-Stil (spätes 17. Jh.) bildet Austernfurnier – Hirnholz von Wurzeln und dünnen Ästen – ein abstraktes, symmetrisches Muster.

Rechts: Ein schönes Beispiel eines William-and-Mary-Stuhls mit hoher Lehne, spätes 17. Jh. Durchbrochene und geschnitzte Lehnen sind seltener als solche mit Rohrgeflecht. Die geschwungenen, gekreuzten Stege und die Kugelfüße sind epochentypisch.

Unten: Schreibkommoden kamen in der zweiten Hälfte des 17. Jh. auf. Dieses Nußbaum-Exemplar, um 1710, besteht aus einer Kommode mit aufgesetztem Pult. Vorläufer war ein Schreibpult auf einem Gestell.

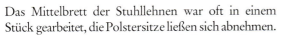

Das Mittelbrett der Stuhllehnen war oft in einem Stück gearbeitet, die Polstersitze ließen sich abnehmen.

Seit der zweiten Hälfte des 17. Jahrhunderts kamen Schreibmöbel auf. Die frühen Beispiele, entwickelt aus dem Schreibpult auf einem Gestell, hatten eine ausklappbare Schreibplatte und ruhten noch auf einem Ständer. In der Queen-Anne-Zeit erhielten sie eine Kommode als Unterteil (sog. Schreibkommode) und eine kunstvolle Inneneinrichtung, die hin und wieder mit Geheimfächern ausgestattet war. Manchmal trug das Pultteil auch noch einen Aufsatz für Bücher.

Oben: Sekretär aus Nußbaum, frühes 18. Jh. Die verspiegelte Tür birgt Schrankfächer, die oberste „Schublade" läßt sich an Scharnieren als Schreibplatte herausklappen, die unteren Schubladen bieten zusätzlichen Raum.

Links: Stuhl aus Nußholz, frühes 18. Jh. Typisch für die Epoche sind die geschweiften cabriole legs mit Muschelmotiv, die Kugelklauenfüße und das lebhafte Furnier auf dem Rückenbrett.

Rechts: *Der massive Konsoltisch aus Mahagoni mit Marmorplatte nimmt die „Mahagoni-Periode" vorweg. Details wie die auffallend geschnitzten* cabriole legs *und die etwas groben Masken und Girlanden wurden von den großen Möbelbauern des späten 18. Jh. abgelehnt.*

Im Gegensatz zu dem Konsoltisch ist der Satinholz-Schreibtisch des späten 18. Jh. leicht und anmutig, selbst im Vergleich zu den häufigeren Mahagonimöbeln. Die Schönheit des Holzes wird hervorgehoben durch Einlagen aus kontrastierenden Hölzern auf der Platte und an den Seiten.

Rechts: Die Vorliebe für klassische Motive und architektonischen Aufbau stehen in striktem Gegensatz zu den Kurvaturen und üppigen Ornamenten der Möbel des früheren 18. Jh. Dieser Schrank aus der Mitte des 18. Jh. ist ein typisches Beispiel für den Klassizismus.

Die Mahagoni- und Satinholzperiode

Seit etwa 1725 benutzte man für kostbare Möbel Nußbaum und Mahagoni, aber als ersteres durch einen Mehltaubefall der französischen Nußbaumbestände nur schwer erhältlich war, wurde seit ca. 1750 Mahagoni das beliebteste Furnierholz für erlesenes Mobiliar. Zu seinen vielen Vorzügen zählen eine feine Patina, eine Skala attraktiver Farbtöne sowie seine natürliche Beständigkeit. Da es aus sehr starken Baumstämmen gesägt wird, war es ideal für Tischplatten und große Kleiderschränke, und die feine Maserung machte es für Furniere gut geeignet. Vor allem das „spanische" und das „Jamaika"-Mahagoni – letzteres aus Westindien, besonders aus Santo Domingo und Kuba – wurden verarbeitet.

Von ca. 1765 bis zum Ende des Jahrhunderts machte das blaßgelbe Satinholz aus Puerto Rico dem Mahagoni Konkurrenz bei der Herstellung hochwertiger Möbel. Für Furniere und Rahmungen wurden dekorative Hölzer wie Tulpenholz, brasilianisches Rosenholz, Königs- und Purpurholz verwendet, für Marketerien Ebenholz und Obsthölzer. Gefaßte Möbel stellte man meistens aus Buche her, geschnitzte und vergoldete Möbel aus Kiefer.

Das 18. Jahrhundert war vielleicht mehr als jede andere Zeit eine Epoche der Erfindungen und Experimente im Möbelbau, und vor allem die Jahre von 1740 bis 1800 sind das Goldene Zeitalter des eng-

WILLIAM KENT 1684 – 1748

William Kent war Lehrling eines Kutschenmalers, bevor er ausriß, um Malerei und Porträtmalerei in London und Rom zu erlernen. Zurück in England, arbeitete er zunächst an allegorischen Wandmalereien, wandte sich dann aber der Architektur und Landschaftsgärtnerei zu. Er war nicht allgemein geschätzt: Aber Charme und Geschicklichkeit brachten ihm bald Ruhm, und so wurde er Königlicher Hofmaler, Meisterzimmerer, Architekt und Kurator der Königlichen Gemälde.

lischen Möbels. Die industrielle Revolution kündigte sich an, und die Angehörigen der aufblühenden englischen Mittelschicht sowie der höheren Berufsstände konnten große Häuser erwerben und verlangten nach angemessenen, eleganten Möbeln. Gegen 1750 wurde der Schreibtisch, entweder mit Schubladen oder Fächern neben dem Knieloch, ein wichtiges Ausstattungsstück in der Bibliothek des Hausherrn. Stühle stellte man jetzt in vielen verschiedenen Stilen her. Die Kommode – nun aus Mahagoni – zeigte eine eigene Entwicklung. Bis um 1750 hatte sie meistens eine glatte Front; aber nach der Jahrhundertmitte kam die geschweifte Kommodenfront nach französischem Vorbild in Mode.

Die feinen Einlegearbeiten klassizistischer Kommoden zeigen häufig mythologische Szenen in runder oder ovaler Einfassung. Seit den 30er Jahren des 18. Jahrhunderts haben Kastenmöbel oft einen gesprengten Giebel. Kleine Tee- und Frühstückstischchen erfreuten sich in der ersten Jahrhunderthälfte großer Popularität, später kamen das *sideboard* und der Pembroke-Tisch hinzu.

Eine ganz neue Entwicklung bahnte sich an, als Möbel gleichzeitig mit der Architektur und Innenausstattung entworfen wurden. Männer wie William Kent und Robert Adam erstellten nicht nur die Konstruktionszeichnungen für Villen, sondern lieferten auch die Möbelentwürfe.

Das 18. Jahrhundert brachte eine Abfolge und Vermischung verschiedener Stile hervor: Rokoko, Chinoiserie, neugotischer und klassizistischer Stil. Während in der frühen Georgianischen Zeit (1714 –

1760) der Barock allmählich von den leichteren Formen des Rokoko abgelöst wurde, kam unter Georg III. (1760 – 1820) der Klassizismus auf. Die größten Entwerfer und Kunsttischler dieser Periode waren William Kent, Thomas Chippendale, Robert Adam, George Hepplewhite und Thomas Sheraton, und im allgemeinen werden die Stilperioden nach diesen Männern und nicht nach den regierenden Königen unterschieden.

Die gewichtigen Tiermotive, Muscheln, Blätter und Schnörkel an dem um 1730 gefertigten Konsoltisch aus vergoldetem Holz zeigen den üppigen Stil William Kents. Nach Kents Maßstäben wäre dieser Tisch jedoch ein relativ schlichtes Möbel gewesen.

William Kent

William Kent (1684 – 1748) war der erste Architekt, der Möbel in seine Pläne einbezog. Er benutzte vor allem vergoldetes Weichholz, gelegentlich auch teilvergoldetes Mahagoni. Seine Konsoltische mit Marmorplatten, überreicher Schnitzerei und Vergoldung weisen Züge des italienischen Barock auf. Plastische weibliche Masken und Muschelmotive sind typisch für Kent. Außerdem schuf er für wohlhabende Kunden reich verzierte Stühle mit Volutenbeinen und Blumen-, Frucht- oder Maskenornamenten.

Kent arbeitete als Architekt und Möbelentwerfer im palladianischen Stil des 18. Jahrhunderts und versuchte, die griechisch-römische Antike mit barockem Stilgefühl zu verbinden. Doch der Palladianismus war nicht der einzige Stil. Der berühmte Kunsttischler Giles Grendey (1693 – 1780) fand im Gegenteil zu einem einfacheren Stil, ähnlich dem der Queen-Anne-Zeit, zurück.

Thomas Chippendale

Der Name Thomas Chippendale (1718 – 1779) ist verbunden mit Möbeln im Rokoko-, Chinoiserie- und neogotischen Stil. Berühmt wurde er durch das Musterbuch *The Gentleman and Cabinet-Maker's Director*, dessen erste Auflage 1754 erschien. Nach Chippendales eigenen Worten war es das Ziel des *Director*, dem Gentleman bei der Auswahl und dem Kunsttischler bei der Ausführung der verschiedenen in dem Buch aufgezeigten Stile zu helfen. Ganz wie er es beabsichtigt hatte, führte ihm der *Director* eine große Kundschaft aus der englischen Aristokratie zu. So erhielt er den Auftrag, Nostell Priory und Harewood House – beide in Yorkshire – auszustatten, nicht nur mit Möbeln, sondern auch mit Tapeten und

Vorhängen. Die Verbreitung des Buches hatte auch zur Folge, daß die darin enthaltenen Entwürfe überall kopiert wurden. Die ausgezeichneten Radierungen bildeten alle Arten von Möbeln ab in einer ganzen Entwurfsskala vom Rokoko zum Klassizismus, von der Chinoiserie zur Neogotik. Aber der *Director* war kein innovatives Meisterwerk, Chippendale folgte eher der allgemeinen Mode. Chippendales Werkstätten in der Londoner St. Martin's Lane produzierten eine nicht geringe Zahl von Möbeln, meist aus Mahagoni, doch bei weitem weniger als die Kunsttischler, die seinen Stil kopierten.

Chippendale-Stühle waren gut proportioniert, mit zurückgeschwungenen Hinterbeinen und reich verzierten Lehnen. Sie sind in vier Arten ausgeführt: mit Quersprossen in der Lehne, im Rokoko-, chinesischen und gotischen Stil. Die einfachste Variante ist die Quersprossenlehne in traditioneller Manier. Seine

Chippendale verwendete besonders gern durchbrochene Sägemuster. Der Director *enthält mehr als zwanzig Beispiele, einige davon rechts, darunter auch das Titelmotiv aus der ersten Auflage des* Director *von 1754.*

Unten: Modellzeichnung für einen kombinierten Schreib- und Bücherschrank aus dem Director. *Bemerkenswert sind die vielen Details, unter denen der Kunde auswählen konnte.*

Stühle im Rokokostil besitzen durchbrochene Lehnen, geschweifte Beine und Kugelklauenfüße. Hierzu gehören auch die dekorativen Stühle mit Bandornament in der Lehne. Die „chinesischen" Stühle, die bisweilen Elemente des Rokoko aufweisen, haben eine Lehne mit geometrischen Mustern und meistens vierkantige Beine. Die Bögen und Vierpässe in den geschnitzten Lehnen der neogotischen Stühle lehnen sich an die gotische Architektur an. Zu den bemerkenswertesten Chippendale-Möbeln gehören außerdem Schreibtische und große, elegante Bücherschränke, die mit einer durchbrochenen Front gearbeitet sind.

Nach der Mitte des 18. Jahrhunderts kamen die unruhigen Rokokoformen aus der Mode. Die Rückkehr zu einem schlichteren Stil bahnte sich an. Chippendales Stil führte allmählich vom Rokoko zum Klassizismus.

Die drei Mahagonistühle stammen von Chippendale selbst oder sind nach seinen Entwürfen gearbeitet. Links oben: Geschnitzte Lehne mit Rokokomotiven, um 1760. Oben: Lehne mit Lyramotiv in strengen klassischen Formen, um 1770. Links: Typischer Chinoiseriestuhl Chippendales mit ausgesägten Motiven.

Ganz links: Salon in Nostell Priory, North Yorkshire, ausgestattet mit eigens von Chippendale entworfenen Möbeln. Nostell Priory enthält auch von Robert Adam gestaltete Räume mit schönen Beispielen seiner Möbelkunst.
Links: Einlegearbeit in einer Kommode des Salons, Detail.

Oben rechts: Konsoltisch, spätes 18. Jh., vergoldetes Holz. Die schlanken Proportionen und symmetrischen Ornamente kennzeichnen den Stil Robert Adams. Konsoltische wurden oft mit großen Spiegeln entworfen, die über ihnen – zwischen den Fenstern des Salons – an der Wand hingen.

Rechts: Farbig gefaßter Stuhl im etruskischen Stil Robert Adams. Antike italo-griechische Vasen, fälschlich als etruskisch angesehen, waren die Anregung für das Muster in Schwarz, Weiß und Terrakotta.

Robert Adam

In der zweiten Hälfte des 18. Jahrhunderts eroberte der Klassizismus Europa. Die Frivolität des Rokoko mußte einer Formenstrenge weichen, mit der man die wahren Ideale der griechischen und römischen Antike nachzuahmen suchte. Der Architekt Robert Adam (1728 – 1792) führte den Klassizismus in den Möbelbau ein. Er hatte von 1754 bis 1758 in Italien studiert, wo die Ausgrabung der antiken Stätten in Rom, Pompeji und Herculaneum das Wiederaufleben der Klassik beflügelte.

Bald nach seiner Rückkehr auf die Insel gehörte Adam zu den von der gebildeten Aristokratie gefragtesten Architekten. Der Klassizismus ließ schnell das Rokoko, die Chinoiserie und Neogotik der vergangenen Jahrzehnte altmodisch erscheinen. Adams Klassizismus beherrschte das englische Möbel bis in die letzten Jahre des 18. Jahrhunderts.

Adam betrachtete Möbel wie die von ihm entworfenen Muster für Teppiche und Stuckdecken als eine Ergänzung seiner hellen, eleganten und mit Abgüssen klassischer Reliefs ausgestatteten Innenräume. Typisch für Adams Möbelentwürfe sind Kannelierungen, klassische Motive wie Urnen, Medaillons und Widderköpfe sowie feine Einlegearbeiten. Seine Speisezimmer schmückte er gerne mit einem *sideboard*, das von einem Vasenpaar auf Piedestalen flankiert war. Seine Stühle sind leicht und haben eine ovale oder lyraförmige Rückenlehne und gerade Beine.

ROBERT ADAM 1728 – 1792

Robert Adam, der zweite und berühmteste von vier Architektenbrüdern, war ein ehrgeiziger und arroganter Aufsteiger. An der Universität befreundete er sich mit David Hume und dem Ökonomen Adam Smith. Adam führte viele Aufträge zusammen mit seinen Brüdern aus, z.B. Kenwood House und Landsdowne House in Berkeley Square. Ihnen fehlte aber der Geschäftssinn, und so wurde das Adelphi in London zu ihrem Ruin.

Adams Klassizismus war nicht streng: Die Kommode aus Satinholz zeigt eine Fülle bemerkenswerter Motive in Marketerie.

*Oben: Die Räume von
Osterley Park, Surrey –
ursprünglich ein elisabetha-
nisches Herrenhaus –
wurden nach Plänen von
Robert Adam erneuert. Die
Reliefs an Wänden und
Decke, die Konsoltische und
-spiegel, Vasen und klassischen Landschaften zeigen
einen Sinn für gemessene
Prachtentfaltung.*

*Ganz links: Sekretär, spätes
18. Jh., bemalt im Stil
Angelica Kauffmanns.
Gefaßte Möbel paßten gut
zu Robert Adams Raum-
konzept. Künstler bemalten
nicht nur Decken und
Wände, sondern auch
Möbel. Links: Die Ein-
legearbeiten auf dem
Sekretär des späten 18. Jh.
zeigen sparsame klassizistische Motive.*

Die Stühle aus den letzten vier Jahrzehnten des 18. Jh. zeigen in leichten Abwandlungen die geradlinige Eleganz, für die Hepplewhite und Sheraton eintraten. Von links nach rechts: Gefaßter Stuhl, ca. 1760 – 1800; zwei Entwürfe aus Hepplewhites Guide, um 1788; Armstuhl nach

Entwurf Sheratons, um 1795; Stuhl für Empfangszimmer nach Sheratons Drawing Book; Eßzimmerstuhl aus Mahagoni mit gekreuzten Stäben, um 1800. Die Abfolge zeigt mit wachsender Nähe zum Regency-Stil zunehmend Schmuckmotive.

Entwurf für ein Gesims aus Hepplewhites Guide. Eine symmetrische Anordnung war grundlegend für seinen Stil.

Rechts: Die klare Linienführung und die einfachen Einlegearbeiten an dem Pembroke-Tisch des späten 18. Jh. entsprechen der schlichten Eleganz des Klassizismus.

George Hepplewhite und Thomas Sheraton

Die beiden bedeutenden Kunsttischler und Entwerfer George Hepplewhite († 1786) und Thomas Sheraton (1751 – 1806) folgten dem klassizistischen Stil Adams. Wie Chippendale stammten sie aus der Provinz und kamen erst später nach London. Hepplewhite unterhielt hier eine große Werkstatt, Sheraton aber lebte meistens in Armut.

1788 erschien postum die erste Auflage von Hepplewhites *Cabinet-Maker's and Upholsterer's Guide*, der Kunsttischlern den neuen Stil nahebrachte und ihnen das Mahagoni empfahl. Berühmt waren seine Stühle mit schildförmiger Lehne, aber er verwendete auch herzförmige, ovale und lyraförmige Muster. Die Stäbe sind oft fächerartig angeordnet und naturalistisch als Ährenbündel oder wie die Reiherfedern des Prince of Wales ausgearbeitet.

Links: Entwurf für einen Bibliothekstisch aus Shera-tons Drawing Book. *Griffe mit Löwenköpfen und Klauenfüße tauchen häufig an klassizistischen Möbeln auf.*

Rechts: Zurückhaltendes Ornament und sparsame Einlegearbeit kennzeichnen diesen Chiffonier-Sekretär in der Art George Smiths als Möbel des Regency-Stils.

Sheratons *The Cabinet-Maker's and Upholsterer's Drawing Book* schlägt die Brücke vom Klassizismus zum Regency-Stil. Er selbst hat wohl keine Möbel angefertigt – aber Mobiliar nach seinen Entwürfen ist leicht, zart und geradlinig. Sheratons Stühle, die oftmals aus bemalter Buche und nicht aus Satinholz oder Mahagoni bestehen, besitzen rechteckige Lehnen mit aufrechten Stäben. Anstelle von Schnitzerei zeigt die oberste Sprosse häufig lineare Einlegearbeit, die Polsterbespannung mit ihrem gestreiften Stoff paßt vorzüglich zu den geradlinigen Formen. Typisch für ihn sind neben anderem Kommoden mit segmentförmig gebogener Front. Er entwarf auch zierliche Tische, darunter Nähtischchen mit sinnreich angeordneten Schubladen. Und es war Sheraton, der den Pembroke-Tisch populär machte, einen schmalen Tisch mit zwei hochklappbaren Seitenteilen. Ebenso wie Hepplewhite fertigte er Entwürfe für elegante *sideboards* an, oft mit einer Messinggalerie als Tellerhalter an der Rückseite.

Der Regency-Stil

Die Regency-Periode – die Regentschaft des späteren Königs Georg IV. – dauerte zwar nur von 1810 bis 1820, aber als Möbelstil herrschte sie von 1795 bis 1830. Nun kamen zwei neue Strömungen auf: der französische Geschmack und eine korrekte Nachahmung römischer und griechischer Formen. Das englische Regency entspricht dem französischen Empire und ist weitgehend von ihm beeinflußt.

Der französische Geschmack wurde durch den Prinzregenten und seinen Architekten Henry Holland, dessen Entwürfe sich an den Louis-seize-Stil anlehnten, begünstigt. Die Mode der präzisen Antikennachahmung wurde von Thomas Hope gefördert, einem Millionär, der seine eigenen Möbel streng an antiken Mustern orientierte. Er schätzte glatte, furnierte Flächen mit kleinen Bronzebeschlä-

gen und sparsamen Ebenholzeinlagen. Ferner hatte er eine Vorliebe für Leuchterständer, ähnlich den antiken Dreifüßen, und streng klassische Ruhebetten mit volutenförmigen Enden. Sein Buch *Household Furniture and Interior Decoration* (1807) stellte eine Auswahl seiner Entwürfe vor, aber erst durch George Smith' *A Collection of Designs for Household Furniture and Interior Decoration* von 1808 fanden Hopes wissenschaftliche Ideen weitere Verbreitung.

Die gleichsam archäologische Grundlage des Regency-Stils war nur die eine Seite, er besaß auch eine ausgesprochen modische, nachzulesen in Ackermans *Repository of Arts* (1809 – 1828). Napoleons Feldzüge nach Syrien und Ägypten hatten schon den ägyptischen Stil inspiriert. Nelsons Sieg über Napoleon in der Schlacht am Nil und ein wachsendes Verständnis für das alte Ägypten verstärkten die Ägyptenmode nachhaltig. Ein Beispiel ist der Trafalgar-

Ganz oben, links und rechts: Zwei Beispiele für die schlichte Eleganz des Regency-Möbels. Die Säbelbeine an Tisch und Stuhl sind epochentypisch.

Oben und oben rechts: Postamentschreibtisch aus Mahagoni von T. Chippendale d. J. und Trommeltisch aus Mahagoni, beide im Regency-Stil. Die Säbelfüße am Tisch und die Pilaster am Schreibtisch sind kanneliert.

Rechts: Illustration aus Thomas Hopes Household Furniture and Interior Decoration, *ein Beispiel für seine akademische und spröde Einstellung.*

Stuhl mit säbelförmigen Beinen und einem gedrehten Seil-Motiv an der obersten Lehnensprosse.

Andere typische Regency-Möbel waren der Trommeltisch mit drei Füßen, das Sofa und der Chiffonier, ein niedriges Bücherschränkchen mit offenen Fächern. Das *sideboard* war nun als Tisch zwischen zwei Seitenschränken gestaltet. Bevorzugt wurden Rosenholz und Einlagen aus Messing, Griffe mit Löwenköpfen und kannelierte Ecksäulen. Die vergoldeten oder in Mahagoni ausgeführten Möbel von Thomas Chippendale d. J. wirken erlesen und sind gut proportioniert.

Nach 1811, als die Entbehrungen der Kriegszeit vorüber waren, änderte sich der Geschmack. Die Möbel wurden schwerfälliger; so traten zylindrische Beine an die Stelle der „Säbelbeine" des Trafalgar-Stuhls, und das dorische oder etruskische Kapitell wurde durch das korinthische verdrängt.

Die Viktorianische Zeit

Seit etwa 1830 folgte das Möbel keinem einheitlichen Stil mehr. Die Forderungen des Regency wurden aufgegeben, und die Möbel wurden nun in einer Vielzahl historischer Stile gearbeitet: Neorenaissance, -gotik, - elisabethanisch und -rokoko, oftmals in sehr freier Interpretation.

Die meisten frühen viktorianischen Möbel bestehen aus Mahagoni, Rosenholz oder Eiche. Anrichten und Kabinette wurden oft mit großen Spiegeln gefertigt. Auch das einfache Möbel sollte vor allem bequem sein, und so waren rundum üppig gepolsterte Möbel besonders in den 40er und 50er Jahren verbreitet. Das fortschreitende Jahrhundert ließ die Möbel zunehmend überladen werden. An die Stelle von Polsterungen traten wieder eckige Formen, und Marketerie, vergoldete Bronze sowie eingelegte Porzellanplaketten verzierten die Flächen.

Für die Prunkmöbel der Viktorianischen Zeit blieben weiterhin Mahagoni, Rosenholz und Eiche in Gebrauch, für einfaches Mobiliar benutzte man andere Materialien. Man experimentierte sogar mit Papiermaché, aber obwohl einige Stühle und eine begrenzte Anzahl Kastenmöbel erhalten blieben, war das spröde Material doch besser für kleinere Gegenstände wie Ofenschirme, Tabletts und Kästchen geeignet. Guß- und Schmiedeeisen kam für Garderobenständer sowie Stühle und Möbel für den Wintergarten in Mode. Bugholz-, Bambus- und Rohrmöbel entstanden im letzten Viertel des Jahrhunderts.

THOMAS HOPE 1770 – 1831

Als ältester Sohn eines reichen Amsterdamer Kaufmanns geboren, brachte Hope seine Jugend mit architektonischen Studien sowie Zeichenarbeiten in Europa und im Mittleren Osten zu. Als er sich mit Mitte zwanzig in England niederließ, widmete er seinen beträchtlichen Reichtum dem Sammeln antiker Vasen, Skulpturen und Kunstwerke. Er erwarb Häuser in London, und den Landsitz Deepdene in Surrey stattete er zu Schauzwecken mit selbstentworfenen Möbeln aus. Er veröffentlichte einige Bücher über Architektur und Inneneinrichtung, in denen er die klassizistischen Ideen propagierte und so den Publikumsgeschmack beeinflußte. Sein Hauptinteresse galt jedoch der Literatur. Byron, der ihn als „Innenarchitekten" verachtete, soll geweint haben, weil Hopes „Anastasius" nicht von ihm selbst war.

Nähtischchen aus Papiermaché mit Perlmutteinlagen. Reich verzierte und schwierig einzuordnende Stücke dieser Art stehen in völligem Kontrast zur Klarheit des Regency.

Die außerordentlich feine Schnitzerei an dieser Marketerie-Anrichte wurde durch Maschinenarbeit ermöglicht. Thomas Jordans Holzschnitzmaschine war seit 1845 in Gebrauch.

In der Viktorianischen Zeit setzte auch die serienmäßige Möbelproduktion ein. Die maschinelle Fabrikation kam dem Bedarf einer wachsenden und prosperierenden Mittelschicht nach historistischen Möbeln eher entgegen als die traditionelle Handarbeit, die erst von einer jüngeren Generation wieder propagiert werden sollte. Die führenden Londoner Möbelfirmen waren Gillow, Trollope, Howard & Sons, Thomas Fox und Johnstone & Jeanes.

Rechts: Bemalter Eßzimmerstuhl mit Rosenholzfurnier, um 1890, ein Beispiel für die viktorianische Wiederholung früherer Stile (einschließlich Regency und Klassizismus) mit zeitgenössischer Dekoration.

Das viktorianische Möbel hatte neben dieser konventionellen aber auch eine progressive Seite, die sich aus der Unzufriedenheit mit der geringeren Qualität maschinell gefertigter Möbel entwickelte. Der erste große Neuerer war A. W. N. Pugin (1812 – 1852), der die „Ehrlichkeit" des gotischen Mobiliars wiederaufleben lassen wollte. Die Holzverbindungen sollten wieder an der Oberfläche sichtbar werden.

William Morris (1834 – 1896) setzte mit seiner 1861 gegründeten Firma Morris & Co. Pugins Reformwerk fort. Morris selbst war nicht an Möbelentwürfen beteiligt, aber seine Mitarbeiter Philip Webb, William Burges und J. P. Seddon schufen die verschiedensten Objekte, darunter Schlafzimmer, einfache Stühle mit Binsensitz in ländlichem Stil, Sessel mit verstellbarer Lehne und große, im präraffaelitischen Stil bemalte Schränke.

Morris' Ziel war es, den Publikumsgeschmack wieder auf das handgefertigte Möbel nach künstlerischem Entwurf zu lenken. Er erzielte mit seinen Stücken aber nur Teilerfolge, denn die handgefertigten Möbel von Morris & Co. blieben unerschwinglich für die Armen und waren zu schmucklos für den Geschmack der Reichen.

So ging die Massenproduktion in der Möbelindustrie weiter, doch allmählich ließ die viktorianische Leidenschaft für historische Stile nach. Bruce Talbert (1838 – 1881) brach mit der Neugotik und entwarf streng rechtwinklige Möbel mit geometrischen Ornamenten. Eine noch tiefgreifendere Abkehr vom Historismus vollzog E. W. Godwin in den 70er und

WILLIAM MORRIS 1834 – 1896

William Morris, Künstler, Poet und Sozialreformer, hatte von frühester Jugend an eine Vorliebe für das Mittelalter. Seine ziemlich freie Interpretation dieser Epoche bewegte ihn 1861 zur Gründung der Firma Morris, Marshall, Faulkner & Co. Mit Glasgemälden, Textilien, Möbeln, Teppichen und Tapeten in einfachen naturalistischen Formen versuchten Morris und seine Nachfolger, gegen den Strom der Industrieproduktion anzukämpfen. Morris gründete und leitete die Arts-and-Crafts-Bewegung und die noch heute existierende Gesellschaft für die Erhaltung von Baudenkmälern.

80er Jahren, indem er sich bei der Gestaltung seiner Möbel von japanischen Vorbildern inspirieren ließ.

In die nächste Phase der Entwicklung fiel die Entstehung der Arts-and-Crafts-Bewegung, die sich um eine Alternative zur geringen Qualität der handelsüblichen Ware bemühte. Die Bewegung war zwar von William Morris inspiriert, wurde aber von jüngeren Kunsthandwerkern gegründet. Sie hob wieder die Schönheit des handgefertigten Möbels hervor. Zu ihren wichtigsten Vertretern gehören C. F. A. Voysey (1857 – 1941), C. R. Ashbee (1863 – 1942), A. H. Mackmurdo (1851 – 1942) und Charles Rennie Mackintosh (1868 – 1928).

Obwohl die Möbelfirmen zuerst die Entwicklung dieses „progressiven" Stils ignorierten, nahmen einige doch gegen Ende des 19. Jahrhunderts die Hauptelemente des neuen Stils in ihre Produktion auf. Erst um die Jahrhundertwende öffneten sich auch solche Firmen wie Heal and Son, J. S. Henry and Wylie und Lockheed den Ideen der Arts-and-Crafts-Bewegung.

Unten: Charles Rennie Mackintosh war einer der wichtigsten Vertreter der Arts-and-Crafts-Bewegung. Sein „Entwurf für ein Speisezimmer im Haus eines Kunstfreundes" datiert von 1901/02.

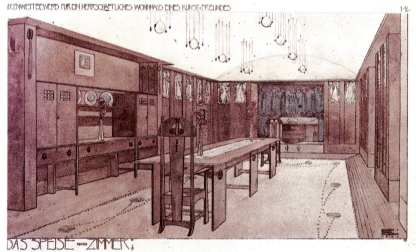

Links: Zwei Beispiele für „fortschrittliche" Möbel, entstanden aus der Gegenbewegung zur geringen Qualität des maschinellen Serienmöbels. Links außen: Sussex-Armlehnstuhl mit Binsensitz von Morris & Co. Links: Rechteckiger Beistelltisch mit Ebenholzfurnier und Vergoldung von E. W. Godwin.

Frankreich

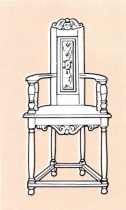

Oben: Ein caquetoire-Stuhl

Links: Zweigeschossiger Schrank, Mitte 16. Jh., Nußbaum mit Schnitzerei, Vergoldung und Marmoreinlagen; deutlicher italienischer Renaissanceeinfluß.

Oben: Der Louis-quatorze-Sessel zeigt den Stilwandel vom 16. zum 17. Jh.: die Kurven an Lehne, Armlehnen und Beinen sind ausgeprägter als früher.

16. und 17. Jahrhundert

Aus dem 16. Jahrhundert sind nur wenige französische Möbel erhalten geblieben. Neben den verhältnismäßig wenigen überkommenen Stücken geben jedoch auch Gemälde, Zeichnungen und Entwürfe Auskunft über die wichtigsten Möbeltypen. Wie überall, besaßen nur der Adel und die oberen Klassen erlesene Möbel, und für sie wurden die schönsten Stücke angefertigt. Die einfacheren Gebrauchsmöbel waren schmucklos und änderten ihre Form nur langsam.

Im 16. Jahrhundert wurde meistens Walnuß verwendet, und das am häufigsten erhaltene Möbelstück ist die Kredenz, der sog. *dressoir*, manchmal mit antikisierenden Schnitzereien. Seit den ersten Jahrzehnten des 16. Jahrhunderts wurde Frankreich mit der Renaissance bekannt, die am Hof und beim Adel eifrig nachgeahmt wurde. Die Reliefs an Stühlen und den Füllungen der *dressoirs* und der zweistöckigen Schränke *(armoire à deux corps)* zeigen deutlich italienischen Einfluß.

Vor allem in Südfrankreich, Burgund und der Westschweiz herrschte eine manieristische Formensprache. Hugues Sambin aus Dijon stellte Kabinettschränke und Kredenzen mit geschnitzten Grotesken her; 1572 veröffentlichte er eine Anzahl eigener Möbelentwürfe. Jacques Ducerceau, ein anderer Möbelgestalter des 16. Jahrhunderts, bevorzugte architektonische Motive.

Stühle und Tische waren groß und robust. Es gab auch Polsterstühle, und gegen Ende des Jahrhunderts kamen Armlehnstühle auf. Der *caquetoire* („Plauderstuhl") ist der typische Stuhl der Epoche. Er war eigens für Damen entworfen; auf dem hinten schmalen und vorn breiten Sitz fanden die weiten Röcke der damaligen Mode Platz.

Von der Mitte des 16. bis zur Mitte des 17. Jahrhunderts änderte sich das französische Möbel kaum. Aber um 1650 wurde Frankreich tonangebend in den schönen Künsten. Mit der Thronbesteigung des Sonnenkönigs Ludwig XIV. 1643 entstand ein neues Bedürfnis nach Prachtentfaltung. Die königlichen Paläste mußten auf das prunkvollste ausgestattet werden. Die Wände und Möbel wurden mit reich gewirkten Stoffen überzogen. Die heute noch erhaltenen Luxusmöbel stammen fast alle von ausländischen, meist italienischen Kunsttischlern. Das ausgehende 17. Jahrhundert war eine Epoche der wirtschaftlichen Expansion und des Wohlstands für Frankreich, und der Sonnenkönig betätigte sich als Förderer der schönen Künste. Die französische Manufaktur erhielt unter seiner Regierung eine neue Bedeutung. 1663 gründete Colbert, der wichtigste Minister des Königs, die *Manufacture Royale des Meubles de la Couronne* (Königliche Möbelmanufaktur) in Paris. Unter strenger staatlicher Kontrolle befriedigten nun französische Kunsthandwerker den exquisiten Geschmack des Adels und des Hofes. Der erste Manufakturdirektor war Charles Le Brun, dessen erste Aufgabe in der Ausstattung und Möblierung des neuen Schlosses Versailles bestand.

Der berühmteste Kunsttischler jener Zeit war André-Charles Boulle (1642 – 1732). Er entwickelte die Kommode mit konkav geschwungener (bombierter) Front. Er stellte anfangs Holzmarketerie her, wandte sich dann aber komplizierten Einlegearbeiten in Schildpatt und Messing zu, einer Technik, die noch heute seinen Namen trägt. Viele Arbeiten Boulles waren für die Krone bestimmt. Nur wenige tatsächlich von ihm gearbeitete Stücke blieben bis heute erhalten, und manches ihm zugeschriebene Stück wurde von anderen Künstlern geschaffen.

Die Furniere der Luxusmöbel im 17. Jahrhundert bestanden meistens aus leicht beschnitztem Ebenholz, und der Name Ebenist für den französischen Kunsttischler ist hiervon abgeleitet. Neben den äußerst beliebten gedrechselten Verzierungen fanden im Möbelbau auch Edelmetalle und Halbedelsteine Verwendung. Um 1700 wurde die Kommode erfunden, die vielleicht wichtigste Neuerung beim französischen Möbel.

Auch Schreibtische mit zwei Reihen von Schubladen neben dem Knieloch wurden hergestellt. Im späten 17. Jahrhundert kamen große Kleiderschränke auf. Armlehnstühle ähnelten oft Thronsesseln und hatten manchmal extravagant geschwungene Leisten.

Unten: Der Louis-quatorze-Schreibtisch, Boulle zugeschrieben, hat Marketerie aus graviertem Messing auf scharlachrotem Schildpatt. Die Platte aus vergoldeter Bronze zeigt in komplizierter Einlegearbeit Figuren aus der Commedia dell'arte unter einer Laube mit Festons, flankiert von Karyatiden, Masken, Putti, Affen und Urnen mit verschlungenen Messingbändern.

18. und 19. Jahrhundert

Frankreich blieb die führende Möbelnation während des 18. Jahrhunderts und bis in das frühe 19. Jahrhundert. Die Möbel dieser Zeit werden allgemein in fünf Epochen eingeteilt: Régence (ca. 1715 – 1730), Louis-quinze (ca. 1730 – 1774), Louis-seize (ca. 1774 – 1785), Directoire (ca. 1785 – 1810) und Empire (bis etwa 1830).

Bedeutende Zentren der Möbelherstellung befanden sich in Grenoble, Lyon und der Normandie, Paris aber stand unangefochten an der Spitze. Das Pariser Zunftwesen erzwang eine strenge Arbeitsteilung: die *ménuisiers* (Tischler) stellten alles Holzwerk her, die wichtigste Arbeit aber, die Verkleidung mit Furnier und Marketerie, wurde vom *ébeniste* ausgeführt. Von 1745 bis 1790 mußten die Mitglieder der Pariser Zunft den von ihnen hergestellten Möbeln ihren Namen aufstempeln.

Régence

Der Tod Ludwigs XIV. im Jahr 1715 und die Thronbesteigung des noch im Kindesalter stehenden neuen Königs, für den ein vergnügungssüchtiger Prinzregent die Staatsgeschäfte führte, beendete das formenstrenge, pompöse Hofleben zur Zeit des Sonnenkönigs. Die Räume und mit ihnen die Möbel wurden kleiner, eleganter und weniger monumental. Die Boulle-Technik kam vorübergehend aus der Mode. Der neue Geschmack richtete sich auf kunstvolle Holzmarketerie mit Beschlägen aus vergoldeter Bronze. Die Linien wurden kurvenreicher, und die Form verschwand häufig unter dem Dekor.

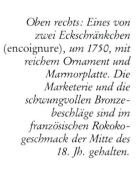

Oben rechts: Eines von zwei Eckschränkchen (encoignure), um 1750, mit reichem Ornament und Marmorplatte. Die Marketerie und die schwungvollen Bronzebeschläge sind im französischen Rokokogeschmack der Mitte des 18. Jh. gehalten.

Rechts: Der Régence-Schreibtisch (bureau plat) mit Ebenholzfurnier, um 1725 – 1750, nimmt die Rokokomode vorweg. Die relativ sparsam verwendeten Bronzebeschläge und die leicht gekurvten Beine geben ihm eine verfeinerte Wirkung.

Louis-quinze

Während der Regierung Ludwigs XV. bildete sich das Rokoko mit seinen Muschelmotiven, kalkulierten Asymmetrien und verschlungenen Kurven aus. Die typische Louis-quinze-Kommode hat zwei oder vier Schubladen in zwei waagerechten Lagen und steht auf längeren Beinen als die Régence-Kommode. Die *encoignure* war ein elegantes, meist paarweise hergestelltes Eckschränkchen. Seit der Mitte des Jahrhunderts wurde die *commode à vantaux* – mit Türen an der Vorderseite – angefertigt. Der Schreibtisch *(bureau plat)*, der zu dieser Zeit seine endgültige Gestalt erhielt, hatte gelegentlich auf seiner Platte einen *cartonnier* (Dokumentenschränkchen oder -fach). Der Sekretär mit herunterklappbarer Schreibplatte *(secrétaire à abattant)* kam in den 50er Jahren in Mode. Nach 1760 erfreute sich ein zierlicher Damenschreibtisch auf hohen Beinen mit einem Schubladenaufsatz hinten auf der Platte großer Beliebtheit *(bonheur du jour)*, der im England des 19. Jahrhunderts oft nachgeahmt wurde. Der *bureau toilette* war halb Schreibtisch, halb Toilettentisch.

Von den damals gebräuchlichen Sitzmöbeln sind vor allem die *marquise* (Doppelsessel für zwei Personen), die *bergère* (Armsessel mit geschlossen gepolsterten Seiten, oft als Ohrensessel gestaltet) sowie die *voyeuse* (mit Polsterauflage auf der Rückenlehne für die Zuschauer beim Kartenspiel) hervorzuheben.

Vier Beispiele für Louis-quinze-Möbel zeigen die kunstvolle Verbindung von Zweckmäßigkeit und Dekor. Oben links: Kommode mit Parkettierung, Charles Cressent zugeschrieben, der am Hof besonders geschätzt wurde. Sie hat eine geschwungene Front, eine Marmorplatte und Bronzebeschläge im Rokokostil. Oben: Bei dem Sekretär sind Marketerie, Bronzebeschläge und Marmorplatte typisch für den Zeitstil.

Links: Bergère aus Buchenholz. Der geschwungene Sitz, die gekurvten Beine und die eingerollten Armlehnen und Füße, sämtlich Merkmale der Epoche, verleihen dem in der Form einfachen Stück eine verfeinerte Eleganz. Unten links: Toilettentisch aus Tulpenholz mit Marketerie, ein dekoratives und zugleich praktisches Boudoirmöbel. Der aufklappbare Deckel birgt Frisierspiegel und Vertiefungen für Flaschen, die Front vier Schubladen und eine Schreibplatte.

Die Eröffnung von Handelswegen nach dem Fernen Osten brachte, noch während der Rokokozeit, orientalische Handelsgüter nach Frankreich. Lackarbeiten und orientalische Hölzer für Intarsien wurden beliebt. Einige der schönsten Stücke der Epoche sind mit Vernis Martin überzogen, einer Lackimitation in Blau-, Rot- oder Grüntönen, die von den vier Brüdern Martin erfunden und erstmals 1730 patentiert wurde.

Zu den führenden Ebenisten jener Zeit gehören Charles Cressent (1685 – 1758), Antoine-Robert Gaudreau (etwa 1680 – 1751) und Bernard II. van Risenburgh. Die beiden herausragenden Ebenisten des Louis-quinze-Stils waren jedoch Jean François Oeben (etwa 1720 – 1763) und Jean-Henri Riesener, beide aus Deutschland eingewandert. Sie waren Meister des Rokoko, obwohl Oeben auch in der Boulle-Technik arbeitete und später den Louis-seize-Stil aufnahm.

Schon lange vor dem Regierungsantritt Ludwigs XVI. 1774 hatte eine Gegenströmung zu den Auswüchsen des Rokoko eingesetzt, die Elemente des Rokoko und des Klassizismus verband. Die Möbel wurden geradliniger, Tisch- und Stuhlbeine verloren ihren Schwung und erhielten wieder gerade, konische und kannelierte Formen. Die Asymmetrie des Rokoko mußte den symmetrischen klassizistischen Motiven weichen, zudem wurden Porzellanplaketten (Sèvres) in die Möbel eingesetzt.

In den 80er Jahren erlebte Frankreich eine Welle der Englandmode. Plaketten aus Wedgwoods Jasperware tauchten an den Möbeln auf, und Georges Jacob stellte solide Mahagonistühle nach englischem Vorbild her.

Georges Jacob (1739 – 1814) war der größte französische *ménuisier* der Epoche, Jean-Henri Riesener, schon ein Meister des Louis-quinze, blieb auch jetzt der führende Ebenist.

Vier frühe klassizistische Möbel zeigen die Rückkehr zu geraden Linien im späten 18. Jh. Merkmale des Klassizismus: die sich verjüngenden kannelierten Beine der Kommode (links oben) und des Nähtischchens (links), das Urnen- *motiv am Sekretär (oben) und die zurückhaltenden Bronzebeschläge am Kabinett (links außen). Das Dekor blieb wichtig, wie die Blumen in Vernis Martin (links oben) und die Boulle-Arbeit (links außen) zeigen.*

Die beiden Möbel aus der zweiten Hälfte des 18. Jh. zeigen die Abkehr von den schwungvollen Rokoko-formen. Links: Das Zylinderbureau aus Tulpen-holz, um 1765, ist beispiel-haft für Jean-François Oebens Übergangsstil. Es hat zwar noch leicht einge-rollte Füße, aber die schlichte Gesamtform und der griechische Mäander an der Galerie weisen deutlich auf den Klassizismus voraus.

Directoire und Empire

Die Revolution beseitigte das Zunftwesen, aber einige Werkstätten setzten ihre Tätigkeit fort, darunter die von Georges Jacob d. Ä. und seinen Söhnen. Das Schlüsselwort des Directoire – benannt nach der Regierung von 1795 bis 1799 – war der sog. „etruski-sche Stil". Jacob fertigte für den Maler und Revolutio-när Jacques-Louis David rot und schwarz gepolsterte Möbel an, deren „etruskische" Entwürfe David selbst geliefert hatte. Daneben machte sich ein ägyptischer Einfluß geltend. Typisch waren die *méridienne* (Ruhe-bett mit ein oder zwei volutenförmig eingerollten Enden), die *athénienne* (dreifüßiger Waschtisch) und der Leuchterständer. Gegen Ende des 18. Jahrhun-derts wurden die ersten mit Draperien verhüllten Kahnbetten hergestellt.

Unter der starken Regierung Bonapartes als Erstem Konsul (1799 – 1804) erholten sich Handel und Gewerbe von den Revolutionsfolgen. Der Empirestil (1804 – 1815), von Napoleon zu Propagandazwecken eingesetzt, verbreitete sich durch Napoleons Er-oberungszüge und durch Vorlagenstiche in Europa.

Oben: Das Ruhebett zeigt einen reiferen klassizisti-schen Stil. Die geraden Linien, Löwenköpfe, Klauenfüße und das symmetrische Laubwerk sind sämtlich ägyptischen, griechischen und römischen Vorbildern entlehnt.

Rechts: Konsoltisch im Empirestil, Eibe mit Bronzebeschlägen, Jacob Desmalter zugeschrieben.

Unten: Rundes Tischchen aus bemaltem Blech, Anfang 19. Jh. Das aufgesetzte Tablett ist mit farbigen und vergoldeten Chimären, Bändern und Weinreben bemalt. Die Büsten und die Füße an den sich elegant verjüngenden Beinen zeigen die Vorliebe des Empire für klassische Motive.

Die beiden Sessel verdeutlichen den Geschmackswandel im frühen 19. Jh. Rechts: Sessel aus vergoldetem Holz; Einzelstück einer von Jacob Desmalter 1810 an Napoleon gelieferten Garnitur. Die Lehne ist oben eingerollt. Rechts außen: Der weiß gefaßte und vergoldete Stuhl (1814 – 1820) wirkt wesentlich leichter und hat eine gerade Lehne.

Das Empire machte freien Gebrauch von den Stilen und Motiven des antiken Griechenland und Rom. Die schönsten Arbeiten stammen von Jacob Desmalter & Cie. Von 1806 an verhinderte die Kontinentalsperre die Einfuhr von Mahagoni aus den englischen Kolonien. Das erhöhte den Wert dieser Holzart – in der fortan Napoleons Residenzen möbliert wurden –, förderte aber auch die Verwendung einheimischer Hölzer. Die Möbel wurden zunehmend schwerer, die Bronzebeschläge gröber, Draperien immer zahlreicher. Stühle mit geraden Rückenlehnen verdrängten solche mit geschwungenen Lehnen. Die Konsoltische hatten oft Tiergestalten als Stützen. Ägyptische Motive gewannen nach Napoleons Nilfeldzug starke Verbreitung.

Seit der Mitte des 19. Jahrhunderts gab es eine wachsende Möbelproduktion. Die Manufakturen stellten außer Luxusmöbeln auch preiswerte Stücke von geringerer Qualität her. Für dieses Mobiliar wurde Nußbaum, die reichlich vorhandene einheimische Holzart, verwendet, während Rosenholz, Mahagoni und Furnierhölzer den kostbaren Stücken vorbehalten blieben.

Der Empirestil verschwand in den späten 30er Jahren, ihm folgten Möbelstile, die an die Gotik, das Rokoko und die Renaissance angelehnt waren. Im Zweiten Kaiserreich (1848 – 1870) wurden verschiedene Typen von Polstermöbeln hergestellt, darunter der *pouf*, ein rundes, ausgestopftes Kissen, und *crapauds*, kleine niedrige Sessel, sowie mehrere Arten des *settée*, einer zweisitzigen Polsterbank.

Einer der ersten Kunsttischler jener Zeit war L. E. Lamarchand, der Boulle und die Lackmöbel des 18. Jahrhunderts nachahmte. Seit den 60er Jahren wurden orientalische Anregungen, die schon seit dem Jahrhundertbeginn eine gewisse Rolle gespielt hatten, für die fortschrittlicheren Möbelgestalter zu einer neuen Quelle. Ihr freier Gebrauch orientalischer Formen hebt sich erfrischend ab von der Formalität der meisten übrigen Möbel des Jahrhunderts. Japanische Kunstgegenstände – Graphiken, Keramik, Glas und auch Möbel – wurden in der Pariser Kunsthandlung des deutschstämmigen Samuel Bing ausgestellt. Bing nannte seine Galerie „L'Art Nouveau" und verlieh damit einer neuen, mit naturalistischen, asymmetrischen und botanischen Motiven arbeitenden Kunstrichtung – die in Deutschland Jugendstil genannt wird – ihren Namen. Das konventionelle Möbel in den alten, historisierenden Stilen wurde aber daneben weiterhin produziert.

Links: Der Orchideen-Schreibtisch aus Mahagoni mit Bronzebeschlägen von Louis Majorelle ist ein gutes Beispiel für ein Art-Nouveau-Möbel. Um 1907, als er entstand, ließ die Beliebtheit dieses Stils jedoch schon nach.

Italien

*Rechts: Italienischer Tisch
aus Nußbaum, um 1550.
Die rechteckige Platte ruht
auf drei Stützen mit
geschnitztem Akanthus an
den Füßen.*

Unten: Der cassone
*(Truhe) gehört zu den
wichtigsten Möbeltypen der
Renaissance.*

15. und 16. Jahrhundert

Das italienische Renaissancemöbel wird heute hoch
geschätzt, erhalten blieben jedoch nur wenige Stücke.
Fast alle italienischen Möbel, von der Renaissance bis
zum 18. Jahrhundert, wurden für den mächtigen Adel
geschaffen. Grundtypen des italienischen Renais-
sancemöbels sind: der *cassone*, eine Truhe, manchmal
geschmückt mit Malereien; die *cassapanca*, eine
Truhenbank; der *armadio*, ein Schrank; die *credenza*,
eine Anrichte, und der Faltsessel mit x-förmigem
Gestell. All diese Möbel waren von relativ einfacher
Form, verziert mit klassischen Motiven wie Säulen,
Voluten und menschlichen Figuren. Im 16. Jahrhundert kamen Tischplatten mit Einlegearbeit aus
Halbedelsteinen auf.

*Rechts: Reich verzierter
Kabinettschrank, Mitte
17. Jh. Die Bildfelder zeigen
Motive aus der Volks-
literatur. Ganz rechts:
Detail aus einem der
Bildfelder.*

17. Jahrhundert

So wie Italien das Geburtsland der Renaissance war, nahm auch der Barock hier seinen Anfang. Der Barock, der sich beim Mobiliar seit ca. 1670 findet, zeigt Schwünge und verschwenderische Ziermotive voller überwältigender Energie und Lebensfülle. Beliebt waren maritime Motive wie Muscheln, Seepferdchen, Meeresgötter und phantastische Seeungeheuer. Italienische Barockmöbel wurden häufig von Bildhauern und nicht von Kunsttischlern geschaffen. Andrea Brustolon schuf äußerst phantasievolle Stühle, gestützt von geschnitzten Mohren, und die Stühle des venezianischen Bildhauers Antonio Corradini sind sogar mit Engelscharen bevölkert. Konsoltische, die in dieser Zeit rein dekorativen Charakter besitzen, sind als weitere eindrucksvolle Beispiele für das italienische Barockmöbel zu erwähnen.

Links: Spätbarocker Kabinettschrank auf Gestell, um 1700, Ebenholz, teilvergoldet. Typisch für die Epoche sind die maritimen Motive.

Unten: Bemalte und vergoldete bombierte Kommode, Venedig, Mitte 18. Jh. Typisch für Venedig sind die reizenden Blumenmotive.

18. und 19. Jahrhundert

Unter französischem Einfluß verlor das italienische Möbel des 18. Jahrhunderts an Eigenständigkeit. Das italienische Rokokomöbel ist oft nur eine überarbeitete Variante des französischen Vorbilds. Die schönsten Möbel dieser Periode kamen aus Venedig, etwa gebauchte Kommoden und breite Sofas. Da die Stadt ein Umschlagplatz für Waren aus dem Orient war, produzierte man hier auch Lack- und gefaßte Möbel. Auch Rom und Piemont brachten hervorragende Lackmöbel hervor.

Um die Wende zum 19. Jahrhundert wandten sich auch hier die Kunsttischler dem Klassizismus zu. Obwohl das Interesse an der römischen Antike, angeregt durch die Ausgrabungen in Pompeji und Herculaneum, zunahm, blieb der französische Geschmack weiterhin beherrschend. Napoleons Eroberung der Halbinsel hatte eine weite Verbreitung des Empirestils mit seiner Vorliebe für erhabene Pracht und eine Vermischung von ägyptischen und klassischen Motiven zur Folge. Von der Mitte des Jahrhunderts an wurde das Empire jedoch von der „dantesken" Neorenaissance abgelöst. Alles in allem steht beim italienischen Möbel aller Stilperioden der Sinn für Form und Dekoration im Vordergrund, die Zweckmäßigkeit folgt erst an zweiter Stelle. Den italienischen Möbeltischlern bedeuteten Pracht und Lebendigkeit des Entwurfs offensichtlich mehr als beispielsweise die exakte Ausführung eines Chippendale.

Links: Kommode mit teilvergoldeter Nußbaum- und Obstholzmarketerie aus der Zeit des Klassizismus um 1800.

Die Niederlande

Bis zum Ende des 16. Jahrhunderts folgte das niederländische Möbel noch der gotischen Tradition. Um 1580 führte jedoch Hans Vredeman de Vries antikisierende Motive wie Chimären, Figuren und Girlanden in den Möbelbau ein. Er entwickelte auch das sog. Beschlagwerk. Seine Neuerungen, im 17. Jahrhundert fortgeführt durch seinen Sohn Paul, breiteten sich bis nach England, Skandinavien und Deutschland aus.

Im frühen 17. Jahrhundert prägte sich in den Niederlanden ein eigener Möbelstil aus. 1579 hatten sich die nördlichen protestantischen Staaten von den katholischen Südniederlanden getrennt. Die Möbel im Norden waren zumeist einfacher als die im Süden, die maurische und italienische Einflüsse zeigten.

Als das bedeutendste niederländische Möbel des 17. Jahrhunderts gilt der Antwerpener Kabinettschrank, ein auf einem Gestell ruhender Kasten mit zahlreichen Schubladen, in der Mitte findet sich oft ein kleiner Schrankteil. Er war kunstvoll verziert, meistens mit einem Furnier aus Ebenholz und Einlagen aus Schildpatt, gelegentlich auch aus Elfenbein und Halbedelsteinen. Wie aus dem Namen unschwer hervorgeht, wurden diese Stücke hauptsächlich in Antwerpen gefertigt und von hier in alle Welt exportiert.

Ein weiterer wichtiger Möbeltyp des 17. Jahrhunderts war der *beeldenkast*, ein zweistöckiger Schrank mit geschnitzten Karyatiden und anderen Figuren. Der nordniederländische *beeldenkast* – im allgemeinen weniger reich dekoriert als der südniederländische – wurde nach der Jahrhundertmitte durch den zweitürigen Kastenschrank mit barocken Zierformen abgelöst.

Mit dem Übergang zum Barock um die Mitte des 17. Jahrhunderts veränderten sich alle Formen in geradezu dramatischer Weise. Typisch für die barocke Stilepoche sind vergoldete Tische mit extravagant geschnitzten Gestellen. Antwerpen spezialisierte sich nun auf Schubladenkabinette mit vollendetem Dekor.

Der niederländische Stuhl des 17. Jahrhunderts zeigt im allgemeinen rechtwinklige Formen. Er hat balusterförmige Beine, und die Rückenlehne krönen Löwenköpfe oder schildtragende Löwen. Meistens ist er aus Nußbaum gefertigt und mit einem Leder-, Samt- oder Tuchpolster versehen, das durch große Messingknöpfe befestigt wurde.

Nach 1685 brachten hugenottische Immigranten, die aus Frankreich vertrieben worden waren, neue Impulse, unter ihnen der einflußreiche Daniel Marot. Sein Name ist verbunden mit einem reich verzierten Stuhltypus mit niedrigem Polstersitz und einer hohen, schmalen Rückenlehne. Er schuf auch Möbel mit reichen Draperien, z.B. Vierpostenbetten mit Samt und üppigen Vorhängen. Englischer Einfluß machte sich nach der Thronbesteigung Wilhelms von Oranien 1695 geltend, besonders bei den Stühlen mit durchbrochener Rückenlehne und geschwungenen Beinen.

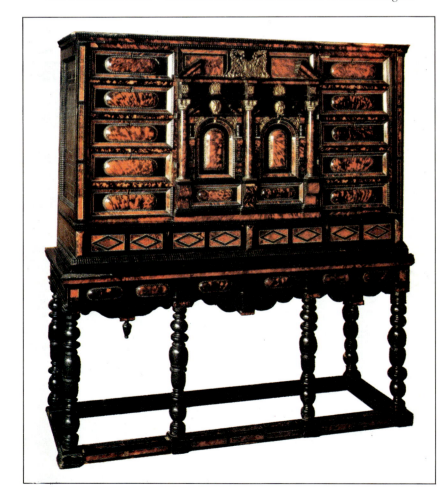

Antwerpener Kabinettschrank auf Tischgestell, Ende 17. Jh. Ein typisches Beispiel mit Ebenholzfurnier, Einlagen aus Schildpatt und Silber und kleinen Schubladen zu beiden Seiten des Schrankteils.

Ganz links: Leinenschrank, Ende 17. Jh. Selbst dieses Beispiel eines schlichteren niederländischen Möbels zeigt sparsame dekorative Schwünge.

Oben: Kommode, spätes 18. Jh., nach französischem Vorbild. Die bombierte Front beleben Rosen, Tulpen und Rocaillen in ausgezeichneter Marketeriearbeit.

Links: Leinenschrank, Mitte 18. Jh., aus Nußbaum mit besonders schöner niederländischer Blumenmarketerie.

Um die Mitte des 18. Jahrhunderts hielt das Rokoko mit seinen zarteren und leichteren Formen Einzug. Der englische Einfluß dauerte an, z.B. in dem *claw-and-ball-* (Kugelklauen-) Fuß an geschwungenen Stuhlbeinen. Die niederländische Kommode folgte dem französischen Vorbild, war aber stärker bombiert (konvex geschwungen). Im späten 18. Jahrhundert setzten sich die rechtwinkligen Formen des Klassizismus durch.

Die schönsten Stücke dieses neuen, schlichteren Stils zeichnen sich durch vollendete Marketerie und meisterhafte Furnierarbeit aus. In den südlichen Niederlanden finden sich Leinenschränke aus Eiche mit asymmetrischen Band-, aber auch Blumenornamenten.

Ein ausgesprochen charakteristisches Merkmal für das niederländische Möbel des 18. Jahrhunderts ist die Marketerie, meistens mit naturalistischen Motiven: Vögel, Blumen und Laubwerk. Die vielfältigen Brauntöne des Furniers werden manchmal bereichert durch Einlagen aus Bein oder Ebenholz. England übernahm mit gutem Erfolg die Marketerie nach niederländischem Muster im späten 17. und im 18. Jahrhundert.

Im frühen 19. Jahrhundert triumphierte in den Niederlanden wie überall in Europa der Empirestil mit seinen klassischen und ägyptischen Motiven und seinem Sinn für erhabene Pracht. Carel Breytspraak lieferte 1808 Empiremöbel für den königlichen Palast in Amsterdam, und Empireklänge sind auch im Werk von G. Nordanus zu finden, einem Kunsttischler aus Den Haag. Um die Mitte des 19. Jahrhunderts setzte sich jedoch als neue Stilrichtung in den Niederlanden eine Art Biedermeier nach dem benachbarten deutschen Vorbild durch.

Ostasien

Links: Armlehnstuhl aus Rosenholz mit hoher geschwungener Lehne und Rattansitz, Ming-Dynastie.

Unten: Achtteiliger Wandschirm aus schwarzem Lack mit Gold, um 1750. Wandschirme gingen oft in den Export; manchmal wurden sie auch zerschnitten und in andere Möbel eingesetzt.

Oben: Der berühmte Thron des Kaisers Ch'ien Lung aus rotem Schnitzlack, 18. Jh. (Victoria and Albert Museum). Anders als die meisten chinesischen Möbel, war das massive Palastmobiliar nicht zum Auseinandernehmen gedacht. Lehne und Seiten zeigen Bildfelder. Oben links: Ein Detail aus der Lehne.

China

Die besten chinesischen Möbel, die bis heute erhalten blieben, stammen aus dem 15. – 18. Jahrhundert. Sie sind gut und solide verarbeitet, allen europäischen Vorstellungen von der Verfeinerung und Verspieltheit des chinesischen Wesens zum Trotz. Viele der besten chinesischen Möbel sind aus poliertem Rosenholz gefertigt oder aus einer graubraunen Holzart, von den Chinesen „Hühnchenflügel" genannt. Obwohl die Furniertechnik selten angewandt wird, benutzten die Chinesen gefärbte, oft auch miteinander kombinierte Hölzer. In Südchina waren Bambusmöbel und insektenbeständige Lackmöbel beliebt.

Die Chinesen waren erfahrene Schreiner, die ihre Möbel hauptsächlich verzapft konstruierten, gelegentlich auch mit Schwalbenschwanzverbindungen und ein bißchen Leim. Normalerweise sind die Verbindungsstellen verdeckt. Die Dübelkonstruktion bot sich besonders für die Herstellung chinesischer Möbel an: Das Holz konnte auch in feuchtem Klima und bei rasch wechselnden Temperaturen arbeiten, ohne zu reißen; außerdem ließen sich so die Möbel unproblematisch auseinandernehmen, ein gewichtiger Faktor angesichts der chinesischen Gewohnheit, von Ort zu Ort zu reisen. Ein weiteres Kennzeichen chinesischer Möbel ist das vollkommene Fehlen von

*Links: Runder Lackklapp-
tisch, 17. Jh. Auf dem
zusammenlegbaren Gestell
rote und grüne Blumen,
Fledermäuse und Laub vor
schwarzem Grund.*

Oben links: Japanisches
kodansu *mit Schubladen
und Silberverkleidung aus
der Meiji-Periode (1868 –
1912). Auf den Seiten
Zweige mit Vögeln vor
goldenem Grund.*

*Oben: Reich verziertes
japanisches Lackkabinett,
Ende 19. Jh. Es ist mit Bild-
plaketten aus Irdenware
geschmückt.*

Drechslerarbeiten (die China erst im späten 19. Jahr-hundert durch die Europäer kennenlernte). Chinesi-sche Tischbeine sind beispielsweise niemals kreis-rund. Viele ältere Möbel wurden, unter dem Einfluß des chinesischen Ahnenkults, in späteren Jahrhunder-ten nachgebaut.

Es gab viele verschiedene Schranktypen, um den Hausrat, und Truhen, um die Kleidung aufzu-nehmen. Als Stuhlarten waren bekannt: ein Arm-lehnstuhl mit einer geraden Lehne und einer Kasten-rahmenbasis; ein Kastenrahmenstuhl mit geschwun-gener Lehne (der sog. „Abtsstuhl"); und schließlich ein Faltstuhl mit runder oder gerader Lehne. Chinesi-sche Tische ruhten auf einem separaten Gestell mit annähernd zylindrischen Beinen, oder sie waren mit Rahmen und Zarge konstruiert und hatten quadra-tische Beine sowie geschnitzte Verzierungen.

Der chinesische Geschmack bevorzugte im allge-meinen schlichte Formen. Obwohl reich dekorierte Möbel meistens für den Export bestimmt waren, ent-standen im 17. und 18. Jahrhundert verschwenderisch ausgestattete Lackmöbel, z.B. niedrige Thronsessel und Betten für die Adelspaläste. Im Gegensatz zum üblichen chinesischen Möbel war das massive Palast-mobiliar nicht dafür gedacht, zerlegt zu werden. Wandschirme mit Koromandel-Lack, bei denen ein Dekor in die Lackschichten eingeschnitten ist, zeigen besonders reiche Verzierungen und spielten in der Einrichtung eine wichtige Rolle.

Japan

Verglichen mit Westeuropa, sind japanische Innen-räume einfach und sparsam möbliert. Das japanische Mobiliar war beweglich, so daß die Möbel leicht um-gestellt werden konnten, und sogar der japanische Ofen – ein Holzkohlebrenner – ließ sich transportie-ren. Auch die Wände, papierbespannte Rahmen, konnten umgesetzt werden.

Wandschirme spielten als Einrichtungsgegenstand eine ebenso wichtige Rolle wie in China. Sie bestanden aus dickem Papier und waren ca. 1,50 m hoch. Einige wurden von Künstlern wie zum Beispiel Maruyama Okyo bemalt.

Da es im japanischen Haus keine Stühle gab, hockte man auf Matten am Boden, und deshalb ist das meiste Mobiliar von nur geringer Höhe. Neben niedrigen Tischen von weniger als 20 cm Höhe finden sich niedrige Schreib- und Lesepulte, oft lackiert und mit Einlegearbeiten versehen. Behältnismöbel waren in Form eines kleinen Kabinetts *(kodansu)* oder einer zierlichen Truhe auf kurzen Beinen *(karabitsu)* ge-staltet, beide aus lackiertem Holz. Die japanischen Lackarbeiten für den einheimischen Gebrauch, nicht für den Export bestimmt, sind von unübertroffener Qualität, aber der Standard sank nach 1870 rapide ab, als die Massenproduktion für Europa begann.

Skandinavien

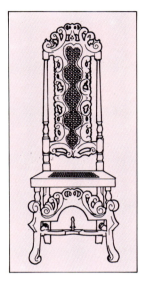

Oben: Schwedischer Stuhl, 18. Jh., im englischen Stil mit Flechtwerklehne. Unten: Kommode, Stockholm, Mitte 18. Jh., aus Kiefernholz mit Rüster-, Ulmenwurzel- und Obstholzfurnier. Dieser „fremdländische" Stil blieb im wesentlichen dem höfischen Möbel vorbehalten.

Frühe skandinavische Möbel sind wegen des Mangels an Harthölzern meistens aus Fichte oder Kiefer gefertigt, Weichhölzern, die im Norden reichlich wachsen. Da diese jedoch nur eine geringe Beständigkeit besitzen, blieben nur wenige skandinavische Möbel aus der Zeit vor dem 17. Jahrhundert erhalten. Härtere Holzarten wie Eiche oder Nußbaum wurden erst später eingeführt, als der Handel mit Ländern wie England zunahm.

Dänische und schwedische Möbel des späten 17. Jahrhunderts zeigen eine Mischung englischer, holländischer und deutscher Einflüsse, die auf den Handelswegen aufgenommen wurden. Der Handel mit England zum Beispiel vervielfachte sich nach dem großen Brand von London 1666, als plötzlich riesige Mengen Bauholz für den Wiederaufbau der Hauptstadt gebraucht wurden. Im Austausch lieferten die Engländer Möbel nach Skandinavien.

Dänische und norwegische Schreiner übernahmen den typisch englischen Stuhl mit hoher Lehne und einem Sitz aus Rohrgeflecht oder Lederpolsterung. Dieser Stuhltypus, oft mit reicher Schnitzerei an Zarge und Leisten, lebte in Skandinavien fort bis ins späte 18. Jahrhundert, als er in England schon längst aus der Mode gekommen war.

Auf englischen Einfluß gehen im 18. Jahrhundert auch die Kugelklauenfüße und geschwungenen Beine

zurück, die in Skandinavien mit den unpassenden geraden Leisten des früheren Stils kombiniert wurden.

Der holländische Einfluß war in Skandinavien im 17. Jahrhundert am stärksten, als Holland die führende Macht zur See war. Er zeigt sich in Blumenmarketerien und in den geschweiften Formen der Behältnismöbel.

In der zweiten Hälfte des 18. Jahrhunderts geriet Skandinavien unter französischen Einfluß. Marketerien im französischen Stil mit Musikinstrumenten, Büchern und Figuren verdrängten die holländischen Blumenmotive. Ebenfalls im 18. Jahrhundert wurde das Rokoko zum skandinavischen Hofstil. Man importierte französische Möbel, und schwedische Kunsttischler lernten in Pariser Werkstätten. Dieses gilt jedoch fast ausschließlich für das höfische Möbel. Die vergleichsweise wohlhabenden Bauern lebten weiterhin mit einfachen, oft bemalten Weichholzmöbeln, deren Formen wohl nur wenig von denen des 16. Jahrhunderts abwichen. Der Klassizismus nach französischem und englischem Vorbild beeinflußte seit dem späten 18. Jahrhundert das höfische wie das bürgerliche Möbel im Norden. Georg Haupt arbeitete in Paris und brachte 1769 einen voll ausgebildeten Louis-seize-Stil nach Schweden.

In Dänemark war der deutsche Einfluß besonders stark, da ein großer Teil des dänischen Adels von deutscher Herkunft war. Der bedeutende dänische Kabinettmacher des 18. Jahrhunderts, Mathias Ortmann, arbeitete in der deutschen Tradition. Als man 1777 in Kopenhagen eine königliche Möbelmanufaktur gründete, wurden auch hier, durch den Kunsttischler Georg Roentgen, deutsche Formen eingeführt. Manufakturdirektor wurde Carsten Anker, der den englischen Stil Hepplewhites und Sheratons bevorzugte.

Norwegen folgte, in einer etwas weniger eleganten Variante, dem dänischen Vorbild. Charakteristisch für norwegische Stühle des späten 18. Jahrhunderts ist die Kannelierung an der Vorderleiste des Sitzes. Vor allem in Schweden verdrängte um die Wende zum 19. Jahrhundert das französische Empire die englischen Vorbilder.

Spanien und Portugal

cadera) auf. Etwas später erschien der typischste spanische Stuhl, *sillon de fraileros,* mit einer durchbrochenen und geschnitzten Querleiste an der Vorderseite. Manche Stühle mit Scharnieren ließen sich zusammenklappen. In der Renaissance entstand ein Kabinettschrank mit aufklappbarer Front *(vargueño),* der auf einer Truhe oder einem Schragen stand. Häufig war er mit *mudejar*-Marketerie (spanisch-maurisch) verziert.

17. Jahrhundert

Im 17. Jahrhundert wurden stark ornamentale, barocke *vargueños* hergestellt sowie Kabinettschränke ohne Frontklappe mit einer vergoldeten Galerie als Bekrönung. Nachdem Portugal den Holländern 1654 Brasilien wiederabgenommen hatte, wurden für por-

Ganz links: Spanischer vargueño, 16. Jh., mit geometrischen Ornamenten im Mudejar-Stil.

Portugiesischer Stuhl, Ende 17. Jh., aus Kastanie mit Rücken- und Sitzbespannung aus geprägtem und geschnittenem Leder.

16. Jahrhundert

Wie in Frankreich und Deutschland verschmolzen zu Beginn des 16. Jahrhunderts auch in Spanien und Portugal Gotik und Renaissance. Der Renaissancestil setzte sich schließlich durch. Wichtig war aber auch das maurische Erbe, das komplizierte, geometrische Muster hervorbrachte. Am gebräuchlichsten war Nußholz und das häufigste Möbel die Truhe. Katalanische Truhen aus dem frühen 16. Jahrhundert hatten gotische Formen, bemalte Deckel und hinter einer Tür an der Vorderseite Fächer für Schmuck und kleine Gegenstände. Dagegen ahmten Renaissancetruhen häufig den italienischen *cassone* nach. Im frühen 16. Jahrhundert kam der x-förmige Sessel *(sillon de*

tugiesische Möbel brasilianische Hölzer, unter anderem Palisander, verarbeitet.

Die portugiesischen *sillon de fraileros*-Stühle hatten jetzt hohe, gewölbte Rückenlehnen und gedrechselte Beine. Sie wurden mit geprägtem Leder bespannt. Einfallsreiche Drechslerarbeiten sind für das portugiesische Möbel charakteristisch. Sie finden sich vor allem am Kopfende einer typischen Art von Bettgestellen, manchmal verziert mit schmiedeeisernen Stangen.

18. Jahrhundert

Durch Vergoldung und kurvenreiches Rokoko machte sich der französische Einfluß geltend, nachdem 1770 das Haus Bourbon auf den spanischen Thron gelangt war. Der ornamental verzierte *vargueño* wurde von der Kommode verdrängt. Frühere Exemplare waren aus massiv geschnitztem Holz, aber nach 1768 wurden anspruchsvollere Stücke hergestellt. Die Formen der spanischen Stühle des 18. Jahrhunderts folgten, wie überall in Europa, oft englischen Vorbildern, waren aber zusätzlich mit vergoldeten Ornamenten verziert. Die Portugiesen entwickelten nach dem Vorbild des Queen-Anne-Stils Stühle aus brasilianischen Harthölzern und mit überreichen Zierformen.

19. Jahrhundert

Im frühen 19. Jahrhundert setzte sich hier wie überall in Europa der Klassizismus durch. Spanisches Empiremobiliar ist meist aus Mahagoni mit Bronzebeschlägen. Es ist schwerer als das französische. Gotische Formen wurden im 19. Jahrhundert wiederbelebt. Ein volkstümlicher Stil war der Isabellino, eine spanische Fassung des Louis-Philippe-Stils und des Stils des Zweiten Kaiserreichs, gekennzeichnet durch bequeme Polsterung und Verzierungen in der Form des Neorokoko.

Oben: Stuhl, bemalt und vergoldet, im „englischen" Stil des 18. Jh. Die Form ist dem Queen-Anne-Stil entlehnt, das Dekor jedoch typisch spanisch.

Links: Vergoldeter Schemel mit Bronzebeschlägen im Empirestil des frühen 19. Jh.

Spiegel

Von der Antike bis zum 15. Jahrhundert bestanden Spiegel aus hochpolierten Gold-, Silber- oder Bronzescheiben. Diese Spiegel waren klein und eher als Hand- denn als Wandspiegel gedacht.

Die ersten Versuche mit metallunterlegtem Glas brachten keine großen Erfolge, weil Glas vor dem 15. Jahrhundert noch zu stumpf war, um ein Bild zu reflektieren. Nach der Errichtung der Glashütten von Murano bei Venedig wurden im frühen 16. Jahrhundert auf diesem Gebiet jedoch große Fortschritte erzielt. Die Venezianer besaßen nun für lange Zeit das Monopol der Spiegelfabrikation. Flandern und Deutschland gründeten als erste nordeuropäische Länder Manufakturen nach venezianischem Vorbild. Im 17. Jahrhundert wurde Spiegelglas in kommerzieller Weise auch in England hergestellt, vor allem in den berühmten Glashütten des Herzogs von Buckingham in Vauxhall in London.

Die Hauptschwierigkeit bei der Herstellung von Spiegelglas lag darin, eine glatte, ebenmäßige Oberfläche von gleichmäßiger Stärke zu erzielen. Anfangs blies man eine große Glasblase, schnitt sie auf, glättete sie, und nach dem Abkühlen wurde sie abschließend geschliffen und poliert. Diese Methode barg jedoch zwei Probleme: Es war schwierig, Glas von gleichmäßiger Stärke zu blasen, und unmöglich, dabei eine gewisse Größe zu überschreiten.

Das in Frankreich im 17. Jahrhundert erfundene Verfahren, Glas zu gießen, löste diese Probleme. Bei dieser Methode goß man flüssige Glasmasse auf eine Metallplatte und walzte sie dann schnell glatt. Auf diese Weise konnten nicht nur bessere, sondern auch größere Spiegel hergestellt werden.

Spiegel wurden anfangs nicht versilbert, sondern mit einer dünnen Metallfolie und Quecksilber hinterlegt. Erst ab ca. 1840 verwendete man Silber, da man sich nun das Verfahren des deutschen Chemikers Justus von Liebig zunutze machen konnte, Silber auf chemischem Wege auf Glas aufzutragen.

Während die Verfahren zur Herstellung und Versilberung von Spiegelglas sich von der Mitte des 17. bis zur Mitte des 19. Jahrhunderts nur wenig veränderten, waren Spiegelrahmen dem wechselnden Zeitgeschmack unterworfen und überstrahlten häufig mit ihrer Wirkung die Spiegel selbst.

Pfeilerspiegel aus vergoldetem Holz, Mitte 18. Jh., mit zwei getrennten Spiegelscheiben.

Deutschland

In Deutschland stellte man schon im 16. Jahrhundert Spiegelglas her. Die teuren und noch relativ kleinen Spiegel besaßen massive Rahmen mit Schnitzereien im Stil der Spätrenaissance.

Im 17. Jahrhundert waren breite Rahmen mit Schnitzereien oder Einlegearbeiten aus Elfenbein, Schildpatt, Glas und anderen Materialien beliebt. Die gewellte Flammleiste findet sich besonders im süddeutschen Raum.

Seit dem späten 17. Jahrhundert wurde der Spiegel nach französischem Vorbild zum festen Bestandteil des barocken Raumkonzepts. Man bevorzugte ver-

Oben: Spiegel und zugehöriger Konsoltisch aus Eichenholz, Aachen, um 1760.

Rechts: Deutscher Jugendstilspiegel, um 1895; typisch ist das üppige, abstrakte Linienornament.

goldete und geschnitzte Rahmen mit naturalistischen Motiven wie Laubwerk, Früchte und Putten. Der Rahmen blieb zunächst rechteckig, häufig wurden die Ecken betont.

Die dekorative Wirkung des Spiegels erreichte ihren Höhepunkt in den Spiegelgalerien und -kabinetten des 18. Jahrhunderts. Der Spiegel bildete zusammen mit der geschnitzten und vergoldeten Wandvertäfelung und den wandfesten Konsoltischen eine Einheit. Der bevorzugte Platz war das Wandstück zwischen zwei Fenstern. Dieser Typus trägt daher den Namen Pfeilerspiegel oder Trumeau.

Im Rokoko erhält der Spiegel einen geschweiften Umriß, das plastische Ornament überspielt den Rahmen. Mit dem Übergang zum Klassizismus kamen ovale oder rechteckige Spiegel, gefaßt von schmalen, profilierten Leisten, in Mode. Nur noch oben in der Mitte sitzt eine plastische Bekrönung. Im Frühklassizismus war das Schleifenband ein beliebtes Motiv, gegen das Jahrhundertende folgten antikisierende Motive wie Urnen, Perl- und Eierstäbe. Bei Vergoldungen wurde das blasse Zitronengold beliebt.

Im Biedermeier kam der Naturton des Furnierholzes wieder zur Geltung. Die Spiegel behielten die hohen, schmalen Proportionen des Trumeaus bei. Meistens bildete ein gerades, vorspringendes Gesims den Abschluß, gelegentlich flankierten zwei Säulen die Seiten.

Im Jugendstil zeigt die Ornamentik der Spiegelrahmen entweder die zeittypischen sanften Linien-

schwünge oder streng geometrische Ornamente. Der Wiener Josef Hoffmann verzichtete als erster bei seinen facettierten Toilettenspiegeln gänzlich auf einen Rahmen.

Die Niederlande

Die Niederlande hatten in der Spätrenaissance einen besonderen Ornamentstil, das Beschlag- und Rollwerk, ausgebildet. Die Freude am manieristischen Ornament kommt zum Ausdruck in überaus prächtig geschnitzten Rahmen, durchsetzt und bekrönt von allegorischen Figuren.

Den wichtigsten Beitrag zur europäischen Rahmengeschichte lieferten die Niederlande jedoch im 17. Jahrhundert mit schön gearbeiteten, profilierten Rahmen. Sie waren in Naturholz belassen, manchmal schwarz getönt. Sehr kostbare Stücke wurden furniert und mit Goldeinlagen geschmückt.

Ein spezielles Kennzeichen sind die gewellten Flammleisten, die aus der italienischen Renaissance übernommen wurden, in den Niederlanden aber viel feiner gearbeitet waren. Die sog. Vorholrahmen hatten besonders breite Flammleisten. Die von ihnen eingefaßten Spiegel waren mit einem breiten Facettenschliff ausgestattet.

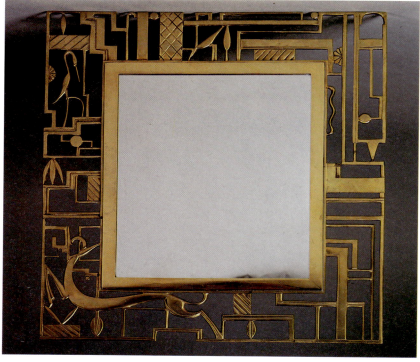

Frankreich

Bis gegen 1620 erhielten französische Spiegel barocke und architektonische Renaissancerahmen. Danach ging man zu geschnitzten und vergoldeten Rahmen oder zu Einlegearbeiten aus holzfremden Materialien über. Die Ornamententwürfe und Techniken der Barockkünstler Bérain, Boulle und Marot schlugen sich auch in den Entwürfen für Spiegel nieder.

Nachdem Louis-Lucas de Nehou 1688 ein Verfahren zum Gießen von großflächigen Spiegeln entwickelt hatte, stieg Frankreich zum führenden Produzenten in Europa auf. Die Raumwirkung der neuen Spiegel wurde in den Schlössern erprobt; den Höhepunkt bildet die Spiegelgalerie in Versailles.

Zu Anfang des 18. Jahrhunderts kamen für die Salons dreiteilige Klappspiegel in vergoldeten Rahmen mit abgesetztem Giebel auf. Spiegel des Louis-quinze haben nur noch einen vergoldeten Rahmen mit geschnitzten Rocaillen.

Um die Jahrhundertmitte gab es wieder rechteckige Rahmen. Die Spiegel des Klassizismus zeigten antikisierende Vasen und Trophäen sowie scharf profilierte Leisten, von Perl- und Eierstäben eingefaßt. Eine Erfindung des Kunsttischlers Jacob im Hochklassizismus ist die Psyche, ein drehbarer Toilettenspiegel.

Italien

Die frühesten Spiegel aus venezianischem Kristallglas waren in Architekturrahmen eingelassen, die mit geschnitzten Gesimsen und seitlichen Pilastern die Renaissancebaukunst nachahmten. Dieser Typus wurde bis ins frühe 17. Jahrhundert auch von nordeuropäischen Ländern übernommen.

Im Barockzeitalter brachte Italien eine Reihe regionaler Stilvarianten hervor, die sich im wesentlichen aber den herrschenden europäischen Strömungen anschlossen. Eine eigene Gattung entstand nur in Venedig. Hier ging man dazu über, auch die Rahmen von Spiegeln aus facettiertem, meistens blau getöntem Glas herzustellen. Im Rokoko wurden die gläsernen Spiegelrahmen zusätzlich mit farbigen Blumen, Schleifen und Girlanden, ebenfalls aus Glas, verziert.

Oben: Holländischer Prunkrahmen, Ende 17. Jh., aus geschnitztem Lindenholz. In die Ornamente sind allegorische Darstellungen von Tugenden eingelassen, in der bekrönten Nische thront die Muttergottes.

Links außen: Österreichischer Spiegelrahmen aus vergoldetem Messing, um 1925–1930, mit den typischen Ornamenten des Art Deco.

Links: Spiegelgalerie von Versailles, entworfen von Hardouin-Mansart, vollendet 1684, Dekorationen von Le Brun. Durch die wandhohen Spiegel wird der Saal zu einem Höhepunkt barocker Raumkunst.

England

17. Jahrhundert

In der ersten Hälfte des 17. Jahrhunderts waren englische Spiegel infolge technischer Probleme bei der Herstellung klein: Sie überschritten ein Maß von 45 x 30 cm nicht, blieben meist sogar darunter. Die Rahmen hingegen, meist aus Holz gefertigt, waren relativ groß und sehr reich verziert, etwa mit Schildpatt, Wurzelmaserholz, Perlen und Silber. Daneben gab es Rahmen im Stil des Bildhauers Grinling Gibbons (1648–1721), auf denen sich überreiches naturalistisches Schnitzwerk – Figuren, Blattwerk, Früchte und Blumen – findet.

Von ungefähr 1675 an kam der schlichtere, rechteckige Kissenrahmen in Mode, der Schnitzerei oder Marketerie aufwies. Auch Hinterglasmalerei wurde bisweilen als Rahmenschmuck verwendet.

Oben: Spiegel aus der Zeit Karls II. aus geschnitztem Lindenholz im Stil Grinling Gibbons'. Das königliche Wappen in der Mitte wird flankiert von Putten, die an Girlanden hochklettern; unten Seegetier.

Rechts: Ein Kissenrahmenspiegel aus der Zeit Williams und Marys, Ebenholz, Ende 17. Jh. Die Marketerie besteht aus verschiedenen Hölzern und bemaltem Elfenbein.

Rechts außen: Spiegel aus der Zeit Karls II. in einem Lindenholzrahmen mit naturalistischer Schnitzerei, der ursprünglich für ein Gemälde vorgesehen war.

Im frühen 18. Jh. wurden die Spiegel größer. Links: ein großer Wandspiegel in vergoldetem Rahmen mit Laubwerk und Vogelköpfen. Unten: Der Kaminspiegel hat eine große Mittelscheibe. Der Rahmen besteht aus vergoldetem Holz sowie blauer und goldener Hinterglasmalerei.

Ganz unten: Zwei georgianische Spiegel. Links: Rahmen aus Nußbaumfurnier mit einem gesprengten Giebel. William Kent führte den barocken Klassizismus in England ein. Rechts: Ein Spiegel aus vergoldetem Holz mit Chinoiserien, wie sie um die Mitte des 18. Jh. modern waren.

18. Jahrhundert

Im 18. Jahrhundert wurden Spiegel billiger und selbstverständlicher in den Heimen der Begüterten. Viele bestanden aus einer vertikalen Fläche in einem einfachen, nußbaumfurnierten Rahmen, der mit sparsamen Schnitzereien, Vergoldung sowie einem Volutengiebel geschmückt war.

Als man technisch in der Lage war, große Spiegelscheiben herzustellen, begann man, die Möglichkeiten des Rahmendekors auszuschöpfen. Spiegel wurden nicht länger benutzt, um allein persönliche Eitelkeiten zu befriedigen, sondern sie erhielten den Status wichtiger Möbelstücke und begannen eine zentrale Rolle bei der Inneneinrichtung zu spielen.

Große Spiegel blieben teuer und bekamen in den Repräsentationsräumen einen Platz an prominenter Stelle zugewiesen, oder sie dienten dazu, eine Atmosphäre von Macht und Wohlhabenheit zu schaffen. Über dem Kamin hängte man rechteckige Spiegel auf – bisweilen dreigeteilt mit zwei kleineren seitlichen und einem großen Spiegel in der Mitte –, deren Rahmen manchmal passend zu den Verzierungen des

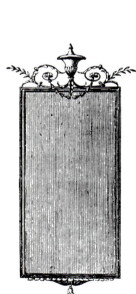

Oben links: Vergoldeter spätgeorgianischer Spiegelrahmen im Rokokostil mit den zeittypischen asymmetrischen Formen.

Links: Entwurf von Hepplewhite für einen Wandspiegel und Girandolen. Die Schnitzereien lassen das Glas in den Hintergrund treten.

Der Klassizismus Robert Adams im späten 18. Jh. führte zu schlichteren Formen. Oben: Der Pfeilerspiegel von Adam wird bekrönt von Trophäen und einer klassischen Urne, seitlich Figuren und Sphingen. Die dazugehörige Kommode zeigt ähnliche Motive.

Links außen: Pfeilerspiegel aus der Zeit Georgs III. in eleganten Rokokoformen, mit den typischen S-förmigen Rocaillen, Blumen- und Laubwerkmotiven. Dieser Stil zeigte leichtere und elegantere Formen als der vorhergehende Barock.

Links: Girandole mit konvexem Spiegel und vergoldetem und ebenholzfurniertem Rahmen aus dem frühen 19. Jh. Runde Spiegel waren in dieser Epoche beliebt.

Unten: Entwurf für einen Toilettenspiegel aus Hepplewhites The Cabinet-Maker's and Upholsterer's Guide, *1788.*

Kamins entworfen waren. Man nutzte nun auch die Möglichkeit, den Raum durch Spiegel optisch zu erweitern und aufzuhellen. Durch Pfeilerspiegel an den Wandstücken zwischen zwei Fenstern ließen sich dramatische Lichteffekte erzielen.

Während des 18. Jahrhunderts wechselten die Stile für Spiegel ebenso häufig wie die der anderen Möbel. In dieser Zeit ließ sich allgemein beobachten, daß die Spiegel selbst größer, die Rahmen dagegen kleiner wurden; Vergoldungen waren beliebt. Der barocke Klassizismus William Kents spiegelte sich in den architektonischen Rahmen mit Giebeln und vergoldetem Dekor wider. Von ungefähr 1750 an wurden die Rahmen – als Reaktion auf das Rokoko – kunstvoller mit Vergoldungen auf Gesso (einem Gipsgrund als Holzersatz). Rahmen im Chippendale-Stil waren mit lebendig wirkenden Schafen, Vögeln, Chinesen u.ä. verziert. Girandolen, kleine Wandspiegel mit Kerzenhaltern, hatten oft Rokokoschnitzereien, die den Spiegel selbst fast verdeckten. Dieser überschwengliche Stil dauerte bis in die 70er Jahre, dann – unter dem Einfluß des Klassizismus Robert Adams – wurden auch Spiegelrahmen schlichter dekoriert, etwa mit Säulen, Urnen oder Sphingen. Das Oval, der Kreis und das Rechteck bildeten die Grundformen.

Die auf einem Schubladenteil montierten Toilettenspiegel waren zum persönlichen Gebrauch bestimmt und blieben fast immer schlicht gestaltet. Der Rahmen und das Unterteil wurden meist aus Mahagoni hergestellt; die Formen waren im allgemeinen rechteckig, oval oder schildförmig. Der durch Sheraton populär gewordene Standspiegel besaß einen rechteckigen Spiegel zwischen zwei Halterungen und manchmal bemalte, intarsierte oder gesägte Bekrönungen.

19. Jahrhundert

In der Regency-Periode wurden die Formen wieder schwerer, der Dekor wies die allgemein üblichen ägyptischen Motive und griechischen mythologischen Figuren auf. Für Kaminspiegel kamen erneut Hinterglasmalereien in Mode, sie beschränkten sich aber meistens auf das Feld über dem oberen Rand.

Die aus Frankreich übernommenen Konvexspiegel stellte man in England seit etwa 1800 her. Viele Stücke besaßen einen vergoldeten Adler als Bekrönung. Einige Konvexspiegel hatten auch Kerzenhalter.

In der viktorianischen Ära fanden sich Spiegel vor allem in den Schlafzimmern. Bisweilen wurden Spiegel in eine Kleiderschranktür eingesetzt, flankiert von zwei nicht verzierten Feldern. Großer Beliebtheit erfreuten sich zudem die Frisierspiegel, die in einer Vielzahl wiederbelebter historischer Stile hergestellt wurden. Sie bestanden aus einem gerahmten Spiegel, der zwischen zwei verzierten Halterungen angebracht war, hatten aber, anders als frühere Stücke, zumeist keinen Schubladenuntersatz.

Keramik

Der Begriff Keramik umfaßt zwei Hauptgattungen:
das Porzellan, unterschieden nach Hart- und Weichporzellan, und
alle übrigen keramischen Erzeugnisse, darunter Irdenware,
Steinzeug und Fayence. Nach Ländern unterteilt, verfolgt dieses
Kapitel die Entwicklung der keramischen Techniken
von den einfachen frühen Töpferwaren bis zu den erlesenen
Leistungen aus Hartporzellan. Nicht zuletzt stellt es
auch die frühe, aber dennoch fortschrittliche Keramik aus China vor,
die die westliche Welt in Erstaunen versetzte.

China

Die Tradition der chinesischen Keramikerzeugung ist die älteste der Welt, sie reicht zurück bis vor das zweite vorchristliche Jahrtausend. Die Töpfer waren hochangesehen, und die Erzeugnisse ihrer Brennöfen wurden höher geschätzt als Edelmetalle. Bei der ältesten chinesischen Keramik handelt es sich um unglasiertes irdenes Gebrauchsgeschirr; glasierte Irdenware erscheint erstmals um 1000 v. Chr. Das erste durchscheinende weiße Porzellan, ein bedeutender Fortschritt, wurde gegen Ende des 10. Jahrhunderts n. Chr. hergestellt. Alle bis heute bekannten Herstellungs- und Ziertechniken wurden in China schon gegen Ende des 14. Jahrhunderts beherrscht.

Es spricht für den hohen Rang der chinesischen Keramik, daß die Ankunft der ersten Schiffsfrachten mit chinesischem Porzellan in Holland im 16. Jahrhundert eine vollständige Umwälzung der europäischen Keramik einleitete. Porzellan war im Gegensatz zu dem gröberen Steinzeug bis dahin in Europa völlig unbekannt. Die Transparenz, die ganz und gar neuen Formen und der erstaunliche Dekor des chinesischen Porzellans ließen die europäischen Waren grob erscheinen.

In diesem Buch wird für die Umsetzung der chinesischen Namen und Ortsbezeichnungen die sog. Wade-Giles-Transkription verwendet (außer bei allgemein bekannten geographischen Namen). Für Leser, die an der ebenfalls üblichen Pinyin-Transkription interessiert sind, werden einige Umschreibungen angeführt. (Links stehen die Wörter im Wade-Giles-System.) In der Liste der chinesischen Dynastien und Herrschernamen erscheint die Pinyin-Schreibweise in Klammern.

Dynastien und Herrscher

Han (Han)	206 v. Chr. – 220 n. Chr.
Sechs Dynastien	221 – 581
Sui (Sui)	581 – 618
Tang (Tang)	618 – 906
Fünf Dynastien	907 – 960
Sung (Song)	960 – 1279
Yüan (Yuan)	1280 – 1367
Ming (Ming)	1368 – 1644
Hung Wu (Hongwu)	1368 – 1398
Chien Wên (Jianwen)	1399 – 1402
Yung Lo (Yongle)	1403 – 1424
Hsüan Tê (Xuande)	1426 – 1435
Chêng T'ung (Zhengtong)	1436 – 1449
Ching T'ai (Jingtai)	1450 – 1457
T'ien Shun (Tianshun)	1457 – 1464
Ch'êng Hua (Chenghua)	1465 – 1487
Hung Chih (Hongzhi)	1488 – 1505
Chêng Tê (Zhengde)	1506 – 1521
Chia Ching (Jiajing)	1522 – 1566
Lung Ch'ing (Longqing)	1567 – 1572
Wan Li (Wanli)	1573 – 1619
T'ai Ch'ang (Taichang)	1620
T'ien Ch'i (Tianqi)	1621 – 1627
Ch'ung Chêng (Chongzheng)	1628 – 1644
Ch'ing (Ching)	1644 – 1912
Shun Chih (Shunzhi)	1644 – 1661
K'ang Hsi (Kangxi)	1662 – 1722
Yung Chêng (Yongzheng)	1723 – 1735
Chi'en Lung (Qianlong)	1736 – 1795
Chia Ch'ing (Jiaqing)	1796 – 1821
Tao Kuang (Daoguang)	1822 – 1850
Hsien Fêng (Xianfeng)	1851 – 1861
T'ung Chih (Tongzhi)	1862 – 1874
Kuang Hsü (Guangxu)	1875 – 1908
Hsüan T'ung (Xuantong)	1909 – 1912
Chinesische Republik	1912 –

Bezeichnungen und Ortsnamen

Chien	*Jian*	Kuan	*Guan*
Ching-tê Chên	*Jingdezhen*	Kuei	*gui*
Chüeh	*jue*	Lung-ch'üan	*Longquan*
Chun	*Jun*	Tê Hua	*Dehua*
Yi Hsing	*Yixing*	Ting	*Ding*
Ju	*Ru*	tou ts'ai	*doucai*
Ku	*gu*	Tz'ŭ-chou	*Cizhou*

Die Han-Dynastie

Obwohl Töpfereien in China bereits seit ca. 2000 v. Chr. hergestellt wurden, hatten sich die Techniken doch erst unter der Han-Dynastie (206 v. Chr. – 220 n. Chr.) so weit entwickelt, daß von einem künstlerischen Fortschritt die Rede sein konnte.

Während der Han-Dynastie wurde vor allem rote Irdenware hergestellt. Eine wichtige Neuerung war die Bleiglasur, die dem roten Scherben eine grünliche Färbung verlieh und den Eindruck gut patinierter Bronze erweckte. Die Formen ahmten weiterhin Bronzegefäße nach und waren oft mit Relieffriesen verziert, die Figuren oder Tiere zeigten. Graue Irdenware blieb meistens unglasiert und wurde kalt bemalt. Die Keramikwaren, die den Toten mit in die Gräber gelegt wurden, bildeten Gegenstände des täglichen Lebens – Wachttürme, Bauernhäuser, Tiere, Kochtöpfe und Figuren – im Miniaturformat nach.

Links oben: Obwohl dieser Han-Getreidetopf nur ein Gebrauchsgegenstand war, schmücken ihn ein realistisches „Dach" und lustige Sitzfiguren als Füße. Er ist zugleich ein gutes Beispiel für bleiglasierte Irdenware.

Unten links: Diese Han-Hofdame ist zwar wie viele ähnliche Figuren der Epoche bemalt, jedoch unglasiert.

Unten: Der lebhafte kleine Hund und der Miniaturherd gehören zu den vielfältigen Alltagsobjekten, die den Gräbern beigegeben wurden.

Frühes Steinzeug

Während der politisch aufgewühlten Periode der Sechs Dynastien (221 – 581) wurden in der Töpferei große Fortschritte erzielt. Bleiglasuren wurden ersetzt durch Glasuren aus fein gemahlenem Feldspat. Unter großer Hitze konnte ein dichtes, schweres Steinzeug hervorgebracht werden, das gelegentlich als Protoporzellan bezeichnet wird. Bronzevorbilder blieben einflußreich, aber schwere, auf der Töpferscheibe gedrehte Krüge mit glasiertem Oberteil wurden immer typischer.

Der sitzende Widder aus der Zeit der Sechs Dynastien ist ein Beispiel für das „Protoporzellan"-Steinzeug.

Yüeh-Ware

Die Yüeh-Ware bildet eine Gruppe glasierten Steinzeugs, das in der Provinz Tschekiang in Südostchina produziert wurde. Die Blütezeit fiel in die frühe Tang-Periode (618 – 906). Der Scherben war grau, oxydierte oft rot, und die Glasur schwankte zwischen Blaugelb und Graugrün. Angefertigt wurden sparsam mit Vögeln oder Blumen verzierte Kannen, Platten und Schalen.

Die Tang-Dynastie

Unten: Ein grün glasiertes tönernes Trinkhorn aus der Tang-Dynastie. Das kleine Gefäß ist ein ungewöhnliches Beispiel für den Gebrauch von Tiergestalten in der Tang-Zeit.

Unten rechts: Pilgerflasche aus braunglasiertem Steinzeug. Der nicht geschnittene, sondern plastisch modellierte Dekor ist ungewöhnlich für die Tang-Dynastie.

Die Tang-Dynastie (618 – 906), Chinas Goldenes Zeitalter, brachte eine Blüte der bleiglasierten Tonware. Die Formen wurden verfeinert und erhielten gefällige Proportionen. Die Bleiglasur, die nach ihrem vorübergehenden Verschwinden während der Sechs Dynastien wieder aufgenommen wurde, erscheint in vielen Farben. Durch Beigabe von Kupfer-, Kobalt- und Eisenoxyden wird sie grün und honiggelb getönt. Die Farben wurden meistens frei aufgetragen, manchmal verhindern eingeritzte Rillen unter der Glasur das Zusammenrinnen der Farben. Die Glasur endet gewöhnlich kurz über dem Fuß. Grabbeigaben zeigen Pferde, Kamele, Musikanten und Ungeheuer.

Links außen: Eine tönerne Dienerfigur der Tang-Zeit mit Diensthut und freundlichem Gesichtsausdruck. Bis zum Ende der Dynastie wurden solche Figuren den Gräbern des Adels beigegeben. Die hellgelbe Glasur, die im 6. Jh. erscheint, wurde in der Tang-Zeit vervollkommnet.

Links: Das großartige Pferd war ebenfalls eine Grabbeigabe. Wie die meisten Tang-Pferde wendet es den Kopf leicht nach links. Die cremeweiße, grüne und braune Glasur zeigt die reichen Tang-Farben.

Links: Ein Satz Weinnäpfe für den rituellen Gebrauch. Die vermengten Glasurfarben werden San ts'ai (drei Farben) genannt.

Oben: Der Tang-Steinzeugtopf mit den unregelmäßigen Spritzern auf blauer über brauner Glasur wirkt überraschend modern.

65

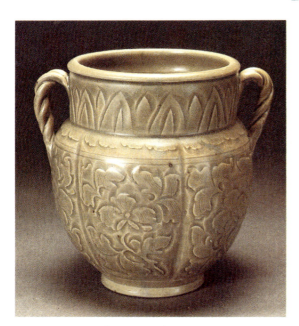

Gefällige Formen sowie eine ruhige grünblaue Farbe kennzeichnen Seladon, wie es der rechteckige Teller (oben), die achteckige Schale (oben rechts) und die seltene Vase (rechts) beispielhaft verdeutlichen. Alle drei sind südliches Seladon aus Lung-ch'üan mit der typischen kühlen bläulichen Glasur. Das nördliche Seladon hat meist einen olivgrünen Ton wie der seltene Krug (unten).

Die Sung-Dynastie

Unter der Sung-Dynastie (960 – 1279) wurde ausgezeichnetes Steinzeug von feiner Form und mit schönen Glasuren hergestellt. Manche Erzeugnisse aus dem Norden gelten als klassische Beispiele chinesischer Töpferkunst, darunter die schöne Ting-Tschou-Ware, die man bis um 1300 in der Provinz Hopei brannte. Der porzellanartige Scherben der Ting-Ware trägt einen eingeritzten oder plastisch aufgelegten Dekor, der durch die elfenbeinfarbene Glasur gut zur Geltung kommt. Die Ränder dieser Gefäße wurden häufig durch eine Kupfereinfassung geschützt.

Eine weitere bedeutende Gruppe von Sung-Steinzeug bildete die Seladon-Ware mit einer feldspathaltigen, gewöhnlich grünlichen Glasur. Diese Art war besonders im Nahen Osten geschätzt, weil man glaubte, daß sie bei Berührung mit Giften die Farbe wechsle oder zerspringe. Das nördliche Seladon aus der Provinz Honan war olivfarben. Das in Lungch'üan im südlichen Tschekiang hergestellte Seladon war blattgrün bis kalt blaugrün glasiert. Die gräuliche Tonmasse oxydierte beim Brennen an den unglasierten Stellen zu einem rötlichen Braun, das manchmal als Dekor diente.

Rechts: Das runde Kissen ist ein klassisches Beispiel für das Tz'ü-chou-Steinzeug. Das typische Blumenmuster ist als Sgraffito durch die Glasur geritzt.

Chün-Ware aus Chün Chou, in der Provinz Honan, weist eine dicke, opalisierende, meist lavendelblaue Glasur auf, enthält viele Luftblasen, gelegentlich unregelmäßige Höhlungen, sog. „Erdwurmlöcher", und zeigt häufig rote und purpurne Flecken.

Zur klassischen Sung-Keramik zählt außerdem die seltene Jü- und Kuan-Ware, die im frühen 12. Jahrhundert für den kaiserlichen Hof in Kaifeng und Hung-chou hergestellt wurde.

In dieselbe Periode fällt auch eine vielfältige Produktion von Steinzeug mit schwarzen oder tief dunkelbraunen Glasuren. Am bekanntesten ist die Chien-Ware aus Fukien mit grauem Scherben. Der starke Eisengehalt ergab die gesprenkelte „Hasenfellglasur", die besonders von den Japanern bewundert wurde.

Tz'ŭ-chou-Ware

Mit Tz'ŭ-chou wird Steinzeug für den Hausgebrauch bezeichnet, das in Nordchina von der späten Tang-Zeit bis ins 14. Jahrhundert hergestellt wurde. Die Engobe ist mit einer durchsichtigen, manchmal blauen oder türkisfarbenen Glasur überfangen und der Dekor erstaunlich verschiedenartig: Er ist gekerbt, geritzt, in Sgraffito-Technik mit einer oder mehreren Schlickerschichten überfangen oder er besteht aus Unterglasurbemalung mit floralen Motiven.

Ch'ing-pai-Ware

Ch'ing-pai ist ein dünnes, durchsichtiges Porzellan, das, unglasiert, beim Brennen rötlich wird. Ein anderer Name dafür ist Ying-ch'ing, was wörtlich schattenblau bedeutet und sich auf die Tönung der Glasur bezieht. Ch'ing-pai-Porzellan wurde von der Tang-Zeit an hergestellt.

Die Yüan-Dynastie

In der Yüan-Periode (1280 – 1367) bevorzugte man blau-weiße Ware und führte Kobaltblau als Unterglasurfarbe ein. Dieses Porzellan, das für das 14. Jahrhundert auch Stücke überliefert, die mit schwimmenden Enten inmitten von Pflanzen verziert sind, verdrängte das Steinzeug. In Ching-tê Chên entstanden Porzellanfabriken.

Oben: Zwei Beispiele für die Ch'ing-pai oder Ying-ch'ing „schattenblaue" Ware. Die beiden Schüsseln mit dem Wellenrand und dem Chrysanthemen-Motiv in der Mitte sind bezeichnend für die Feinheit der Sung-Keramik. Der Yüan-Krug und die Sung-Schüssel dagegen zeigen eine weniger sorgfältige Bearbeitung. Den Krug bedeckt eine dicke Glasur; die Schüssel ist blau mit unregelmäßigen Spritzern Rot.

Oben: Ein Ming-Krug, um 1500 in Fa-hua-Technik gefertigt (die Farbe wird auf den unglasierten Scherben aufgetragen), mit plastischem und durchbrochenem Dekor. Typisch ist der türkisfarbene Fond.

Links: Der Ming-Krug aus der Regierungszeit Chia Chings ist in der Wu-ts'ai-Technik (fünf Farben) mit Drachen bemalt, die eine Perle jagen.

Die zarte Bemalung auf der Wasserkanne aus der Regierungszeit Yung Los ist typisch für das blau-weiße Porzellan der frühen Ming-Zeit. Die Päonienranken sind ein geläufiges Motiv auf chinesischem Porzellan.

Regierungsmarken der Ming-Dynastie

Hung Wu
1368 – 1398

Yung Lo
1403 – 1424

Hsüan Tê
1426 – 1435

Ch'êng Hua
1465 – 1487

Hung Chih
1488 – 1505

Chêng Tê
1506 – 1521

Chia Ching
1522 – 1566

Lung Ch'ing
1567 – 1572

Wan Li
1573 – 1619

T'ien Ch'i
1621 – 1627

Ch'ung Chêng
1628 – 1644

Die Ming-Dynastie

Während der Regentschaft der Ming-Kaiser (1368 – 1644), die die Porzellanindustrie förderten, trat an die Stelle früherer Vielfalt in Material und Glasur eine Standardware. Ming-Porzellan ist weiß, durchscheinend und unter dem Fußring oft lederfarben getönt. Die meisten Glasuren der frühen Periode sind dick, uneben und bläulich.

Herrliche blau-weiße Ware wurde unter Hsüan Tê (1426 – 1435) hergestellt. Das Blau war schwärzlich; an einigen Stellen zeigt sich ein besonders dichter Farbauftrag. Zu den Motiven gehörten mit Schnörkeln verzierte Lotosblumen und Wasservögel. In dieser Zeit erschien ein vollendetes Unterglasurrot, am schönsten auf zarten Schalen mit drei roten Fischen. Die Regierungsmarke von Hsüan Tê wurde im 18. Jahrhundert für bewundernswerte Kopien ab und zu „ausgeliehen". Die häufig zu registrierende Übernahme älterer Kaisermarken erfolgte nicht mit einer Fälschungsabsicht, sondern stand im Zeichen der Ahnenverehrung.

Unter Ch'êng Hua (1465 – 1487) wurden Schmelzfarben, oft mit Blau und Weiß zusammen, eingeführt. Die Wu-ts'ai-Technik (kontrastierende Farben) kombinierte Schmelzfarben mit Unterglasurblau und wurde besonders vom Hof geschätzt.

San ts'ai (dreifarbige Ware) umfaßt sowohl Steinzeug als auch Porzellan und stammt aus dem späten 15. oder dem 16. Jahrhundert. Die Emailfarben Türkis, Purpur und Blau wurden in der Fa-hua-Technik durch Stege aus Ton in einer Weise voneinander ge-

trennt, die an Zellenschmelzemail erinnert. Das meiste Hofporzellan war aber schlicht und monochrom, Gelb und Kupferrot gab man besonders den Vorzug.

Unter Chêng Tê (1506 – 1521) wurde ein neuer Dekor aus eingeritzten grünen Drachen auf gelbem Grund eingeführt. Blau-weiß lebte wieder auf und erreichte unter Chia Ching (1522 – 1566) höchste Vollendung. In jener Zeit kam auch Aufglasureisenrot wieder in Mode. Einfarbiges Porzellan blieb weiterhin beliebt.

Oben: Obwohl die Ming-Zeit berühmt ist für ihre bemalte Keramik, wurde Seladon noch bis zum 14. Jh. hergestellt. Die drei Teller sind späte Beispiele.

Oben links: Die Ming-Schüssel mit dem kraftvollen Drachen verdeutlicht beispielhaft die Erneuerung der Blau-Weiß-Malerei unter Chia Ching.

Oben: Der Ming-Krug ist ein klassisches Beispiel für das grüne Drachenmuster auf gelbem Fond – eine Neuentwicklung der Chêng-Tê-Zeit.

Links: Eine große blau-weiße Ming-Jardinière, ebenfalls aus der Zeit Chia Chings, dessen Regierungsmarke - gewöhnlich auf dem Gefäßboden zu finden – auf dem Rand über dem Drachenkopf erscheint.

Oben: Die Schüssel aus der Ch'ing-Dynastie illustriert sehr eindrucksvoll die famille verte-*Bemalung während der K'ang-Hsi-Periode. Wie häufig bei K'ang-Hsi-Porzellan, wurde sie für den Export nach Europa angefertigt. Sie trägt am oberen Rand das Wappen des europäischen Auftraggebers.*

Die Balustervase (rechts) und die achteckige Platte (rechts außen) sind weitere Beispiele der famille verte *unter K'ang Hsi. Der lebhafte Dekor, meistens Vögel, Insekten, Blumen und Bäume, kennzeichnet das Porzellan der* famille verte *und* famille rose.

Die Ch'ing-Dynastie

In den ersten Jahren der Ch'ing-Dynastie (1644 – 1912) zerstörten Rebellen das Zentrum der chinesischen Porzellanindustrie, Ching-tê Chên. Nach dem Wiederaufbau der Fabriken wurde unter den Kaisern K'ang Hsi (1662 – 1722), Yung Chêng (1723 – 1735) und Ch'ien Lung (1736 – 1795) ausgezeichnetes Porzellan hergestellt.

Die K'ang-Hsi-Periode ist durch schöne blaue Unterglasurmalerei gekennzeichnet. Die Stücke waren häufig für den Export bestimmt und entsprachen nicht immer dem das Schlichte bevorzugenden chinesischen Geschmack, denn die Chinesen hielten die Europäer für „Barbaren", denen sie häufig überreich dekorierte Stücke schickten. Das bekannteste Motiv stellt eine frühblühende Pflaume auf blauem, an zersprungenes Eis erinnernden Grund dar.

Das mit Emailfarben bemalte Porzellan der Ch'ing-Dynastie läßt sich in zwei Kategorien einteilen, die *famille verte* und die *famille rose*. In dem Dekor der *famille verte* herrschte ein leuchtendes Grün vor. Die *famille rose*, die China etwa 1720 erreichte, war der einzige Beitrag Europas zur chinesischen Töpferkunst. Vorherrschend ist ein aus Goldchlorid gewonnenes Rosa. Die schönsten *famille rose*-Stücke stammen aus der Regierungszeit von Yung Chêng.

Seit dem späten 18. Jahrhundert bemalte man auch Figuren mit Emailfarben. Um die feine Modellierung dieser Arbeiten nicht durch eine Glasur zu beeinträchtigen, trug man die Farben unmittelbar auf das nur einmal gebrannte Biskuitporzellan auf.

Regierungsmarken der Ch'ing-Dynastie

Shun Chih
1644 – 1661

K'ang Hsi
1662 – 1722

Yung Chêng
1723 – 1735

Chi'en Lung
1736 – 1795

Chia Ch'ing
1796 – 1821

Tao Kuang
1822 – 1850

Hsien Fêng
1851 – 1861

T'ung Chih
1862 – 1874

Kuang Hsü
1875 – 1908

Hsüan T'ung
1909 – 1912

Links: Die Gewänder der reizenden Ch'ing-Figuren aus der Zeit Yung Chêngs sind mit Schmelzfarben der famille rose *bemalt. Sie tragen Vasen, die als Kerzenhalter dienen sollten.*

Oben: Die Jardinière der Ch'ing-Dynastie aus der Zeit Yung Chêngs zeigt in den leuchtenden Farben der famille rose *die vertrauten chinesischen Päonien und Chrysanthemen, dazu Grashüpfer und Schmetterlinge.*

Ost und West begegnen sich auf den beiden bunten Stücken chinesischen Exportporzellans. Der Teller (unten) mit der Aufschrift „Weg geke Actionisten" – eine Anspielung auf den Südseeskandal – war für den holländischen Markt gedacht. Das Becken (rechts) trägt ein portugiesisches Familienwappen. Die chinesischen Motive sind flüssig gemalt, aber der chinesische Maler hatte offenbar Mühe mit den europäischen Formen. Der Wappenadler wirkt unbeholfen, die Schrift stellte eine weitere Herausforderung dar. Amüsantes Detail: der Harlekin hat ein chinesisches Gesicht.

Unter Chi'en Lung benützten Töpfer wieder Kupferrot als Glasur, oft in Verbindung mit Kobaltblau. Diese Glasuren (flambés) waren durch türkisblaue Flecken gekennzeichnet. Eine beliebte Variante ist die Ochsenblutglasur. Eine zarte, rotgesprenkelte Pfirsichblütentönung wurde für kleine Stücke verwendet. Häufig fanden sich weiche, bei mäßiger Hitze gebrannte Emailglasuren auf einfarbiger Ware.

Das für den Westen bestimmte Porzellan umfaßte im frühen 18. Jahrhundert nicht nur Stücke mit europäischen Verzierungen (z.B. biblische Szenen), sondern auch europäische Formen, die blau-weiß oder in der Palette der famille verte oder famille rose verziert waren. Manchmal wurden europäische heraldische Zeichen hinzugefügt. Hierbei unterliefen jedoch gelegentlich Mißverständnisse. So konnte es geschehen, daß die Anweisung: „Hierher unser Wappen!" wörtlich interpretiert wurde, und der chinesische Maler setzte in die Mitte des Tellers nicht das jeweilige Wappen, sondern mit aller Sorgfalt ebendiese Worte. Ausschließlich für den amerikanischen Markt wurde chinesisches Porzellan hergestellt, auf das man Schiffe malte, die eine wehende amerikanische Flagge zeigten.

Tě-Hua-Porzellan

Vom 17. Jahrhundert an kam ein schönes, in Tě Hua, Fukien, hergestelltes Porzellan in Mode. Die Glasuren waren milchiger als jene der Ching-tê-Chên-Ware und die Ausführung eher schwerer. In Europa wurde dieses Porzellan als blanc de Chine bekannt. Man ahmte hier besonders häufig das blanc de Chine mit einem Reliefdekor aus Prunusblüten nach.

Yi-Hsing-Ware

In Yi Hsing, in der Provinz Kiangsi, erzeugt man seit dem 17. Jahrhundert braunes und rotes Steinzeug. Die bekannten Yi-Hsing-Teekannen sind oft mit Flachreliefmustern oder eingeritzten Inschriften verziert. Diese Kannen wurden ausgesprochen häufig ins Ausland exportiert. Angeblich schmeckte aus ihnen der Tee besser als aus jeder anderen Kanne. Einige Stücke aus dem 19. Jahrhundert sind bis zum Übermaß mit Emaildekor verziert.

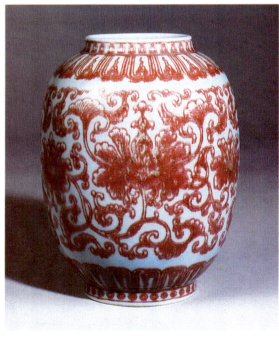

Die Ch'ing-Vase mit Blumenmuster zeigt wirkungsvoll die kupferrote Bemalung, die in der Chi'en-Lung-Periode wiederbelebt wurde, und den kraftvollen Flächendekor der Ch'ing-Zeit.

Unten: Ein Hahn aus der Ch'ing-Dynastie unter Chia Ching, ein gutes Beispiel für blanc de Chine. *Der Verzicht auf Bemalung hebt die feine Modellierung hervor und verleiht der anmutigen, rein weißen Figur Leben.*

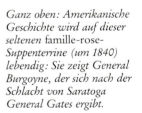

Ganz oben: Amerikanische Geschichte wird auf dieser seltenen famille-rose-*Suppenterrine (um 1840) lebendig: Sie zeigt General Burgoyne, der sich nach der Schlacht von Saratoga General Gates ergibt.*

Die Warmhalteschüssel (oben) und der Teller (links) zeigen, daß mit steigendem Export die Qualität sank. Der Adler auf der Schüssel wirkt eingezwängt, während sich das Motiv auf dem Teller verliert. Der Teller stammt aus George Washingtons Order-of-Cincinnati-Service.

Links: Eine Auswahl von Tabakblatt-Exportporzellan des 18. und frühen 19. Jh. Nach chinesischem Maßstab überdekoriert, wurde es als passend für die europäischen „Barbaren" angesehen.

Deutsches Steinzeug

Oben: Frühe unglasierte Jacobakanne aus Siegburger Steinzeug, um 1400.

Rechts: Der Bartmannkrug aus salzglasiertem Steinzeug, datiert 1564, trägt drei aufgelegte Reliefmedaillons: eines mit dem Wappen der englischen Königin Elisabeth I., zwei mit dem des Heiligen Römischen Reiches Deutscher Nation.

Rechts außen: Die Schnelle mit der Jahreszahl 1574 gibt sich durch die fast weiße Farbe, die unverkennbare Form und die großen Reliefauflagen als Siegburger Prunksteinzeug zu erkennen.

Rheinisches Steinzeug

Die Herstellung von Steinzeug ist an bestimmte Tonvorkommen gebunden, die bei Brenntemperaturen von über 1200° zu einer wasserdichten und fast unzerbrechlichen Ware sintern. Für gewöhnlich erhält das Steinzeug durch Hinzufügen von Kochsalz während des Brennvorgangs eine durchsichtige Glasur.

Geeignete Tonvorkommen finden sich vor allem im Rheinland. Rheinisches Steinzeug wurde bald nach seiner Entwicklung im 13. Jahrhundert zu einem gesuchten Exportartikel. Archäologische Funde belegen, daß es von England bis ins Baltikum verbreitet war.

Das Siegburger Steinzeug war für seinen fast weißen und besonders feinkörnigen Scherben berühmt. Seit dem 15. Jahrhundert entstand eine Anzahl charakteristischer Gefäßtypen, darunter die hohen, schlanken Jacobakannen, die überaus zahlreichen Trichterhalskrüge und -becher sowie im 16. Jahrhundert die Schnelle, ein Krug mit hohem, konischem Gefäßkörper. Gefäße des 15. Jahrhunderts haben einen hohen, handgeformten Wellenfuß und Drehrillen auf dem Bauch. Prunkgefäße dieser Zeit zeigen einen eingeschnittenen Disteldekor oder eine dop-

pelte Wandung mit durchbrochenen Maßwerkrosetten in der äußeren Schicht.

Siegburg erlebte seine Blütezeit in der zweiten Hälfte des 16. Jahrhunderts. Es entstanden Prunkgefäße mit großen, figürlichen Reliefauflagen. Aus dem besonders feinkörnigen Ton ließen sich in Modeln präzise geprägte Reliefs formen, oft nach Vorlagen von zeitgenössischen Kupferstichen (Heinrich Aldegrever). Besonders prunkvolle Stücke erhielten eine silbervergoldete Montierung und wurden monogrammiert, beispielsweise von den Mitgliedern der Töpferfamilie Knütgen. Infolge kriegerischer Ereignisse erlosch die Siegburger Produktion 1586/87, viele Töpferfamilien wanderten in den Westerwald aus.

Das Zentrum der rheinischen Steinzeugindustrie war wohl die Großstadt Köln. Dem kölnischen Steinzeug verleiht eine Tonglasur (Engobe) über dem grauen Scherben eine goldbraune Farbe und eine Salzglasur einen schönen Glanz. Früher als in Siegburg finden sich hier große, den Gefäßkörper umziehende Reliefauflagen, meistens in Form von Blatt- und Blütenranken. Die Produktion umfaßte Krüge verschiedener Art, Pinten (konische Trinkkrüge), Eulen und andere Tiergefäße. Geradezu das Wahrzeichen der Kölner Steinzeugtöpferei ist aber seit ca. 1500 der Bartmannkrug mit einer bärtigen Männermaske auf dem Hals und Ranken auf dem kugel- oder birnförmigen Bauch. Auch die ersten

Versuche mit kobaltblauer Bemalung fanden hier statt. Seit der Mitte des 16. Jahrhunderts wurden die Kölner Töpfer wegen der Brandgefahr vom Rat aus der Stadt verdrängt und wanderten in das benachbarte Frechen oder nach Siegburg, Raeren und dem Westerwald aus.

Die künstlerische Nachfolge Kölns trat der heute in Belgien gelegene Ort Raeren an. Nach Kölner Vorbild erhielten die Raerener Krüge eine tiefbraune Engobe. Sie tragen Reliefauflagen in Form von Figurenfriesen und Wappen. Der hier vorkommende Ton ließ sich nicht so fein ausprägen wie der Siegburger; dafür legte man aber besonderen Wert auf formschöne Gefäße. Die kurzzeitige Blüte ist eng mit wenigen Familien verbunden. Die überragende Künstlerpersönlichkeit war Jan Emens Mennicken.

Oben: Die Kölner „Bartmänner" des frühen 16. Jh. tragen eine besonders große, ausdrucksvolle Männermaske auf dem Hals und Blattranken auf dem Bauch.

Links: Bei der Tüllenkanne aus braunem Raerener Steinzeug, um 1570, mit den sparsamen Reliefauflagen kommt die straffe Form besonders gut zur Geltung. Das schöne Stück kann nur aus der Hand von Jan Emens stammen.

*Rechts: Sternkannen ent-
standen in der Blütezeit der
Steinzeugindustrie im
Westerwald und seinen
Ausstrahlungsgebieten im
17. und frühen 18. Jh. Diese
hat blaue und violette
Bemalung und eine Relief-
maske auf dem Hals.*

Kreussen und Sachsen

In Kreussen bei Bayreuth gab es eine zwar kurzlebige,
im wesentlichen auf das 17. Jahrhundert beschränkte
Steinzeugindustrie, sie brachte aber unverwechsel-
bare Erzeugnisse hervor. Kreussener Steinzeug hat
einen dunkelbraunen, salzglasierten Scherben und
stark plastische Reliefauflagen, die mit bunten Emailfarben bemalt sind. Hier wurde erstmals in Europa die
Technik der Emailbemalung auf Keramik angewandt.
Die Produktion war auf wenige, aber charakteristische Typen beschränkt, darunter die wegen ihres
Umrisses so genannten Bienenkorbhumpen und enghalsige Kruken mit einem Zinnverschluß. Die Reliefs
zeigen zuerst Halbfiguren, seit der Jahrhundertmitte
umlaufende Ganzfigurenfriese. Je nach dem Bildthema spricht man von Apostel-, Jagd-, Planeten-
oder Kurfürstenkrügen.

*Die Eule, um 1580, gehört
zu einer verbreiteten
Familie: Die Form leitet
sich von der Bezeichnung
„Ulner" für Töpfer ab.*

Westerwald

Seit ca. 1590 wurde der Westerwald durch Zuzug von
Raerener und Siegburger Töpfern zum marktbeherr-
schenden Produktionsgebiet. Westerwälder Steinzeug hat einen grauen Scherben mit Salzglasur, als
Malfarben kommen nur Kobaltblau und, seit dem
18. Jahrhundert, Manganviolett vor. Die schönsten
Gefäße – Krüge, Kannen, Humpen, Teller und
Schüsseln – entstanden im 17. und 18. Jahrhundert.
Prunkgefäße des Barock sind die Sternkannen mit
Zirkelschlagornament auf der Schauseite. Anfangs
werden kleine plastische Ornamente (Blüten, Rosetten, Masken) aufgelegt, oft in gegeneinander versetzten Reihen, dann kommen verschiedene Ritztechniken und Ornamentstempelung hinzu. Die
plastischen Ornamente stehen grau belassen auf dem
blauen oder violetten Grund, die Konturen der Ritz-
zeichnung werden meist ausgemalt. Gelegentlich
kommen auch vollständig grau belassene Stücke mit
Ritzornament vor. Im 19. Jahrhundert tritt bei vielen
Stücken eine flüchtige Pinselbemalung an die Stelle
der Ritztechniken. Westerwälder Steinzeug wurde
immer volkstümlicher, da Fayence und Porzellan es
als Prunkgeschirr verdrängten.

*Rechts außen: Die Kruke
mit den Apostelreliefs von
1663 ist ein typisches
Beispiel für das braun-
glasierte, emailbemalte
Steinzeug aus Kreussen.*

Das Kreussener Steinzeug wurde in vielen sächsischen Töpferorten nachgeahmt, Verwechslungen sind
besonders mit Annaberg möglich. Hier wird die
dunkelbraune Farbe allerdings durch eine Engobe erzeugt. Das Steinzeug aus Annaberg trägt gewebe-,
schuppen- oder perlartige Reliefdekors, oft als Grund
für figürliche Auflagen verwendet. Typisch sächsische
Gefäße sind gedrungene, kugelige Krüge, Näpfe mit
geteiltem Zinndeckel und eiförmige Tüllenkannen.
Freiberger Steinzeug läßt sich an der schwarz-weißen
Emailbemalung erkennen.

Deutsche Fayence

Ansbach

Fayencen der Ansbacher Grünen Familie, ca. 1730 – 1745, wie dieser Vasensatz mit Chinoiserien gehören zu den kostbarsten deutschen Keramiken überhaupt.

Fayence ist eine Irdenware, deren dunkler Scherben mit einer deckenden weißen Zinnglasur überzogen und in der Regel bemalt wird. Die Bemalung kann, je nach Zeitgeschmack und technischen Möglichkeiten, in Scharffeuerfarben – am häufigsten Kobaltblau – noch vor dem Glasurbrand erfolgen, oder sie wird in Schmelzfarben auf den fertig gebrannten Grund aufgetragen und abschließend bei niedriger Temperatur eingebrannt. Mit Fayence wollte man das begehrte und teure Porzellan optisch nachahmen. Entsprechend lehnen sich Farben und Muster weitgehend an das ostasiatische, später an das europäische Porzellan an. Die Blütezeit der deutschen Fayenceindustrie fällt in die erste Hälfte des 18. Jahrhunderts. Nach dieser Zeit erlag die Fayence der starken Konkurrenz des europäischen Porzellans, das seit etwa 1760 in wesentlich größeren Mengen und damit auch zu erheblich erschwinglicheren Preisen hergestellt wurde, und schließlich der des außerordentlich preiswerten englischen Steinguts. Die meisten der Fayencemanufakturen stellten ihren Betrieb im letzten Drittel des 18. Jahrhunderts ein.

Die frühesten Erzeugnisse der deutschen Fayencemanufakturen zeigen in blauer Malerei chinesische Motive – Figuren in Landschaften oder Blumen –, die entweder direkt von chinesischen Stücken übertragen sind oder von Delfter Fayencen, die ihrerseits chinesisches Porzellan imitieren. Häufig variiert die Bemalung von einem tiefblauen zu einem milchigen Ton. Zu besonders schöner Wirkung kommt diese Abstufung auf dem kleisterblauen Grund fränkischer Manufakturen. Die meisten Fayencemanufakturen gingen später, in Nachahmung ostasiatischen Porzellans, zu Bemalung in Scharffeuerfarben über.

Landschaften und biblische Themen. In erster Linie wurde Haushaltsgeschirr hergestellt: Birnkrüge, Enghalskannen, Zierteller und -schüsseln sowie in unüberschaubar großer Zahl Walzenkrüge, in anspruchsvolleren Manufakturen aber auch Vasensätze, Leuchter, Tafelaufsätze u.ä.

Eine Sondergruppe bilden die Erzeugnisse der Hausmaler. Sie stammen von Kunsthandwerkern, die undekorierte Ware in Heimarbeit mit Emailfarben bemalten. Als Vorlage dienten ihnen oft zeitgenössische Kupferstiche mit mythologischen oder biblischen Szenen. Zentren der Hausmalerei waren Nürnberg und Bayreuth. Wegen ihrer Originalität werden Hausmalerkrüge sehr hoch gehandelt. Um die Mitte des 18. Jahrhunderts wurden die Hausmaler von den Malstuben der Manufakturen als lästige Konkurrenten verdrängt.

Es bedarf einer besonderen Kennerschaft, um die Erzeugnisse der einzelnen Manufakturen zu unterscheiden. Nicht alle Manufakturen benutzten Marken, und keine markte alle ihre Erzeugnisse. Da die Maler häufig wechselten, geben Scherben, Gefäßform und gelegentlich die Marke einer Zinnmontierung oft genauere Auskunft als der Dekor. Im folgenden werden nur die wichtigsten unter den deutschen Manufakturen mit ihren charakteristischen Erzeugnissen aufgeführt.

Hanau

F

Frankfurt

Oben: Die blau-weiße Frankfurter Schüssel, um 1660, zählt zu den frühesten deutschen Fayencen. Typisch für die Fayencen der „ersten Generation" sind die skizzenhaft gemalten Chinesen in Kobaltblau.

Seit den 40er Jahren setzt überall das europäische Rokokoporzellan, vor allem Meißen, neue Maßstäbe. Im Dekor kann sich die Fayence mit Hilfe abgewandelter Porzellanmaler rasch dem neuen Geschmack anpassen. Zarte Schmelzfarben lösen die kräftigeren Scharffeuerfarben ab. Die präzisen Formen des Porzellans jedoch konnten nur dort mit gutem Erfolg nachgeahmt werden, wo eine besonders feinkörnige Tonmasse in einer ausreichenden Menge zur Verfügung stand.

Die deutsche Fayence fand ihren eigenen Charakter ab etwa 1720, als auf die ersten, aus Holland eingewanderten Werkleute eine Generation einheimischer Kunsthandwerker gefolgt war. Infolge der zahlreichen und regional weitgestreuten Manufakturen entstand eine außerordentlich vielfältige Produktion. Manche Manufakturen wurden von bürgerlichen Unternehmern betrieben, andere arbeiteten unter landesherrlichem Protektorat. Jede Manufaktur trug auf ihre eigene Weise zur Fayencekunst bei, allerdings gab es zahlreiche Überschneidungen, nicht zuletzt durch die häufig den Ort wechselnden Wandermaler. Die Anzahl der Dekore ist begrenzt, neben den Chinoiserien der Frühzeit verwandte man vor allem Blumen, Jagdszenen, Vögel- und Früchtemotive,

Die frühen Manufakturen: Hanau und Frankfurt

Hanau wurde als erste deutsche Fayencemanufaktur 1661 von den Holländern Daniel Behaghel und Jacob van der Walle gegründet. Entsprechend lehnt sich die frühe Ware so eng an Delfter Fayencen an, daß sie von ihnen kaum zu unterscheiden ist. Typisch sind Chinesen in Landschaften und chinesische Blumenmotive in Blaumalerei. An diesem Dekor hielt man bis ins 18. Jahrhundert fest. Die Produktion umfaßte vorwiegend bürgerliches Geschirr: Birn- und Enghalskrüge, Zierteller und -schüsseln, darunter auch die schönen Stern- und Faltschüsseln.

Blau-weiße Chinoiserien sind auch charakteristisch für die Ware der benachbarten Frankfurter Manufaktur. Sie läßt sich von Delfter und Hanauer Stücken schwer unterscheiden. Allerdings wandte sich die Frankfurter Manufaktur mit Vasensätzen und anderen Prunkgefäßen von Anfang an anspruchsvolleren Aufgaben zu. Ihre Qualität war so hoch, daß sie sogar in Delft Absatz fanden. Frankfurter Fayencen zeichnen sich durch den *kwaart*-Überzug (Bleiglasur) und einen besonders leuchtenden Blauton aus.

Berlin

Die erste Berliner Manufaktur wurde 1678 auf Betreiben des Großen Kurfürsten von Delfter Fachkräften eingerichtet. 1697 kam sie an Gerhard Wolbeer, unter dem sie bekannt wurde. Sie bestand bis nach 1764. Auch hier war wie bei allen frühen Manufakturen der Stil zunächst von Delft und der Chinamode beeinflußt. Erstmals in Deutschland wurden hier gerippte Vasen nach Delfter Vorbild ausgeführt. Zur Massenproduktion gehörten große Walzenkrüge.

Der eigene Beitrag der ebenfalls in Berlin arbeitenden Manufaktur des Cornelius Funcke (1689 – um 1750) besteht in „preußisch-patriotischen" Artikeln: Walzenkrügen und anderen Gegenständen mit dem preußischen Adler oder dem Monogramm des Königs. Sie waren nicht für den königlichen Hof bestimmt, sondern für das Bürgertum im Lande. Eine wichtigere Neuerung dieser Fabrik sind jedoch die farbigen Fonds, glatt aufgetragen oder, nur bei Blau und Violett, mit dem Pinsel aufgespritzt (jaspiert). Das Bildmotiv bleibt in einer Kartusche ausgespart.

Ein neuer Typus wurde von einer dritten Berliner Manufaktur, der des Johann Gottlieb Menicus (um 1748 – um 1760) eingeführt: der Pilasterkrug. Die Wandung des Maßkruges ist in vier senkrechte Felder mit halbrundem Abschluß oben und unten eingeteilt. Das vordere Feld enthält das Hauptmotiv, die beiden seitlichen Blumen, das vierte umfaßt den Henkel.

In Berlin und in einem Zweigwerk in Rheinsberg arbeitete 1756 – 1786 die Manufaktur des Carl Friedrich Lüdicke. Die Produkte aus den beiden Werken von Lüdicke lehnen sich weitgehend an die der älteren Berliner Betriebe an.

Die Berliner Innovationen wurden rasch von anderen Manufakturen aufgegriffen. Farbige Fonds und Pilasterkrüge finden sich in fränkischen Fabriken, beispielsweise in den Manufakturen von Nürnberg und Bayreuth, aber auch in den nahegelegenen mitteldeutschen Betrieben, wie etwa denen in den Städten Erfurt und Magdeburg. Beliebt war ein manganviolett gespritzter Grund.

Links außen: Der Leuchter in Form eines preußischen Adlers aus der Fabrik Wolbeer gehört zu den patriotischen Artikeln der Berliner Fayencenmanufakturen.

Berlin

Links: Humpen mit Zinndeckel wurden in allen Manufakturen in großen Serien produziert. Jagdmotive, wie auf diesem Ansbacher Humpen, nach 1750, waren vielerorts beliebt.

Unten: Die ovale Platte mit dem charakteristischen blauen Pfauenmuster, um 1750, gehört zu den einfachen, aber qualitätvollen Gebrauchswaren aus Bayreuth.

Die fränkischen Manufakturen: Nürnberg, Ansbach und Bayreuth

Unter den frühen deutschen Fayencen sind die Nürnberger Erzeugnisse (1712–1840) leicht am Dekor und Gefäßtyp zu erkennen. Von Anfang an zeigt sich eine von Delft und China unabhängige Formensprache. Die Produktion trug einen eher bürgerlichen Charakter, man konzentrierte sich auf Haushaltsgefäße wie Enghalskrüge mit Zopfhenkel und die bauchigen, schräg gerillten Wurstkrüge. Die Bemalung überzieht oft die ganze Oberfläche und steht auf einem kleisterblauen Grund. Beliebt ist der aus Hanau übernommene Vögelesdekor, ein blaues, dichtes Sreublumenmuster, das auch exotische Vögel einschließt. Aus dem dichtgemusterten Fond sind oft Kartuschen mit Früchtestilleben, biblischen und weltlichen Szenen, Landschaften und Wappen ausgespart. Nürnbergs Blütezeit liegt in den Jahren zwischen etwa 1720 und 1740.

Anders als im bürgerlichen Nürnberg tragen die Fayencen aus Ansbach (1709–1839) und Bayreuth (1719–1852) einen ausgesprochen höfischen Charakter. Beide Fabriken sind markgräfliche Gründungen. Ansbach lieferte seinen eigenständigsten und kostbarsten Beitrag um 1730–1745 mit Nachahmungen des japanischen Imari-Porzellans und vor allem mit den berühmten Gefäßen der Grünen Familie, deren Palette und Motive sich an die chinesische *famille verte* anlehnen. Ihre Bemalung erfolgte in Muffelfarben. An der Grünen Familie hat, neben anderen berühmten Dekormalern, Adam Friedrich von Löwenfinck (1714

Rechts: Der Nürnberger Hausmalerkrug von Abraham Helmhack aus dem frühen 18. Jh. zeigt die Brautwerbung Rebekkas, umschlossen von einem bunten Blumenkranz. Er ist mit der besonderen Sorgfalt bemalt, die die Hausmalerkrüge auszeichnet.

B. P.

B. F. S.

Bayreuth

Rechts: Die von Löwenfinck 1737–1740 bemalten Gefäße – hier eine Kanne mit einem Eisvogel zwischen Indianischen Blumen – zeichnen sich durch eigenwillige Motive und besondere Farbenpracht aus.

– 1754) Anteil, der nach seiner Ausbildung in Meißen nacheinander in den Manufakturen Bayreuth, Ansbach, Fulda, Höchst und schließlich in Straßburg tätig war und als der bedeutendste deutsche Fayencemaler gilt. Typisch für Löwenfincks Malerei dieser Zeit sind chinesische Fabeltiere und eine besonders brillante Farbzusammenstellung. Die Ansbacher Grüne Familie zeichnet sich durch ein leuchtendes Flaschengrün aus, das von anderen Manufakturen nie erreicht wurde und das, nach Ansbachs Blütezeit, selbst hier nicht mehr gelang.

Die künstlerisch produktivste Zeit Bayreuths lag zwischen 1728 und 1744, als hier so bedeutende Maler wie Löwenfinck (1736) oder der Wiener Joseph Philipp Dannhofer tätig waren. In dieser Zeit wurden außerordentlich feine Schmelzfarbendekore, vor allem Deutsche Blumen, in Konkurrenz zum Meißner Porzellan hergestellt.

Bayreuths kostbarstes Erzeugnis ist die Braune und Gelbe Ware mit einem tiefbraunen bzw. braungelben Fond, Facettierung und einer feinen Bemalung in Gold oder Silber. Sie erhielt von der Fabrik die Bezeichnung „braunes Porzellan" und sollte Meißens Böttgersteinzeug nachahmen. Eine ähnliche Ware stellte man auch in Ansbach her.

Ab etwa 1750 ging man von derartigen Luxuserzeugnissen ab und stellte die Produktion um auf eine einfache, aber qualitätvolle blau-weiße Gebrauchsware. Ein charakteristisches Dekor dieser Periode ist das aus Berlin übernommene Pfauenmuster.

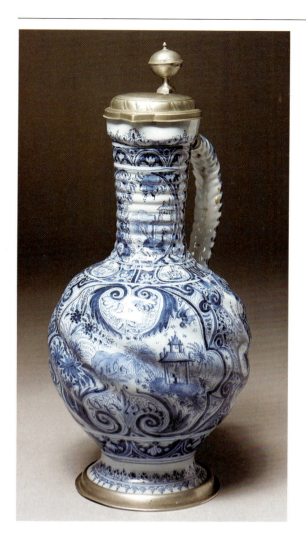

Der Oberrhein: Straßburg, Niederweiler und Nachfolger

Die von aufeinanderfolgenden Mitgliedern der Familie Hannong gegründete und geleitete Fabrik Straßburg (s. S. 105) wurde berühmt für ihre Arbeiten im Rokokostil, die denen des zeitgenössischen Porzellans nicht nachstehen. Dekor und viele Gefäßformen folgen, in bewußter Konkurrenz, dem Porzellan, vor allen Dingen dem aus der Porzellanmanufaktur Meißen. Auch hier gab Adam Friedrich von Löwenfinck als Direktor des Zweigwerks in Hagenau (1750 – 1754) entscheidende Impulse. Er führte die Schmelzfarbenmalerei wie auch die Meißner Deutschen Blumen in Straßburg ein. Die Manufaktur erreichte in ihrer letzten Phase noch einmal einen künstlerischen Höhepunkt mit feinsten Streublumendekoren, den berühmtesten Erzeugnissen der Fabrik. Die Motive sind locker über die Fläche gestreut, das asymme-trisch gesetzte Hauptbukett wird oft von einer blauen Schleife zusammengehalten.

Eine ausgesprochene Spezialität der Manufaktur in Straßburg waren die Formgeschirre mit Terrinen und Pastetenformen in der Gestalt von Geflügel oder Gemüsen.

Im Sraßburger Stil arbeitete auch die nahegelegene Manufaktur Niederweiler (s. S. 105), die im Jahre 1754 ihren Betrieb eröffnete. Eine durchaus eigenständige Leistung stellen jedoch die figürlichen Arbeiten dar. Die außergewöhnlich feine Tonmasse ermöglichte eine so überaus präzise Modellierung, daß die Figuren viel eher Porzellanplastiken als Fayencen gleichen.

Die Manufakturen an der deutschen Nord- und Ostseeküste, die sämtlich erst nach der Jahrhundertmitte gegründet wurden, imitieren die Rokokoformen der oberrheinischen Fayencen, teils nachempfindend, teils direkt kopierend. Die Leistungen einiger Manufakturen wie Kiel (s. S. 115) oder Stockelsdorf (bei Lübeck) können als gleichwertig gelten.

Oben: Die Platte, um 1760/70, zeigt die besonders feine, locker auf dem Grund verstreute Blumenmalerei, für die die Straßburger Manufaktur Hannong berühmt war.

Oben links: Der Enghalskrug mit dem gerillten Hals, geflochtenen Henkel und feiner Blaumalerei ist eine typische Nürnberger Fayence der ersten Hälfte des 18. Jh.

Straßburg und Hagenau

Deutsches Porzellan

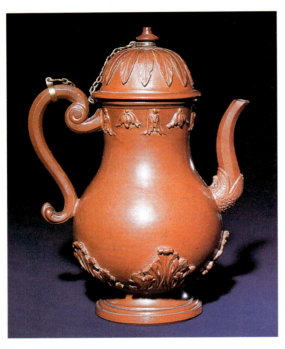

Rechts: Kaffeekanne aus poliertem Böttgersteinzeug, um 1715. Das porzellanartige Steinzeug war Böttgers erste Erfindung auf dem Weg zum Porzellan.

Unten: Die Untertasse aus dem Service für den Kölner Kurfürsten Clemens August, um 1735, zeigt die feine Malerei Höroldts. Zwischen dem großen und dem kleinen Chinesen ein Schriftband mit den Initialen des Bestellers CA.

und Kaffeekannen, Vasen, Walzenkrüge, Koppchen (henkellose Tassen) und, in geringerem Umfang, figürliche Arbeiten. Die Gefäßformen folgten teils chinesischem Steinzeug, vor allem Teekannen und Vasen, teils wurden sie in den Formen des europäischen Barock von dem Hofsilberschmied Irminger entworfen. Die Bemalung brachte man kalt in Emailfarben und Gold auf. Die sehr kostbaren Gefäße tragen oft eine Edelmetallmontierung.

Eines der technischen Probleme lag darin, Dekorfarben zu finden, die trotz der hohen Brenntemperaturen ihre Leuchtkraft behielten. In der Anfangszeit gab man sich damit zufrieden, daß Hausmaler weißes

Seit dem 16. Jahrhundert bemühte man sich in Europa, das aus China bekannte Porzellan – eine keramische Ware mit reinweißem Scherben, transparent, hellklingend, mit dem Stahl nicht ritzbar und selbst ohne Glasur wasserdicht – nachzuahmen. Erst Johann Friedrich Böttger (1682 – 1719) glückte 1708/09 die Erfindung. Als erste europäische Hartporzellanmanufaktur nahm Meißen 1710 die Produktion auf.

JOHANN FRIEDRICH BÖTTGER 1682 – 1719

Böttger beschäftigte sich während seiner Apothekerlehre in Berlin mit alchimistischen Experimenten zur Goldherstellung. Als ihn König Friedrich I. deshalb inhaftieren wollte, floh er nach Sachsen, wurde dort aber von August dem Starken arrestiert, der seine Künste für sich nutzen wollte. Man unterstellte ihn dem labortechnisch erfahrenen Physiker von Tschirnhausen, der sich bereits mit keramischen Schmelzversuchen mittels großer Brennspiegel beschäftigt hatte. 1707 glückte die Erfindung des rotbraunen Böttgersteinzeugs, 1709 konnte Böttger seinem König die Erfindung des weißen Hartporzellans melden. Böttger wurde als Direktor der 1710 gegründeten Meißner Porzellanmanufaktur eingesetzt; diese Position behielt er bis zu seinem Tode inne.

Meißen

Meißen, gegründet 1710 und noch heute existierend, ist nicht nur die älteste europäische Porzellanmanufaktur; bis ca. 1750/1760 waren seine Formen und Dekore für ganz Europa ein Vorbild. Nur bis um 1730 wurde Böttgersteinzeug hergestellt, Böttgers erstes keramisches Produkt, dessen Scherben rote Tonerde anstelle des weißen Kaolins enthält. Die feinporige und sehr harte Ware konnte wie Edelstein in Facetten geschliffen und poliert werden. Es entstanden Tee-

Porzellan abnahmen und mit Emailfarben oder Gold bemalten, wie es beispielsweise die Augsburger Familien Seuter und Auffenwerth taten. Sie schufen als markantestes Hausmalerdekor die „Goldchinesen", goldene Silhouetten auf weißem Grund.

Aufschwung und Ruhm Meißens sind eng mit zwei Namen verknüpft: Johann Gregor Höroldt (1696 – 1775), seit 1720 in Meißen, 1731 – 1765 Oberleiter, und Johann Joachim Kändler (1706 – 1765), seit 1733 Modellmeister. Beider Leistung besteht darin, die künstlerischen und technischen Möglichkeiten des Materials auszuschöpfen und es dem europäischen Geschmack anzupassen. Der geniale Farbentechniker Höroldt entwickelte eine nuancenreiche Skala von Scharffeuer- und Muffelfarben. Schon in den 20er Jahren brachte man Gefäße mit farbigen Fonds heraus, auf denen die neuen Farbtöne – Gelb, Grün, Violett, Rosa – am schönsten zur Geltung kommen. Klassische ostasiatische Muster – Zwiebelmuster, Roter Drache, Kakiemon – gehörten zwar zum Repertoire, bald aber führte Höroldt eine Reihe eigener Dekore ein.

Oben links: Auch die moderne Tierplastik wurde in Meißen gepflegt: Perlhuhn von Max Esser, entworfen 1923.

1763 – 1774

1730 – 1763

Meißen um 1724

Böttger entdeckte das Geheimnis der Porzellanherstellung 1708/09. Links außen: Eine frühe Meißener Kaffeekanne von 1720.

Links: Kleine Meißener Bechervase, um 1730, mit kaisergelbem Fond und einer Bildreserve mit Chinoiserien.

Unten: Zwei Beispiele für Meißener Porzellan mit farbigem Fond: eine lindgrüne Teedose mit Vierpaßreserve und eine flachsblaue Teekanne. In den Reserven Landschaften.

Rechts: Muschelförmige Toilettendose, Meißen, 1728 – 1730, bemalt mit japanischem Kakiemon-Dekor, der das europäische Porzellan jener Zeit stark beeinflußte.
Rechts außen: Frühe Meißener Kaffeekanne, um 1723, mit Chinoiserien von Höroldt, dem brillantesten Dekormaler der Manufaktur.

Unten: J. J. Kändler war der genialste Modelleur Meißens. Die Krinolinengruppe einer Dame mit Mopshund und Mohr zeigt die Leichtigkeit und den lebendigen Ausdruck seiner Figuren. Der Unterrock der Dame ist mit stilisierten Indianischen Blumen bemalt.

Zu den frühesten zählen einfallsreiche Chinoiserien, die jedoch rasch europäischen Motiven weichen mußten: Landschaften, Kauffahrtei- und Watteauszenen, seit den 30er Jahren des 18. Jahrhunderts auch Deutsche Blumen neben den ostasiatischen Indianischen Blumen.

Kändler zeichnete als Modellmeister gleichermaßen für Geschirre und Figuren verantwortlich. Er entwarf viele zum Teil noch heute hergestellte Services von starker plastischer Durchformung mit reliefiertem oder durchbrochenem Dekor. Das kostbarste seiner Services ist das aus vielen hundert Teilen bestehende berühmte Schwanenservice mit Wassertieren in einem zarten Relief.

Besonders verbunden mit Kändlers Namen sind die von ihm entworfenen Figuren, etwa die aus der Commedia dell' arte oder die berühmten Krinolinengruppen, in denen sich der Geist des Rokoko am vollkommensten spiegelt. Eine hohe technische Herausforderung bedeuteten die großformatigen, naturalistischen Tierfiguren für das Japanische Palais Augusts des Starken, die schon Kändlers Vorgänger Kirchner begonnen hatte.

Meißens Blütezeit war das Rokoko; sie ging mit Höroldts und Kändlers Ausscheiden zu Ende. Während des Klassizismus stieg Sèvres zur führenden europäischen Porzellanmanufaktur auf. Meißen versuchte, sich mit neuen Formen dem veränderten Geschmack anzupassen. Unter dem Direktorat von Graf Marcolini (1774 – 1814) experimentierte man wieder mit Fondfarben, um die weichen, leuchtenden Töne des Sèvres-Porzellans nachzuahmen. Typische Figuren des späteren 18. Jahrhunderts sind sentimentale Familiengruppen von Acier, Modellmeister 1764 – 1781, der auch Biskuitfiguren einführte. Meißen blieb im 19. Jahrhundert weitgehend seinen traditionellen Formen treu. Um 1900 schloß es sich mit Geschirrentwürfen von Henry van de Velde dem Jugendstil an. Hervorragende Figuren schufen nach 1918 Max Esser und Paul Scheurich, dessen Ballettänzer sich an Meißens große Zeit anlehnen.

Wien

1719 gelang es der Wiener Manufaktur des C. I. Du Paquier erstmals in Europa, mit Hilfe zweier trotz strenger Verbote aus Meißen entwichener Werkleute, Meißner Hartporzellan nachzuahmen. In der Zeit Du Paquiers (1719 – 1744) wurden ausschließlich Geschirre in einem eigenen, von Meißen unabhängigen Stil hergestellt. Die Formen sind einfach und an zeitgenössischen Silberarbeiten orientiert. Ein typisches Erzeugnis bilden hohe, schlanke Schokoladetassen mit *trembleuse*, einer Untertasse mit Halterung für die Tasse, ferner Terrinen mit figürlichem Deckelknauf, Platten und Fünffingervasen. Die auf hohem Niveau stehende Malerei zeigt weitgehend Chinoiserien, oft nach Vorlagen aus Stalkers *A Treatise of Japaning and Varnishing* (London 1688). Außerdem gab es Deutsche und Indianische Blumen, Bandelwerk und, früher als in Meißen, Streublumen. Man benutzte sowohl Scharffeuerfarben als auch Schmelzfarben mit Gold.

1744 wurde die Manufaktur vom österreichischen Staat aufgekauft. In der Folgezeit gab man die Chinoiserien auf und lehnte sich konsequent an das europäische Rokoko an. Nun setzte auch eine umfangreiche und hervorragende Figurenproduktion ein, typisch sind höfische und bürgerliche Genreszenen von L. Dannhauser. 1784 übernahm das Unternehmen, das trotz herausragender Erzeugnisse wirtschaftlich

nicht rentabel arbeitete, der Wollzeugfabrikant von Sorgenthal. Der nun einsetzende Aufschwung unter der Leitung des Bildhauers A. Grassi (1778 – 1807) läßt sich darauf zurückführen, daß man sich dem Klassizismus in der Nachfolge von Sèvres anschloß. Schon in den 60er Jahren hatte man dunkle Fondfarben eingeführt. Seit den 70er Jahren entwickelte J. Leithner eine reiche Palette neuer Fondfarben, darunter auch das leuchtende Leithner-Blau. Die Geschirre besaßen klassizistische Formen mit deutlich antikisierenden Anklängen, häufig waren sie mit Goldspitzendekor verziert. Nach einer Italienreise 1792 brachte Grassi auch klassizistische Figurenmodelle mit, die dem Zeitgeschmack entsprechend in unglasiertem Biskuit gearbeitet wurden. Die künstlerisch bedeutende Produktion schwand gegen 1820, 1864 wurde das Werk geschlossen.

Höchst

Um 1750 gelang der Fayence- und Porzellanmanufaktur Höchst die Herstellung von Hartporzellan. 1765 wurde der Kurfürst von Mainz Hauptaktionär, 1778 Alleininhaber; 1796 mußte der Betrieb schließen.

Die Figuren sind weitaus bedeutender als die konventionellen Geschirre. Es gelang der Manufaktur immer aufs neue, begabte Modelleure heranzuziehen. L. Russingers (Modellmeister 1762 – 1766) Figuren stehen deutlich unter dem Einfluß Bouchers. Der Name Höchst ist eng mit den Kinderfiguren von J. P. Melchior (1767 – 1779) verknüpft, die, häufig in phantastischen Verkleidungen, die Sitten der Erwachsenen spielerisch nachahmen.

Oben: Die Platte von Du Paquier in Wien, um 1730 – 1735, gibt sich durch den von ostasiatischem Porzellan kopierten Dekor aus Indianischen Blumen als ein frühes Erzeugnis europäischen Porzellans zu erkennen.

Oben links: Die Krinolinendame mit Mohr von Paul Scheurich, Meißen, um 1920, knüpft, ironisch verfremdet, an Meißens Rokokogruppen an.

Wien

Der Teller aus Höchst, um 1775, ahmt in seinem Blütenmuster und der besonders delikaten Farbigkeit chinesisches Porzellan der famille rose *nach.*

von 1754 bis zu seinem Tod Modellmeister der Manufaktur war. Er ist neben Kändler der bedeutendste Porzellanmodelleur und sicher einer der begabtesten Skulpteure des deutschen Rokoko überhaupt. Seine Figuren – Commedia dell' arte, Putten, Chinesen, Volkstypen – kennzeichnet eine außerordentliche Ausdruckskraft. Sie sind zumeist weiß belassen; die wohl nach seinen eigenen Angaben bemalten Stücke haben einen sparsamen Farbauftrag, der den strahlendweißen Scherben, der für Nymphenburg kennzeichnend ist, gut zur Geltung kommen läßt.

Neben Geschirren nach Meißener Muster brachte man auch eigene Schöpfungen heraus, darunter ein Rocaillenservice von Bustelli. Zumeist haben sie Reliefdekor. In der Dekormalerei stellen Chinoiserien eine Seltenheit dar; typischer sind Figurenszenen nach zeitgenössischen Kupferstichen, etwa grüne Landschaften, Vögel und Blumen.

Während des Klassizismus konnte die Manufaktur unter der Leitung des aus Frankenthal zugewanderten

Oben: Das Kinderpaar in Kostümen eines Sultans und einer Sultanin stammt aus der Manufaktur Höchst, die besonders für ihre Figuren berühmt war. Die Modelle schuf um 1770 J. P. Melchior.

Rechts: „Kußleuchter" aus Höchst, um 1753, nach Modell von Simon Feilner. Die galante Schäferszene spiegelt die Phantasie und Anmut des Rokoko wider.

Höchst um 1765 – 1774

Nymphenburg
1754 – 1765
1755 – 1765

Rechts außen: Die kleine Chinesin aus Nymphenburg, ein besonders reizvolles Beispiel für die europäische Chinamode, wurde um 1757 – 1760 von Franz Anton Bustelli modelliert.

Nymphenburg

Nach mehreren gescheiterten Versuchen erfolgte 1747 in München die Gründung einer Hartporzellanfabrik, die 1753 vom Staat übernommen und 1761 in ein eigenes Gebäude im Park von Schloß Nymphenburg verlegt wurde, wo sie noch heute arbeitet. Seit 1754 gelang die Herstellung von Porzellan mit einem rein weißen Scherben in außergewöhnlich guter Qualität.

Der künstlerische Aufschwung begann mit der Einstellung Franz Anton Bustellis (1726 – 1763), der

J. P. Melchior 1797 – 1822 das hohe Niveau halten. Er führte als Modellmeister Biskuitfiguren ein. Wie auch andernorts wurde im Klassizismus monochromer Dekor beliebt; Nymphenburg verwendete eine Sepia-Bemalung.

Nach einem vorübergehenden Niedergang kam es seit Ende des 19. Jahrhunderts – der Betrieb lag nun in Privathand – zu einer Blütezeit. Um 1900 folgte man den Formen und Dekoren des Jugendstils, später produzierte man gutes modernes Geschirr.

Berlin 1763 – 1837

*Unten: In einem Tablett aus
vergoldetem Messing mit
Bronzeapplikationen steht
ein Satz Likörbecher der
KPM, um 1825. Zeittypisch
sind die schweren, gerad-
linigen Formen und die
üppige Vergoldung an
Tablett und Bechern.*

Berlin

Die Berliner Porzellanmanufaktur wurde 1751 – 1757
von W. C. Wegely betrieben, 1761 von J. E. Gotzkowsky neu gegründet und 1763 von Friedrich dem
Großen übernommen. Seither führte sie den Namen
Königliche Porzellanmanufaktur, seit 1918 Staatliche
Porzellanmanufaktur. Berliner Porzellan zeichnet
sich, mit Ausnahme der Gotzkowsky-Zeit, durch
einen reinweißen Scherben aus.

Wegelyporzellan ist sehr selten. Die Herstellung
umfaßte Tafelgeschirre wie auch Figuren. Zunächst
blieben die Stücke undekoriert oder wurden kalt mit
Emailfarben bemalt. Erst der aus Meißen gekommene
J. Clauce führte eine Bemalung in guter Qualität,
mehrfarbig oder monochrom (Purpur-Camaïeu),
ein. Unter Gotzkowsky nahm man zahlreiche
Galanteriewaren (Stockknäufe, Toilettenartikel) in
die Produktion auf.

Die Manufaktur erlebte ihre Blütezeit von 1763 bis
ins frühe 19. Jahrhundert. Kennzeichnend für die
königliche Manufaktur ist eine strahlendweiße Glasur. Die Produktion, zumeist Tafelgeschirr und
Vasen, stand auf hohem Niveau und war oft für den
Hof bestimmt. Wie an den anderen großen Manufakturen setzte man seinen Ehrgeiz in die Entwicklung
geeigneter Farbtöne. Berühmt wurde ein klares
Purpurrosa. Nach langem Experimentieren gelang es
auch, auf besonderen Wunsch des Königs, das preu-
ßische Königsblau herzustellen.

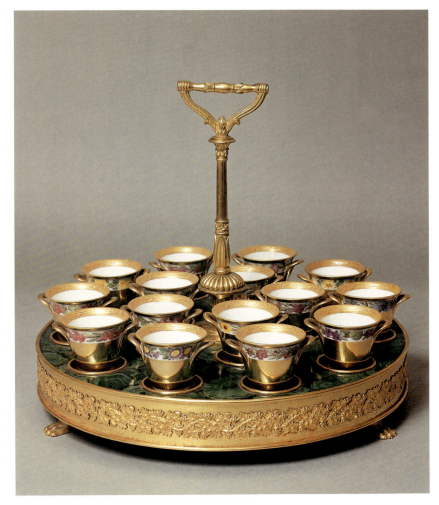

Oben rechts: Keksdose der KPM, 1903, mit einem Schmetterling in Goldrelief – mit den fließenden Linien ein besonders markantes Beispiel für Jugendstil-porzellan.

Mitte rechts: Tablett aus dem Service „Glatt", Berlin um 1775, in schlichter Form und mit monochromer Landschaftsmalerei.

Unten rechts: Das Rasier-becken, Berlin um 1775, zeigt Reliefzierat und die für die KPM üblichen Deutschen Blumen.

Unten: Duftvase mit durch-brochenem Deckel, um 1775. Typisch für die Rokokovasen der KPM ist der besonders reiche plastische Dekor.

Formen und Dekore sind von Meißen unabhängig. Da die Blütezeit erst in den 60er Jahren einsetzte, zeigen nur die frühesten Stücke ein reines Rokoko. Die Services weisen schon früh klassizistische Formen auf: „Antikzierat", 1767; „Neuglatt", um 1770, u. a.

Da die Chinamode in Berlins Anfangsjahren bereits abklang, bestand die Bemalung fast ausschließlich aus europäischen Motiven: Watteauszenen, Putten nach Boucher, Vögel und besonders niveauvolle Deutsche Blumen. Polychrome und monochrome Bemalung ist gebräuchlich.

Die Figuren (Kinder, Putten, Jahreszeiten, Götter usw.) sind zuerst zartfarbig bemalt, oft finden sich Blütenzweige auf den Gewändern. Im Klassizismus setzen sich Biskuitgruppen durch, zum Teil von J. G. Schadow modelliert. Schinkel entwarf gräzisierende Bordüren für Tafelgeschirr. Im Jugendstil entstanden gute Figuren, u. a. nach Entwürfen von A. Amberg. In der Nachfolge des Bauhauses brachte Berlin konsequent funktionalistisches Geschirr heraus, u. a. „Urbino" von Trude Petri.

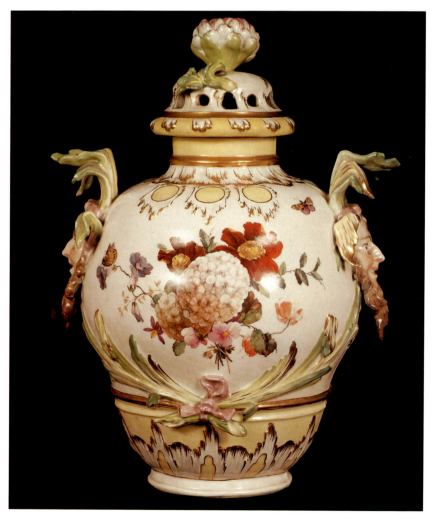

Links: Eine typische Kanne der Zeit um 1800 mit zylindrischem Körper und aufgemalten Initialen in einem Blütenkranz. Dieses Exemplar stammt aus der kleinen thüringischen Manufaktur Wallendorf.

Frankenthal

Die Manufaktur wurde von dem Straßburger Fabrikanten P. A. Hannong (s. Straßburger Fayence) gegründet, da ihm wegen des französischen Staatsmonopols die Herstellung von Porzellan in Frankreich untersagt war. 1762 ging sie in den Besitz des Kurfürsten Carl Theodor von der Pfalz über, während der französischen Besatzung 1795 wurde sie als Staatseigentum requiriert und schließlich 1799 geschlossen. Ihre Blütezeit fiel in die Jahre 1762 – 1775 unter der Leitung von A. Bergdoll. Der Ruhm der Manufaktur beruht auf der Figurenproduktion – mehr als 800 Modelle sind bekannt. Man gewann hervorragende Modelleure wie J. P. Melchior (1779 – 1793) und S. Feilner. Es entstanden große Gruppen in Lauben, Komödianten, Ballettänzer, Musikanten u. a., mit Beginn des Klassizismus auch allegorische und historische Gruppen. Daneben wurde hervorragend bemaltes Tafelgeschirr produziert.

Fulda

Die Gründung der Manufaktur unter dem Patronat des Fürstbischofs sowie der Mitarbeit eines Arkanisten der Berliner Wegelyschen Fabrik erfolgte 1764. Aus wirtschaftlichen Gründen mußte sie bereits 1789 schließen.

Auch in Fulda bildeten Figuren die künstlerisch bedeutendsten Erzeugnisse. Es entstanden vor allem anmutige Schäferpaare und Commedia dell' arte-Figuren mit sehr sorgfältiger Bemalung in frischen Farben. Die Figuren können leicht mit Frankenthal verwechselt werden. Das Tafelgeschirr ist glatt, ohne Reliefdekor; charakteristisch ist eine monochrome Bemalung in Eisenrot oder Purpur.

Die Kaffeekanne, um 1770 – 1775, mit den dekorativen Chinoiserien stammt aus der Blütezeit der Manufaktur Frankenthal.

Frankenthal
1759 – 1762
1762 – 1795

Fulda
1765 – 1780
1780 – 1788

Englische Keramik

Begußware

Oben: Die frühe Backform aus Staffordshire, um 1720/30, ist ein schönes Beispiel für frei aufgetragenen Schlickerdekor.

Oben rechts: Eine Steinzeugfigur von John Dwight aus Fulham. Sie zeigt seine 1674 verstorbene Tochter Lydia.

Begußware ist eine rote Irdenware mit einem Schlickerdekor. Die frühesten Stücke stammen aus dem 17. Jahrhundert und kommen größtenteils aus Staffordshire, wenige aus London und Wrotham in Kent. Zumeist handelt es sich um einfache Töpfe, Becher, Krüge sowie Schüsseln; letztere zeigen Löwen, Meeresnixen, Adam und Eva und Karl II. auf dem Eichbaum als Dekormotive. Der Schlickerdekor wurde zuerst frei aufgetragen, seit den 20er Jahren des 18. Jahrhunderts aber preßte man die Tonmasse in Modeln; die farbige Engobe wurde von vertieften Umrißlinien aufgenommen. Durch Bearbeiten des Schlickers mit Kamm oder Bürste ließen sich häufig Marmor- oder Federeffekte erzeugen.

Steinzeug

Steinzeug – ein Mittelding zwischen Irdenware und Porzellan – besteht aus bestimmten Tonvorkommen, die beim Brand sintern, d. h. wasserundurchlässig und steinhart werden. Besonders salzglasiertes Steinzeug, das relativ leicht hergestellt werden konnte, war sehr beliebt: Bei der höchsten Brenntemperatur warf man schaufelweise Salz in den Brennofen – nach dem Abkühlen ergab sich ein brauner, glänzender Überzug.

Als echtes Porzellan noch auschließlich in China hergestellt wurde, experimentierte John Dwight in seiner Töpferei in Fulham (gegründet etwa 1672), London, bereits mit porzellanähnlichem Steinzeug. Sein Haupterzeugnis war jedoch rotes, unglasiertes sowie graues, salzglasiertes Steinzeug. Er

stellte neben Weinflaschen, *bellarmines* (englische Bartmannkrüge nach rheinischem Vorbild) auch einige ganz ausgezeichnete Figuren her.

In der alten Töpferlandschaft Staffordshire fertigte man salzglasiertes, braunes Steinzeug seit dem Ende des 17. Jahrhunderts an, zwischen 1740 und 1760 folgte weiße, salzglasierte Ware. Frühe Stücke sind oft durch applizierte Reliefs, gelegentlich durch einfachen, eingeritzten blauen Dekor, belebt. Daneben wurden auch reliefgeschmückte Waren in ausgefallenen Formen (z. B. kamelförmige Teekannen) durch Gießen von Tonschlicker in Gipsformen hergestellt. Eine glänzende Auswahl von Emailfarben stand zur Verfügung.

Zu einem zweiten wichtigen Steinzeugzentrum stieg seit dem späten 17. Jahrhundert Nottingham auf, als James Morley dort rotbraune Gefäße mit einem besonders weichen Glanz und Ritzdekor herstellte. Die sog. Nottingham-Ware wurde auch in den Orten Chesterfield, Swinton, Derby und Crick erzeugt.

Elers-, Astbury- und Whieldon-Ware

John Philip und David Elers, die im Jahre 1686 aus Holland nach England kamen, stellten in Bradwell Wood, Staffordshire, schönes rotes Steinzeug her (etwa 1694 – 1700). Das Elers-Steinzeug ist dünnwandig und variiert in der Farbe von Rot zu Braun. Meistens handelt es sich bei ihren Produkten um Becher, Schalen und Teekannen mit aufgelegtem dekorativem Relief.

Gleichfalls aus Staffordshire kommt das Steinzeug John Astburys (1686 – 1743), das dem der Brüder Elers ganz ähnlich sieht. Teekannen und Krüge aus rotem, braungelbem und schwarzem Ton sind mit aufgelegten weißen Zweigen verziert und bleiglasiert. Außerdem fertigte er Figuren aus verschieden gefärbten Tonsorten.

Thomas Whieldon stellte in Fenton (tätig 1740 – 1780) mit seinen vielen Nachahmern die vielfältige Whieldon-Ware her. Er produzierte eine marmorierte, achatartige Ware – Tee- und Milchkannen, Kuhkännchen, Schalen und Teller mit Schildpatt-Effekt sowie die heute seltenen Figurengruppen.

Englands berühmtester Keramikkünstler Josiah Wedgwood, der von 1754 – 1759 Whieldons Partner war, entdeckte von neuem eine leuchtend grüne Glasur, mit der er die „Blätter" an Terrinen und auch an Teekannen in Form von Ananas und Blumenkohlköpfen überzog.

Schmelzfarben und Sinn für Humor kennzeichnen viele frühe englische Keramiken. Von oben nach unten: Salzglasierte Teekanne aus Staffordshire, um 1760; Krug aus Elers-redware, um 1690, und Whieldon-Teller, 18. Jh.; Gruppe von Whieldon-Erzeugnissen, Mitte 18. Jh.; Katze aus Staffordshire-Achatware, um 1745.

Josiah Wedgwood

Josiah Wedgwood, der von 1730 bis 1795 lebte, revolutionierte die englische Keramikindustrie, indem er auf der einen Seite ein konsequent klassizistisches Keramikdekor schuf und auf der anderen ein Steinzeug herstellte, das feinkörniger war als alles bis dahin bekannte. Dieses Steinzeug, das er unglasiert beließ, konnte mit Metalloxyden in allen beliebigen Farbtönen gefärbt werden.

Am bekanntesten ist seine Jasperware, die weiße klassizistische Reliefs, häufig nach Vorlagen des zeitgenössischen Malers und Bildhauers Flaxman, auf einem meist blaßblauen, aber auch lila, salbeigrünen, gelben oder schwarzen Scherben zeigt. Wedgwood

stellte zudem Basaltware (schwarzes, unglasiertes Steinzeug) und Etruskische Ware (rot gemalte Figuren auf schwarzem Grund) her.

Um 1760 vervollkommnete Wedgwood die sog. Cream-Ware, ein cremefarbenes, bereits vor ihm gebräuchliches Steingut mit transparenter Glasur, die er Queens-Ware nannte, nachdem Königin Charlotte bei ihm ein Teeservice in dieser Art bestellt hatte. Zunächst zierten Umdruckbilder, später Emailfarben die Cream-Ware, die die zinnglasierte Keramik endgültig verdrängte.

Die meisten Wedgwood-Stücke sind klar und eindeutig bezeichnet. Von 1769 bis 1780 tragen viele Stücke die Marke Wedgwood & Bentley, andere Stücke sind einfach nur mit Wedgwood gemarkt. Nach 1781 erscheinen dann auch die Zusätze „England" beziehungsweise „Made in England".

Klassizistische Eleganz zeigen diese Gefäße aus feiner reliefierter Jasperware, Josiah Wedgwoods erster Erfindung.

JOSIAH WEDGWOOD 1730 – 1795

Als jüngster Sohn einer großen Familie wurde Josiah Wedgwood mit neun Jahren zu seinem ältesten Bruder Thomas in die Lehre gegeben. Er brachte Thomas gegen sich auf, als er sich ganz dem Modellieren und Experimentieren widmete. Aus dem Familienbetrieb entlassen, ging er zu Thomas Whieldon und machte sich später mit der Ivy House-Töpferei selbständig. Von nun an revolutionierte er die Keramikindustrie. Zu seinen Gönnern gehörten Königin Charlotte und Katharina II. von Rußland.

Oben: Sahnegießer, Tasse und Untertasse, um 1770 – schöne Beispiele für Wedgwoods schwarze Basaltware.

Der durchbrochene Teller (rechts) und die Kaffeekanne (rechts außen), beide mit Umdruckmotiven, sind aus Cream-Ware, Wedgwoods zweiter großer Erneuerung. Zu den ausgefalleneren Stücken gehörte der Tafelaufsatz (unten) aus einem Katalog von 1790 – 1793. Besondere Dekore konnten aus einem Musterbuch ausgesucht werden; rechts unten eine Seite mit Bordürenmustern.

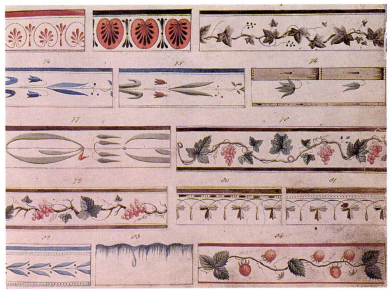

Rechts: Mit Reliefdekor in Ocker, Grün und Blau ist der Pratt-Ware-Krug des späten 18. Jh. typisch für seine Art.

Unten: Viele Figuren von Ralph Wood – Vater und Sohn – und ihren Nachfolgern gehen ländlichen Beschäftigungen nach, so wie auf dieser Duftvase, spätes 18. Jh., in der Art Ralph Woods d. J.

Die typisch naive Modellierung und Bemalung, aber auch einen Hauch von der Erhabenheit des Regency, zeigt diese Staffordshire-Plakette von 1811.

Töpferwaren der Familie Wood und von Pratt

Die Familie Wood aus Burslem, Staffordshire, ist für ihre Figuren berühmt. Am gefragtesten sind die von Ralph Wood (1717 – 1772), der sie mit emailartig wirkender, gefärbter Bleiglasur überzog. Sein Sohn Ralph (1748 – 1795) benützte tatsächlich Emailfarben statt einer Glasur. Enoch Wood (1759 – 1840) schuf Porträtbüsten berühmter Persönlichkeiten sowie Basaltware, blau bedrucktes Steingut für Amerika und mit Emailfarben bemalte Figuren.

Der Name Felix Pratt, Fenton, verbindet sich – oft unzutreffend – mit zahlreichen ansprechenden Figuren, Krügen, Bierkrügen und anderen Stücken, die mit Scharffeuerfarben (Unterglasur) verziert und zwischen 1780 und 1820 entstanden sind.

Leeds, Liverpool und Bristol

Die Töpferei von Leeds (seit 1770) ist bekannt für Cream-Ware, obwohl man dort viele andere Arten aus Irdenware und Steinzeug herstellte. Eine große Zahl früher Stücke bemalte um 1760 bis 1768 David Rhodes mit Schmelzfarben. Viele Figuren wurden zwischen 1790 und 1800 geschaffen, meist als Pearl-Ware, eine Art Cream-Ware mit bläulicher Glasur. In

den 80er Jahren verwendete man zudem Umdruck. Die Manufaktur stellte außerdem kunstvoll durchbrochene Stücke (Tafelaufsätze) her.

Liverpool (Herculaneum-Manufaktur seit 1796) und Bristol (seit 1785) waren ebenfalls Zentren der Cream-Ware-Produktion.

Das englische Delft

Das englische Delft – eine Irdenware mit weißer, undurchsichtiger Zinnglasur – wurde in England lange vor der Produktion ähnlicher Tonwaren in der holländischen Stadt Delft hergestellt. Die ältesten Stücke sind Krüge *(malling jugs)* aus der Mitte des 16. Jahrhunderts. Einige zeigen auf blauem Grund orangefarbene Flecken *(tygerware)*. Die Delftwarenindustrie scheint 1567 durch zwei flämische Töpfer, Jacob Jansen und Jasper Andries, in Norwich gegründet worden zu sein. Die Norwich-Töpferei blieb bis 1696 oder später bestehen. Um 1571 zog Jansen nach Aldgate, London. Nach 1620 waren vermutlich andere flämische Töpfer in diesem Gebiet tätig. Das älteste Stück dieser Gruppe stellt ein datierter Teller (1600) mit blaugestricheltem Rand dar – der erste *blue-dash charger.*

Um 1620 – 1625 wurde in Southwark, London, die Herstellung einer anderen Art von Delftware aufgenommen: kleine faßförmige Krüge, Töpfe für heißes

*Links: Silbermontierter
Krug (malling jug) aus Delftware, um 1580 – vielleicht
von einem der flämischen
Töpfer, die damals in Aldgate
wohnten.*

*Rechts: Ein klassischer Zier-
teller mit blau gestricheltem
Rand (blue-dash charger) aus
Delftware, 17. Jh., und naiver
polychromer Bemalung. Am
beliebtesten waren biblische
Themen, wie hier Adam und
Eva.*

*Unten: Drei weitere Bei-
spiele für typische englische
Delftware des 17. Jh.: eine
ziegelförmige Vase (brick)
aus Bristol; Flasche mit
Initialen und Jahreszahl;
und ein caudle cup- Becher,
datiert 1661, mit Karl II. im
Krönungsornat.*

Würzgetränk *(posset)*, Weinflaschen und Teller. In
Nachahmung des Ming-Porzellans erhielten sie eine
Bemalung in Blau und Mangan.

Die Töpfereien von Southwark und Aldgate zogen
Anlagen in Lambeth, Bristol und Liverpool nach sich.
Gewöhnliches Londoner Geschirr des 17. Jahrhun-
derts umfaßte weißglasierte Weinflaschen mit Eich-
maß, Puzzlekrüge (mit mehreren Öffnungen, die mit
dem Finger zugehalten werden mußten), Becher,
Weinschalen, Schröpfnäpfe, Apothekerkrüge und
Barbierteller.

Als die kulturellen Beziehungen zwischen England
und Holland sich im späten 17. Jahrhundert vertieften,
wurde das englische Delft von der holländischen
Fayence beeinflußt. Für beide bildete das chinesische
Porzellan eine Quelle der Inspiration. Neben dem
blau-weißen Dekor gab es in Nachahmung der chinesischen *famille verte* auch polychrome Bemalung mit
europäischen wie auch mit chinesischen Motiven. Die
im frühen 18. Jahrhundert aufkommende Mode des
Teetrinkens führte zu massenhaft hergestellten Teekannen, Tassen und Untertassen, Teedosen und
Zuckerschalen. Ein volkstümliches Stück englischer
Delftware ist die backsteinförmige Blumenvase.
Bemalte Bristol-Ware weist gelegentlich *bianco sopra
bianco*- Bordüren auf. Weißer, hellgrauer oder blaß-
violetter Umdruck wurde auf Delftware zuerst in
Liverpool ausgeführt. Von etwa 1790 an stellte man
die Produktion von Delftware ein.

*Das Muster auf der Schale
aus Bristol-Delftware, um
1735, wurde von chinesi-
schem Porzellan inspiriert.*

Keramik des 19. Jahrhunderts

Das frühe 19. Jahrhundert bildete die große Zeit des blau-weißen, mit Landschaften oder architektonischen Motiven bedruckten Steinguts aus Staffordshire. Josiah Spodes Fabrik in Stoke war dafür bekannt. Die Partner Copeland und Garrett (1833 – 1847) dekorierten manche Stücke mit italienischen Szenen. Mehrfarbiger Umdruck wurde von F. & R. Pratt in Fenton eingeführt.

Im 19. Jahrhundert erfreute sich weißes, durch eine Schicht Bleiglasur geschütztes Steinzeug großer Beliebtheit. Häufig wurde auch eine Schlickergußtechnik angewandt. In vielen englischen und walisischen Fabriken stellte man seit Beginn des Jahrhunderts Lüsterware her, die man mit einer Gold- oder Platinglasur überzog, um eine schimmernd metallische Wirkung zu erzielen. In Sunderland, County Durham, bedruckte man rosafarbene Lüsterware mit Ansichten der berühmten Eisenbahnbrücke über den Fluß Wear.

Die Rockingham-Glasur von dunklem Manganbraun stammte möglicherweise aus der Rockingham-Fabrik in Swinton, wurde aber auch anderswo ausgiebig verwendet. In den 40er Jahren schufen F. & R. Pratt sowie Dillwyn & Co., Swansea, in Anlehnung an die antiken Keramiken der Griechen den etruskischen Stil mit roten Figuren auf schwarzem Grund. Wedgwood stellte weiterhin klassizistische schlichte

Jasperware mit weißer Verzierung her, allerdings war die Ausführung etwas weniger gediegen als im 18. Jahrhundert.

Von 1858 bis 1875 arbeitete der Franzose Emile Lessore für Wedgwood. Die von ihm bemalte Cream-Ware zeichnet sich durch einen sehr persönlichen Stil aus, typisch sind Figuren in hellen Farben. Seine heute sehr wertvollen Stücke sind stets signiert.

Der in den 60er Jahren aufgekommenen Neurenaissance wurde vor allem von Minton entsprochen, der eine Ware im Stil Heinrichs II. aus eingelegtem farbigem Ton herstellte. Unter der Leitung von Léon Arnoux ahmte Minton auch Majolica nach. Im viktorianischen Zeitalter benutzte man den Ausdruck Majolica irreführend für farbig glasiertes Steingut, so für Gemüseschüsseln, Obstschalen, Schirmständer und zahllose andere Gegenstände. Wie viktorianische Fliesen können diese Objekte recht preisgünstig gesammelt werden.

Doulton & Watts in Lambeth (seit 1815), London, konzentrierten sich in den ersten Jahren auf ein bescheidenes salzglasiertes Steinzeug, dessen Herstellung in den frühen 70er Jahren durch Henry Doulton wieder aufgenommen wurde, und auf Terrakotta-Gegenstände. John Doulton und John Watts, die die Firma führten, hatten großen Erfolg und waren um die Mitte des 19. Jahrhunderts die größten Steinzeugproduzenten Europas.

Die Herstellung bestand hauptsächlich aus Gebrauchsgegenständen, wie beispielsweise Pfeifen, Kaminaufsätzen und Wasserfiltern, umfaßte aber auch Krüge und andere Ziergegenstände, die einen wichtigen Produktionszweig bildeten, als Henry Doulton, John Doultons Sohn, begann, sich für die Lambeth School of Art zu interessieren. 1867 gründete Henry Doulton mit Unterstützung des Direktors und einiger Studenten der Lambeth School die Lambeth Pottery, die sich auf Kunsttöpfereien von einzelnen Künstlern spezialisierte.

Kurze Zeit darauf trat George Tinworth in die Lambeth Pottery ein und trug viel zu ihrem Erfolg bei. Tinworths Markenzeichen waren lustige Gruppen von Fröschen oder Mäusen, die die verschiedensten menschlichen Tätigkeiten sinnfällig darstellten.

Seit 1837 wurden die nur auf der Vorderseite modellierten Staffordshire-Figuren hergestellt. Die Preßwaren konnten in großen Mengen produziert werden. Die naiven Figürchen waren entweder rein dekorativ, oder sie stellten berühmte zeitgenössische Persönlichkeiten dar wie Queen Victoria, Prinz Albert, Garibaldi und Dick Turpin. Zu den typischen Tierfiguren gehörten unter anderem auch sentimentale Hündchen.

Die in lebhaften Farben glasierte Minton-Majolica wurde gleich nach ihrer Einführung 1851 ein großer Erfolg. Die Teekanne von 1874 ist phantasievoll als Affe modelliert, der nach einer Frucht greift.

Oben links: Die Kanne, um 1878, ist mit ihren Braun- und Ockertönen typisch für Heinrich II.-Ware, die Minton in Anlehung an französische Irdenware des 16. Jh. schuf.

Oben rechts: Zwei Wedgwood-Cream-Ware-Teller mit Figurenmalerei von Emile Lessore.

Links: Zu dem dekorativen Steinzeug der Firma Doulton & Watts zählten auch Gegenstände wie dieser salzglasierte Figuren- humpen in Form einer Büste Lord Nelsons.

Oben: Das große Pferd aus Minton-Majolica, 1873, ist ein weiteres Beispiel für die Vielfalt der glasierten Irden- ware Mintons.

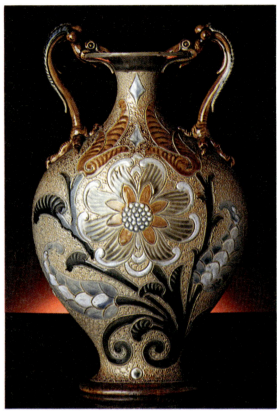

Oben: Löffelwärmer aus Steinzeug – ungewöhnliches Beispiel für Grotesk-Keramiken der Brüder Martin. Rechts: George Tinworth von der Lambeth Pottery war mit ernsthaften Aufträgen – so wie hier – ebenso befaßt wie mit der Herstellung lustiger Tierfiguren.

Ganz rechts: Eine Doulton-Vase mit frei aufgetragenem Blumenmuster. Unten: Teil eines Fliesenfeldes von William de Morgan, einem der bedeutendsten Kunsttöpfer.

Kunsttöpferei

Ein Kunsttöpfer folgt, ohne durch ein Fabrikprogramm gebunden zu sein, seinem eigenen Geschmack. Die älteste englische Kunsttöpferware bestand aus salzglasiertem Steinzeug, das von 1871 an in den Doultonwerken in Lambeth von Kunststudenten verziert wurde. Ungefähr zur gleichen Zeit stellten die Brüder Martin außergewöhnliche und höchst bemerkenswerte Waren her. Sie sind meistens gesprenkelt und weisen eine groteske äußerliche Gestaltung auf, so etwa sonderbare Krüge in Form von Gesichtern und Vögeln.

William de Morgan, ein Schüler von William Morris, schuf einfallsreiche, meist rote oder türkisfarbene Lüsterware. Die Della-Robbia-Töpferei in Birkenhead, Cheshire (1894 – 1906), war auf gemalten Dekor und Sgraffito im Jugendstil spezialisiert.

Viele Künstler, darunter auch W. Howson Taylor, experimentierten mit künstlerischen Glasuren. Seine Ruskin-Keramik (1898 – 1935), die bei Birmingham entstand, zeigt leuchtende, glatte oder auch schattierte Farbtöne oder gesprenkelte Glasuren. James Macintyre & Co., Burslem, stellte unter William Moorcroft kunstvolle Tonwaren (*Florian ware*) her.

Englisches Porzellan

Die detaillierte Modellierung, die hellen Farben und Goldhöhungen an diesem Figurenpaar sind typisch für den Rokokostil der Goldankerperiode von Chelsea.

Porzellan war im Westen unbekannt, bis die ersten Schiffsladungen aus China im 17. Jahrhundert eintrafen. Anders als die dickwandigen europäischen Irden- und Steinzeuggefäße, wirkte das chinesische Porzellan ungewöhnlich dünnwandig und weiß. Aus einleuchtenden Gründen blieb es rar und teuer.

Am nächsten kam man dem chinesischen Porzellan mit einer Mischung aus pulverisiertem Glas und Ton, aus dem das sog. Weichporzellan gebrannt wurde. Unglücklicherweise neigte es dazu, beim Brand zusammenzufallen. Erst nach 1700, als man die Bestandteile des Hartporzellans – Kaolin und Feldspat – entdeckte, konnte das Geheimnis des chinesischen Porzellans enthüllt werden. Diese bedeutende Entdeckung gelang dem Alchimisten Johann Friedrich Böttger in Sachsen.

Chelsea

Die älteste englische Porzellanmanufaktur wurde wahrscheinlich 1745 in Chelsea durch den flämischen Silberschmied Nicholas Sprimont gegründet. Er verwendete einen feinkörnigen, zuerst sehr glasigen Weichporzellanscherben. In den ersten vier Jahren, bekannt als die Triangel-Periode, benutzte man ein eingeritztes Dreieck als Markenzeichen (etwa 1745 – 1749). Es überrascht kaum, daß das frühe Chelsea-Porzellan die Formen von Silbergefäßen nachahmt. Zu diesen frühen Gefäßen gehören die *goat and bee*-Krüge, die vielleicht auf einen Prototyp aus Silber zurückgehen, und zwei plastische Ziegen und eine Biene unterhalb der Lippe aufweisen.

Marken von Chelsea-Porzellan: eingeritztes Dreieck (1745 – 1749); Reliefanker (1749 – 1753); roter Anker (1753 – 1758) und Goldanker (1758 – 1770).

Unten rechts: Schüssel, um 1755, mit realistisch gemaltem Hibiskuszweig und Schmetterlingen – ein Beispiel für den hohen Standard der Blumenmalerei während Chelseas Rotanker-Periode.

Unten: Eines der frühesten englischen Porzellangefäße, ein goat and bee-*Krug, um 1745, aus Chelseas Triangel-Periode.*

Anfangs war die Modellierung ziemlich grob. Gelegentlich wurde Meißener Dekor nachgeahmt. Hält man den durchscheinenden Scherben der Triangel-Periode gegen das Licht, so zeigen sich schwarze Fleckchen, die sog. „Nadellöcher".

In der Reliefanker-Periode (Markenzeichen ein plastisch aufgelegter Anker) wird die Glasur wolkig, und an die Stelle der „Nadellöcher" treten bis gegen 1755 „Monde" (durchsichtige Flecken). Die Formen dieser Periode sind meist einfach, die Bemalung folgte oft dem japanischen Kakiemon-Muster in klaren roten, grünen, gelben und blauen Farben. Seit 1749 modellierte Joseph Willems Figuren, oft Kopien nach Meißener Vorbild.

In der Rotanker-Periode (Markenzeichen ein aufgemalter roter Anker, 1753 – 1758) wurde die Glasur weißer. Die Bemalung bestand aus Blumenmotiven, die man teils Meißener Vorlagen nachempfand, teils nach eigenen botanischen Entwürfen anfertigte. Seit 1755/56 machte sich der Einfluß von Sèvres geltend, z.B. in monochrom karmesinroten Landschaften.

Terrinen wurden realistisch als Gemüse, Tiere, Fische und Geflügel gestaltet.

In der Goldanker-Periode (1758 – 1770) herrschte französischer Stil vor. Der Masse wurde Knochenasche beigemengt, was die Transparenz verminderte. Die Glasur war dick, aber klar, hatte ein „nasses" Aussehen und neigte zum Springen. Die Goldanker-Periode zeichnete sich durch Rokokoformen und reiche Vergoldung aus. Neue Farben, darunter ein leuchtendes Unterglasurblau und ein weinroter Fond, der das *rose Pompadour* von Sèvres nachahmte, kamen auf. Die Figuren, umgeben von plastischem Laubwerk und Blumen *(bocage)*, stehen auf geschwungenen Rokokosockeln. Auch entzückende Galanteriewaren, z.B. Parfümfläschchen, entstanden.

Die Manufaktur wechselte 1769 und noch einmal 1770 den Besitzer und gelangte in die Hände von William Duesbury aus Derby. Während dieser sog. Chelsea-Derby-Periode, die bis zur Schließung der Manufaktur im Jahre 1784 anhielt, wurde im Stil von Derby produziert.

Äsop war eine gern genutzte Motivquelle. Saucière der Rotanker-Periode.

Terrine aus Bow, um 1750 – eines der frühen Stücke der Manufaktur. Die bunten Farben sind von der Palette des japanischen Kakiemon-Porzellans inspiriert.

Bow

Die Manufaktur Bow, gegründet um 1746, produzierte als erste Knochenporzellan *(bone china)*, das einen Zusatz von Knochenasche enthielt. Auf diese Weise beugte man dem Zusammenfallen der Stücke beim Brand vor, dem Hauptproblem der Weichporzellanherstellung.

Das Porzellan aus Bow ist cremefarben. Einige der frühesten Stücke aus der Zeit um 1750/51 tragen die Aufschrift „Made at New Canton". Die Manufaktur benutzte verwirrend unterschiedliche Marken, darunter befanden sich auch nachgeahmte chinesische Schriftzeichen.

Bow erzeugte hauptsächlich Tafelgeschirr und Figuren. Neben Geschirr mit ostasiatischen Mustern in Unterglasurblau wurde auch solches mit leuchtender Schmelzfarbenbemalung in großen Mengen hergestellt. Ein beliebtes Dekor war das „Wachtel-" oder „Rebhuhnmotiv" nach einem japanischen Kakiemon-Muster. Ein typisches *blanc de Chine*-Muster sind die auf weißen Grund aufgelegten Prunusblüten. Ferner benutzte man als Chinoiserie-Motive die Päonie, den Zaun und den Chinesen mit den gekreuzten Beinen.

Seit etwa 1759 gab es einen puderblauen Fond mit runden oder fächerförmigen Reserven. Um 1756 führte man Umdruckmotive nach Vorlagen des Stechers Robert Hancock ein.

Frühe Figuren aus Bow, meistens unbemalt in der Art des *blanc de Chine*, stellen Musen oder beliebte

Oben: Die Inschrift auf dem Tintenfaß bezieht sich auf den Namen „New Canton", unter dem Bow auch bekannt war.

Ganz oben: Blau, Rosa, Grün und Gelb, mit Gold gehöht, beleben dieses Figurenpaar „Ein Sportsmann und sein Freund", um 1760, aus Bow.

Links: Deckelbecher mit lustigem Hündchen als Knauf – ein gutes Beispiel für Geschirr aus Bow.

Figuren aus Derbys Frühzeit. Oben: „Winter" – aus einer Gruppe der vier Jahreszeiten – von Andrew Planché, um 1750 – 1755. Rechts: „Jupiter", um 1760.

Marken aus Derby

Chelsea-Derby (1770 – 1784).

Links: Derby (1784 – 1810); Bloor-Periode (1811 – 1848).

Die reiche Blumenmalerei auf den beiden Schokoladetassen zeigt die Begabung von William Billingsley, der 21 Jahre für Derby Dekore malte.

Schauspieler und Schauspielerinnen dar. Figürliches Porzellan aus Bows Blütezeit (1755 – 1760) ist lebhaft modelliert und bemalt, imitierte jedoch häufig Meißener Vorbilder. Manche Figuren weisen am Rücken eine rechteckige Öffnung auf, um einen Leuchter oder einen Strauß Porzellanblumen aufzunehmen. Die Sockel zeigten zunehmend Rokokoformen, um 1760 bekamen sie vier Füße.

Weitgehend im dunkeln liegt die letzte Phase von Bow nach 1763. Als die Manufaktur im Jahre 1776 ihren Betrieb einstellen mußte, erwarb die Porzellanfabrik Derby die Gußformen.

Derby

Der erste, der in Derby Porzellan produzierte (Anfang der 50er Jahre des 18. Jahrhunderts), dürfte wohl Andrew Planché gewesen sein. Frühe Planché-Figuren weisen rund um den innen trichterförmigen Sockel ein unglasiertes Band auf.

1756 wurde die Derby Porcelain Manufactory durch William Duesbury und John Heath gegründet. Ihre ersten Waren bestanden aus blaßfarbigen Figuren mit bläulicher Glasur, die an Meißen erinnern sollte. Besser glückten Gebrauchsgegenstände verschiedener Art, von denen einige mit zerzausten Vogelgestalten verziert sind.

Um 1758 gab man die Imitation von Meißener Vorbildern auf und nahm Chelsea-Figuren als Vorbild. Drei oder vier unglasierte Flecken unter dem Sockel weisen auf die Zeit zwischen 1755 und 1770 hin. 1756 – 1760 wurde einfacheres Chelsea-Tafelgeschirr nachgeahmt. Die Bemalung zeigt oft Blumen, Vögel oder Insekten. In der ersten Zeit benutzte Derby kein reguläres Markenzeichen, um seine Waren zu kennzeichnen.

Im Jahre 1770 erwarb William Duesbury die Porzellanmanufaktur Chelsea. Während der Chelsea-Derby-Periode (1770 – 1784) verwendeten beide Manufakturen dieselbe Marke, einen goldenen Anker und ein D. Die erste berühmte Derby-Marke – eine Krone, gekreuzte Stäbe und ein D – wurde in den Jahren um 1782 eingeführt und nach 1800 meistens in Rot aufgemalt.

Derby-Porzellan der Chelsea-Derby-Periode entspricht dem klassizistischen Geschmack der Zeit. Feines Tafelgeschirr ist mit Trophäen und Girlanden verziert. Zu den Erzeugnissen aus Derbys klassizistischer Zeit gehören auch Stücke mit feinen Blumen- oder Landschaftsmotiven und klassische Themen auf einfarbigem oder gestreiftem Fond. Unter dem Einfluß von Sèvres entstanden Figuren aus Biskuitporzellan. Die wichtigsten Modelleure waren Pierre Stéphan und J. J. Spangler.

Als William Duesbury 1786 starb, übernahm zunächst sein Sohn die Manufaktur (er starb 1796 oder 1797), dann leitete sie bis zum Jahre 1811 Michael Kean. In der sog. Crown-Derby-Periode (1786–1811) wurde figürliches Porzellan auch weiterhin erzeugt, oftmals aus unglasiertem Biskuitporzellan. Das Tafelgeschirr dieser Zeit erhielt Figuren- und Landschaftsdekore. William Billingsley, der bedeutendste Blumenmaler der Manufaktur, führte naturalistische Blumenmotive ein.

1811 ging die Firma an Robert Bloor. Obwohl Bloor im Jahre 1826 geisteskrank wurde, wird der Begriff Bloor-Derby bis 1848 verwendet. Bloor bevorzugte überladene japonisierende Motive, die den Klassizismus der vorhergehenden Phase verdrängten. 1877 wurde die Manufaktur in Derby Crown Porcelain Company umbenannt. Man erzeugte jetzt hauptsächlich vergoldete und eher bedruckte statt handbemalte Stücke. 1900 erhielt die Firma den Namen Royal Crown Derby Company, unter dem sie auch heute noch besteht.

Sensible Modellierung kennzeichnet diese Biskuitgruppe eines Liebespaares nach einem ähnlichen Modell aus Sèvres. Sie steht stellvertretend für die vielen Biskuitfiguren aus der Crown-Derby-Periode.

Oben: Ein Crown-Derby-Teeservice für zwei Personen. Die feine Tier- und Insektenmalerei stammt von John Brewer, der wohl auch die Bloor-Derby-Vase (links) bemalte.

Französische Fayence

Einfluß von barockem Silber und chinesischem Porzellan geltend. Der Dekor war blaßblau, orange und gelb, aber niemals rot. Ein bekanntes Dekor bildete das *bleu persan*, orientalische Vögel und Blumen auf kobaltblauem Fond in Weiß oder Orange, Gelb und Weiß.

Die Fayence von Nevers erreichte ihren Höhepunkt im frühen 18. Jahrhundert. Später wurde nurmehr billige, volkstümliche, nach der Französischen Revolution gelegentlich mit revolutionären Schlagworten verzierte Ware hergestellt.

1647 wurde der Manufaktur von Edmé Poterat in Rouen auf fünfzig Jahre das Monopol für die Gefäßherstellung in der Normandie eingeräumt. Nach Ablauf dieser Frist stieg die Zahl der Manufakturen auf achtzehn an. Weniges dieser Rouen-Ware war malerisch in der Art von Nevers.

Louis Poterats (Sohn von Edmé) berühmter Beitrag zur Töpferkunst bestand in einer blau-weißen Ware im *style rayonnant* mit reichen Behangmustern. Der *style rayonnant* – ein Dekor aus *lambrequins* (barocken Behängen), die auf ein Mittelmotiv hin zentriert sind – nahm seinen Ursprung in Rouen. 1720 – 1750 erfreuten sich polychrome Fayencen, ebenso naive Chinoiserien und Blumenmalerei, großer Beliebtheit.

Um 1725 wurde ein ockergelber Fond geschaffen. In verschiedenen Manufakturen in der Normandie entstanden Nachahmungen von Fayencen im Stile Rouens, so in Sinceny, Quimper, St-Cloud und Lille.

Nevers und Rouen

Oben: Ein gutes Beispiel für barocke Fayence aus Nevers, Mitte 17. Jh. Den Spiegel der großen Schüssel füllt eine Jagdszene nach zwei Stichen des Florentiners Antonio Tempesta; die Bildmedaillons auf dem Rand nehmen das Thema auf. Die Palette ist in kräftigen Farben gehalten: Grün, Orange, Manganviolett und Hellblau.

Die ältere französische Töpferei schuf größtenteils Fayence, d.h. Irdenware mit weißer Zinnglasur. Der bekannteste *faiencier* dieser Periode war Masseot Abaquesne, Rouen, der eine italienische Stilrichtung vertrat und um 1530 Fliesenböden für Schloßbesitzer herstellte. Er schuf auch Apothekertöpfe in kühlen, blauen und gelben Farben. In Lyon wurde im späten 16. Jahrhundert eine Ware hergestellt, die eine verwirrende Ähnlichkeit mit der Majolika von Urbino besaß.

Nur Nevers verwandelte das aus Italien Übernommene in etwas typisch Französisches. Der malerische Stil von Urbino wurde bis etwa 1650 weitergepflegt, aber dann machte sich auch hier der

Moustiers und Marseille

Die großen Manufakturen des Südens befanden sich in Moustiers und Marseille. Die erste Manufaktur von Moustiers wurde von Pierre Clérissy 1679 gegründet. Sie stellte zunächst blau bemalte Ware her, deren Ränder häufig mit Jagdszenen verziert wurden. Später (1710 – 1740) fertigte man oft blau-weiße Stücke nach den zarten und phantastischen Entwürfen von Jean Bérain an. Dieses Dekor aus mythologischen und grotesken Figuren, Vasen, Draperien und Urnen erhielt die Bezeichnung *style Bérain*.

In einem anderen Werk in Moustiers, das von Jean-Baptiste Laugier und Joseph Olerys gegründet worden war, wurde seit 1739 polychrome Fayence hergestellt. Die Entwürfe hielten sich zunächst in der Art von Bérain, später entwickelten sie sich dann zu einem moderneren Stil, in dem Menschen- und Tierfiguren lose zwischen Blumen und Laubwerk verteilt sind.

Die erste Fayencemanufaktur im Marseiller Vorort St-Jean-du-Désert gründete 1679 Joseph Clérissy, ein Bruder Pierre Clérissys, auf den die erste Manufakturgründung in Moustiers zurückgeht. Die ältesten Marseiller Fayencen ähneln oft denen von Moustiers oder Nevers. Ebenso wie dort verwendete man in Marseille sparsame Blumenmuster in Scharffeuerfarben auf einem zartgelben Fond, die von Joseph Fauchier eingeführt wurden. Aber am berühmtesten wurde die Fayence von Marseille nach 1750 wegen der wundervollen Dekore in Muffelfarben, die über der Glasur aufgetragen wurden. Die erstaunlichsten Beispiele stammen aus der Manufaktur Veuve Perrin. Die Erzeugnisse sind geschmückt mit Blumen, Fischen und Seegras in einem freien, phantasievollen Stil.

Straßburg, Niederweiler und Sceaux

Die Manufakturen von Straßburg (1721 gegründet) und anderen, nahe der deutschen Grenze gelegenen Orten pflegten das Rokoko stärker als Moustiers und Marseille.

In einer frühen Periode ahmte Straßburg den *style rayonnant*, gelegentlich polychrom und vergoldet, nach. 1748 brachten Porzellanmaler aus Meißen die Technik der Aufglasur-Schmelzfarbenmalerei und eine Reihe von Rokokoformen nach Straßburg. Häufig wurden Indianische Blumen gemalt, die sich auf die chinesische *famille rose* stützten, später Deutsche Blumen (s. S. 81).

In Niederweiler in Lothringen, wo sowohl Fayence als auch Porzellan produziert wurde, nahm das Rokoko ebenso konsequente Formen an wie in Straßburg (s. S. 81).

Eine weitere bedeutende Manufaktur des späten 18. Jahrhunderts war Sceaux bei Paris. Sie geht im Stil von einem gemäßigten Rokoko zum Klassizismus über. Ihre ausgezeichnete Blumenmalerei zeigt im Dekor häufig gewisse Anklänge an das Porzellan des nahegelegenen Sèvres.

Unten: Die Potpourrivase, Mitte 18. Jh., zeigt die lebendig bewegten Formen des Rokoko. Eine plastische Modellierung mit polychromer Bemalung ist typisch für diesen Stil.

Oben: Arbeiten südfranzösischer Manufakturen sind einander oft ähnlich. Rechts ein Teller von Veuve Perrin, um 1770; der andere ist aus Moustiers, um 1750; in der Mitte eine Terrine aus Montpellier, um 1765.

Links: Rebhuhnterrine aus Straßburg, um 1748 – 1754.

Links außen: Naturalistische Chinesenfigur aus Lille, um 1750.

Französisches Porzellan

St-Cloud

Die Manufaktur für Weichporzellan in St-Cloud nahm im Jahre 1700 ihren Betrieb auf. In den Jahren zwischen 1725 und 1750 erreichten die hier hergestellten Produkte ihren Höhepunkt. Die ersten Erzeugnisse hatten eine grünliche Glasur. Ihre Bemalung war oft blau und, in Anlehnung an die Fayencen aus Rouen, im *style rayonnant* gehalten. Auch Pflaumenblüten in Reliefdekor wie auf dem chinesischen *blanc de Chine* kommen vor und ein artischockenartiges Schuppenmuster.

Viele Gefäßformen – Schalen, Deckelkrüge und Übertöpfe – lehnen sich an Silbergerät an. Zum Teegeschirr gehörten *trembleuses* – Untertassen mit einer tiefen Halterung, um ein Umkippen der Tasse beim Frühstücken im Bett zu vermeiden. Tüllen und Henkel von Teekannen sind oft als lustige Tier- oder Vögelköpfe modelliert.

Die Porzellanmanufaktur St-Cloud erzeugte außerdem Gewürzdosen und unbemalt belassene Chinesenfiguren, während europäische Figuren eher die Ausnahme bilden.

Oben: Blau-Weiß-Porzellan aus St-Cloud, 18. Jh., und eine Fayence-Vase aus Rouen, spätes 17. Jh. Alle Stücke tragen Behangmuster im Stil Bérains.

Rechts: Weiß belassenes Weichporzellan aus St-Cloud, Mitte 18. Jh. Chinoiserien sind für die Manufaktur typischer als europäische Figuren.

Chantilly

Louis-Henri de Bourbon, Prinz von Condé, besaß bereits eine große Sammlung japanischen Porzellans auf Schloß Chantilly, als es ihm gelang, durch Ciquaire Cirou in den Besitz der Geheimformel von St-Cloud zur Porzellanherstellung zu gelangen. 1725 gründete er die Manufaktur in Chantilly.

Es überrascht nicht, daß die frühesten Erzeugnisse der Manufaktur Chantilly stark japanisch beeinflußt waren. Viele Dekore, so das Wachtel- und Eichhörnchenmotiv oder die Bebänderte Hecke, wurden dem Kakiemon-Stil entlehnt. Teegeschirr und Schnupftabaksdosen in diesem Dekor spiegeln den spielerischen Geist des französischen Rokoko wider. Ab etwa 1740 löste Meißener Einfluß die japanische Phase ab.

Es war ein harter Schlag für Chantilly, als die 1738 gegründete königliche Manufaktur von Vincennes das Monopol zur Porzellanherstellung erhielt. Chantilly hielt sich nicht genau an das Edikt, man kehrte dort aber zu monochromen Dekoren zurück, um den Zorn des Herrschers nicht zu entfachen. Ein kleines Streublumenmuster in Unterglasurblau, das Chantilly-Zweigmuster, das besonders bei Tellern mit Korbmusterrand Verwendung fand, wurde sehr beliebt.

Oben: Das chinesische Mädchen mit nickendem Kopf stammt ebenfalls aus Chantilly. Es trägt ein Kleid mit Kakiemon-Muster.

Mennecy

Die Weichporzellanmanufaktur von Mennecy wurde im Jahre 1734 gegründet. Frühe Ware ähnelt dem Porzellan von St-Cloud, wenn auch die Glasur glatter ist, „nasser" erscheint und der Scherben eine dunkle, elfenbeinfarbene Tönung hat. Der reife Stil ist von den Erzeugnissen der königlichen Manufaktur Vincennes beeinflußt.

Von Mennecy sind vor allem kleine, mit Blütenzweigen bemalte Puddingschälchen mit Deckeln erhalten. Auch kleine Dosen, manchmal in Tiergestalt, wurden angefertigt.

Einige der schönsten Figuren, die sowohl glasiert als auch in Biskuit hergestellt wurden, stammen von Nicolas-François Gauron.

Oben: Apothekergefäß und silbermontierter Krug aus Chantilly, beide um 1735. Der Krug trägt ein typisches japanisches Kakiemon-Muster, ebenso Kartusche und Deckel des Apothekergefäßes.

Vincennes-Sèvres

1738 ließen sich Gilles und Robert Dubois von Chantilly in Vincennes nieder. Sie gründeten im alten königlichen Schloß eine wenig erfolgreiche Manufaktur. 1745 wurde eine neue Gesellschaft ins Leben gerufen, der man ein Monopol auf zwanzig Jahre zur Herstellung von Porzellan gewährte.

Im Jahre 1753 erhielt das Unternehmen den Namen Manufacture Royale und ging fünf Jahre später in das

Marken aus Sèvres

Der eingeschlossene Buchstabe gibt das Datum an: 1754 und 1778.

Marken für 1793 – 1800 (links) und 1852 – 1870

Oben rechts: Birnkrug aus Sèvres mit rose Pompadour-Bemalung. Die Farbe wurde nach der Mätresse des Königs benannt. Kleinere Milchkrüge dieser Form verkaufte man als Teile von Services, größere waren Einzelstücke.

Rechts: Der große Humpen aus Vincennes, um 1753, hat einen zylindrischen Gefäßkörper und einen gewölbten Deckel. Die Goldbordüre sowie die fliegenden und schreitenden Vögel zwischen Schilfbüscheln sind von einem bleu lapis-Fond abgesetzt.

Eigentum Ludwigs XV. über. Markenzeichen waren zwei verschlungene L mit einem Datumsbuchstaben (A für 1753, B für 1754 usw.; AA für 1778, BB für 1779 usw.). 1756 verlegte man den Sitz des Unternehmens nach Sèvres.

Obwohl Vincennes ursprünglich in Konkurrenz zu Meißen gegründet wurde, konnte die Manufaktur lange Zeit kein Hartporzellan herstellen, weil das Arkanum, das sorgsam gehütete Rezept der Porzellanmasse, in Frankreich noch unbekannt war – erst 1769 entdeckte man geeignete Porzellanerde bei Limoges. An ihrem neuen Ort in Sèvres stellte die Manufaktur sowohl Hartporzellan, das sog. *Porcelaine Royale*, wie auch Weichporzellan, genannt *Porcelaine de France*, her.

In der Frühzeit produzierte Sèvres plastische Blumen, die, manchmal zu ganzen Sträußen zusammengestellt, für Kandelaber, Uhren und andere Ziergegenstände verwendet wurden. Daneben umfaßte die Herstellung Jardinièren, Kannen, Eiskübel und Tabletts. Ab 1752 ahmten die Gefäßtypen Silbergeräte nach, der Einfluß von Chantilly blieb auch weiterhin stark.

Die erste der vielen berühmten Fondfarben, auf denen vor allem der Erfolg von Sèvres beruhte, war ein etwas unregelmäßiges Blau, das *bleu lapis* oder *gros bleu*. Der Dekor zeigte Vergoldung und Reserven mit Figuren und Vögeln in Landschaften oder Vogelsilhouetten vor Blütenzweigen.

Die Manufaktur entwickelte weitere spektakuläre Fondfarben: 1752 das türkisfarbene *bleu céleste*, 1753 Gelb, Violett und Grün ab 1756, *rose Pompadour* 1757 und 1763 das kräftige, gleichmäßige *bleu de roi*. Letzteres wurde gerne aufgelockert durch das *œil-de-perdrix*-Muster, Ringe aus goldenen Punkten um weiße Kreise. Die Bildreserven sind in der Sèvres-

Rechts: Zwischen den beiden Jardinièren aus Sèvres in bleu de roi (auch bleu nouveau genannt) eine weiße Terrine und eine Platte mit Goldbemalung aus Vincennes. Die königliche Manufaktur siedelte 1756 von Vincennes nach Sèvres über.

Periode meistens reicher gemalt als während der frühen Jahre der Manufaktur am alten Firmensitz in Vincennes.

Zu den Motiven der späteren Zeit gehören Kauffahrteiszenen nach Meißener Vorbild. Sèvres stellte anspruchsvolle Waren wie komplette Tafelservices her, Teeservices, Potpourrivasen, Toilettengegenstände und Uhrengehäuse.

Die ersten Porzellanfiguren wurden glasiert, ab 1751 waren sie meistens, dem gewandelten Zeitgeschmack entsprechend, aus Biskuitporzellan. Die ersten Biskuitgruppen, Kinder und Schäferszenen, folgten bis 1757 dem Einfluß Bouchers. Als 1757 der Bildhauer E. M. Falconet die künstlerische Leitung übernahm, griff er wieder zurück auf den Barock; seine Modelle gehören zu dem Besten, was die Manufaktur schuf. Gegen 1780 mußten die Schäferszenen mythologischen oder der Literatur entlehnten Szenen im klassizistischen Stil weichen.

Sèvres führte das in Frankreich erst neuentdeckte Hartporzellan 1770 ein und brachte neue Fondfarben – Braun, Schwarz und Dunkelblau – heraus. In den 80er Jahren wurde Bemalung in Lüsterfarben auf Silber- oder Goldgrund eingeführt – der Dekor war nun völlig klassizistisch. Ab etwa 1785 stellte man Biskuitreliefs im Stil Wedgwoods her. In der Ersten Republik bildeten Revolutionsembleme sehr beliebte Motive.

Um die Wende zum 19. Jahrhundert geriet Sèvres durch Konkurrenz anderer Betriebe sowie durch interne Probleme in arge Schwierigkeiten. Allerdings hatte sich die Produktion qualitativ und quantitativ um die Jahrhundertmitte wieder erholt. Eine Neuentwicklung war die *pâte-sur-pâte*-Technik, bei der durch das Übereinanderlegen weißer Schlickerschichten in einem langwierigen Verfahren ein Flachrelief aufgebaut wird. Diese Technik, durch den Malereidirektor Robert in Sèvres eingeführt, gelangte durch Marc-Louis Solon, der von Sèvres nach Minton ging, nach England und reifte später in Meißen zur Perfektion.

Porzellan des 19. Jahrhunderts

1830 kauften Jacob und Mardochée Petit eine Hartporzellanmanufaktur in Fontainebleau, die schon seit 1795 bestand. Unter ihrer Leitung produzierte die Manufaktur dekoratives Porzellan im Neorokokostil mit schlechter Vergoldung. Zu ihren Produkten gehörten auch die *veilleuse* genannten figürlichen Teewärmer.

Links: Balustervase aus Sèvres in bleu nouveau *mit* oeil-de-perdrix-*Muster. Ein Teil der Fondfarbe wurde weggekratzt, um das bunte Früchte- und Blumenmuster aufzumalen. Diese Technik war um 1770 für kurze Zeit in Gebrauch.*

Unten: Sèvres-Porzellan aus der Mitte des 18. Jh. mit Fonds in rose Pompadour und Grün sowie Tasse mit Untertasse aus Vincennes in lapis bleu, um 1750.

Art Nouveau

Zu den führenden Kunsttöpfern um 1900 gehörten Ernest Chaplet in Choisy-le-Roi, Auguste Delaherche in Armentières, Albert Dammouse in Sèvres, Jean Carriés in St-Armand-en-Puisaye und Adrian Dalpayrat in Bourg-la-Reine. Sie alle ließen sich, wie so viele andere Jugendstilkünstler, von japanischen Kunstgegenständen inspirieren, die in Paris ausgestellt wurden.

Die großen französischen Manufakturen entwickelten jedoch ein klareres Gefühl für das Art Nouveau als die Studiokünstler. Die Entwürfe, die Taxile Doat für Sèvres und Georges de Fleure für Limoges anfertigten, sind dafür ganz hervorragende Beispiele.

Oben: Vase von Ernest Chaplet, einem der führenden Kunsttöpfer um 1900.

Korea

Die besten koreanischen Tonwaren stehen den besten chinesischen Erzeugnissen in nichts nach. Man unterteilt sie üblicherweise in drei nach unterschiedlichen Dynastien benannte Gruppen: zum einen Silla (57 v. Chr. – 936 n. Chr.), dann Koryo (936 – 1392) und Yi (1392 – 1910).

Das Goldene Zeitalter der koreanischen Keramik bildete die Koryo-Periode, als Seladon-Steinzeug von höchster Qualität mit Einlegearbeit aus schwarzem oder weißem Schlicker produziert wurde. Typische Formen während dieser Periode waren beispielsweise geriefelte Dosen, kürbisähnliche Gefäße mit sehr zierlichen Ausgüssen, durchbrochene Parfümtöpfe, Miniaturvasen und Schalen auf einem hohen Fuß. Häufig kamen gelappte, geriefelte und auch gewellte Ränder vor. Einige Formen scheinen pflanzenartig zu wachsen.

Oben: Eine Seladonvase der Koryo-Periode mit mishima-*Dekor – er wurde erzeugt, indem man vor dem Überzug mit Seladon-Glasur weiße oder schwarze Schlickereinlagen auftrug.*

Japan

Vor dem 13. Jahrhundert benutzte man in Japan weitgehend aus China eingeführte Tonwaren, vor allem für die Teezeremonie. Die ersten interessanten einheimischen Stücke waren Steinzeugteeschalen aus Seto in der Provinz Owari. Enorme Verbreitung fand eine schwach gebrannte, bleiglasierte Irdenware, das sog. *raku*. Seine Farben variierten von Schwarz oder Dunkelbraun zu Hellrot, im 17. Jahrhundert zu Hellgelb, und schließlich erhielt es polychromen Dekor. *Raku-* Ware ist dickwandig und uneben.

Der Künstler Kenzan (1660–1743) stellte wunderbare *raku*-Stücke her, außerdem schön bemaltes, weißes Steinzeug mit feinem *craquelée*. Aus Bisen kam rotes oder blaubraunes Steinzeug, das für Vasen und Tierfiguren verwendet wurde. Das erste Porzellan ist aus dem frühen 17. Jahrhundert. Das Geheimnis des Porzellans soll von Ching-tê Chên durch Gorodaya Shonzui nach Japan gebracht worden sein. Erst dekorierte man mit Unterglasurblau, ab 1644 mit Schmelzfarben.

Erzeugnisse von Arita lassen sich in zwei Gruppen einteilen: Kakiemon und Imari. Kakiemon-Muster sind einfach und asymmetrisch, weiße und bemalte Flächen sind gegeneinander abgesetzt. Als Farben findet man Eisenrot, Blaugrün, Hellblau, Gelb, manchmal mit Vergoldung. Typische Dekore waren das Wachtelmuster und die Bebänderte Hecke, die heute noch in Europa kopiert werden.

Imari-Dekor zeigt meistens ein schwärzliches Unterglasurblau und Dunkelrot, oft wurden Seidenmuster als Vorlage benutzt. Seit 1700 produzierte Arita auch Platten und Vasen für die Ausfuhr im Imari-Stil. Imari-Ware wurde noch bis ins 19. Jahrhundert gefertigt. Auch in Kyoto, Seto, Mikawachi und Shiba gab es Porzellanmanufakturen. Kyoto kopierte chinesische Sung-Seladone und Ming-Porzellan. Satsuma-Ware, die seit dem frühen 17. Jahrhundert erzeugt wurde, erhielt im Laufe des 19. Jahrhunderts einen überreichen Dekor, vor allem die für den Export bestimmte Ware.

Links: Imari-Fischplatte, frühes 19. Jh.

Unten: Die Duftkapsel ist ein Beispiel für die „brokatartige" Satsuma-Ware – hier mit craquelierter cremefarbener Glasur, reicher Schmelzfarbenmalerei und Vergoldung, Mitte 19. Jh.

Links: Kakiemon-Figuren, spätes 17. Jh. Kakiemon und Imari wurden im Westen oft kopiert.

Gegenüberliegende Seite: Krug im Imari-Stil, 17. Jh. Imari, die europäische Bezeichnung dieses Stils, meint ursprünglich den Namen des japanischen Ausfuhrhafens für diese Ware.

Die Niederlande

Der blau-weiße Dekor und die Gefäßformen verraten die Abhängigkeit der Delfter Fayencen von ostasiatischem Porzellan seit dem 17. Jh.

Delfter Fayence

Die holländische Fayence, eine Irdenware mit weißer Zinnglasur, ist vor allem mit der Stadt Delft verknüpft. Es handelt sich jedoch um keine holländische Erfindung – die Technik kam aus Spanien oder Italien in die Niederlande: Guido da Savino aus Castel Durante richtete 1512 in Antwerpen eine Fayencewerkstatt ein.

Im dritten Viertel des 16. Jahrhunderts bestanden in den Städten Middelburg, Rotterdam, Haarlem, Amsterdam, Dordrecht und in Friesland entsprechende Werkstätten. Schon zu Beginn des 17. Jahrhunderts gab es in Delft eine zwar noch bescheidene Produktion, aber in der Jahrhundertmitte war Delft zu einem bedeutenden Zentrum aufgestiegen, so daß die hier produzierte Luxusware der ganzen Gattung ihren Namen verlieh.

Viele Delfter Töpfereien zogen in die bestehenden Gebäude von ehemaligen Brauereien, die unter dem großen Konkurrenzdruck des englischen Bieres in Konkurs gegangen waren. Von den alten Brauereien übernahmen die Töpfereien ihre Markennamen: De Witte Starre; De Grieksche A; De Paeuw; De Drie Klokken usw.

Die holländische Fayence, deren Blütezeit zwischen 1640 – 1740 lag, stand anfangs unter starkem Einfluß der italienischen Majolika. Zu den frühen Produkten gehören große Zierschüsseln mit einem blau gestrichelten Rand und einer Szene in bunten Scharffeuerfarben im Spiegel. In dieser frühen Zeit werden nur die Vorderseiten mit einer Zinnglasur weiß überzogen, die Rückseiten erhalten lediglich eine dünne Bleiglasur.

Zu Beginn des 17. Jahrhunderts erreichten zwei Schiffsladungen mit chinesischem Porzellan Amsterdam, die zu einer Umwälzung des europäischen Geschmacks führten. Die holländischen Töpfer begannnen, das chinesische Blau-Weiß-Porzellan zu kopieren: Die Fayencen wurden feiner, der Dekor erlesener; nun erhielten auch die Rückseiten eine weiße Zinnglasur, um chinesisches Porzellan vorzutäuschen.

Während der Aufstiegszeit Delfts wurde auf den blau-weißen Fayencen die Umrißlinie der Zeichnung (der *trek*) in einem dunkleren Farbton, oft Manganviolett, aufgetragen. Manchmal bekam das Stück noch einen zusätzlichen Überzug aus einer durchsichtigen Bleiglasur *(kwaart)*, dem Hochglanz des chinesischen Porzellans täuschend ähnlich. Neben einem dauerhaften chinesischen Einfluß gab es auch eine Dekormalerei mit einheimischen Motiven – Landschaften und Genreszenen –, wie sie auch auf den zeitgenössischen Gemälden anzutreffen sind. Biblische Szenen in Manganviolett oder Blau begegnen häufig auf Fliesen, die alle Fayencemanufakturen in großen Stückzahlen herstellten; sie dienten als Wand- oder Kaminverkleidung.

Die schönsten Delfter Fayencen des späten 17. Jahrhunderts entstanden unter Samuel van Eenhorn – meistens getreue Nachahmungen chinesischer Originale. Eenhorns Manufaktur De Grieksche A – ihr Markenzeichen war ein großes A mit Initialen – ging in den Besitz Adriaen Kocks über, dessen Monogramm AK zur berühmtesten, aber auch der am häufigsten gefälschten Delfter Marke aufstieg. Zu den seltensten Delfter Fayencen gehören die schönen Stücke von Rochus Hoppesteyn aus der Manufaktur Het Jonge Moriaenshooft. Hoppesteyns Arbeiten ähneln denen van Eenhorns, aber ihre Glasur ist bläulicher und glänzender, das Mangan dunkler und die Zeichnung sicherer. Hoppesteyn belebte seine Arbeiten durch Gold und ein helles Rot. Auch die Fayencen der Manufaktur De Roos (1662 – 1775) verdienen Beachtung, vor allem die blau-weißen Teller mit biblischen Szenen.

Gegen 1690 schloß sich Delft den europäischen Barockformen an, und es hatte auch Erfolg, als es in der ersten Hälfte des 18. Jahrhunderts das Rokoko adaptierte. Im 18. Jahrhundert führte man bunte Schmelzfarben ein, und viele polychrome Nachahmungen von Ming-Porzellan, vor allem Vasensätze, verließen die Werkstätten.

Seit den 70er Jahren des 18. Jahrhunderts finden sich auf den Fayencen Treuebezeugungen für das Haus Oranien. Aber die Tage dieses Gewerbes waren bereits gezählt: Delft stand nicht nur unter dem Konkurrenzdruck der zunehmenden Importe aus China, auch an das deutsche Porzellan und Wedgwoods Cream-Ware verlor man entscheidende Marktanteile. Am Ende des 18. Jahrhunderts besaß Delft nur noch zehn Manufakturen, im 19. Jahrhundert noch zwei.

Oben: Der Dekor auf der Delfter Butterschale ist eine amüsante Mischung chinesischer und europäischer Motive.

Links: Form und chinesischer Dekor dieser Delfter Doppelkürbisvase aus dem 18. Jh. belegen eindrucksvoll die Kunstfertigkeit holländischer Töpfer, ostasiatische Vorbilder nachzuahmen.

113

Skandinavien

Eine andere Manufaktur nahm 1759 in Marieberg den Betrieb auf und bestand bis zum Jahre 1788. Ihre Modellierung war um vieles vollkommener als die Bemalung.

In Marieberg führte Pierre Berthevin, der dieser Manufaktur von 1766 bis 1769 als Leiter vorstand, die Herstellung von Weichporzellan ein. Es überrascht nicht weiter, daß zunächst der Stil der französischen Manufaktur von Mennecy von Einfluß war, da Berthevin früher dort gearbeitet hatte. Später überwog der Einfluß der Königlichen Porzellanmanufaktur Kopenhagen. Das Werk mußte schon 1788 seinen Betrieb wieder einstellen. Porzellan aus Marieberg ist wegen des kurzen Bestehens der Manufaktur sehr selten.

Dänemark

Im Jahre 1722 wurde an der Store Kogensgade in Kopenhagen eine Fayencemanufaktur eröffnet, deren Blütezeit in die Jahre 1727 – 1749 fällt. Die meiste Ware war blau-weiß. Das Unternehmen erlag im Jahre 1769 der Konkurrenz durch die englische Cream-Ware.

Louis Fournier versuchte als erster, in Dänemark Weichporzellan herzustellen, aber sein Betrieb bestand nur von 1759 bis 1766. 1771 gründete F. H. Müller erfolgreich eine Manufaktur für Hartporzellan, die 1780 zur Königlich Kopenhagener Porzellanfabrik wurde (Den Kongelige Porcelainfabrik Copenhagen). Sie blieb bis 1857 unter diesem Namen in königlichem Besitz.

Zu Beginn kamen sowohl Arbeiter als auch Formen aus Deutschland. Gefäßformen und Dekor (zuerst Unterglasurblau) gingen auf Meißen und Fürstenberg zurück. Im 18. Jahrhundert bestand die Produktion vor allem aus schön modellierten Figuren.

Seit dem Ende des 18. Jahrhunderts folgte die Kopenhagener Manufaktur dem zeitgenössischen Klassizismus und arbeitete mit einer größeren Farbpalette. In den Dekor wurden Architekturprospekte, historische Porträts und Ruinenlandschaften aufgenommen. Nach 1867 schuf man schöne Biskuit-

Schweden

Die in Rörstrand in der Nähe der Hauptstadt Stockholm 1729 errichtete Fayencemanufaktur leistete ihr Bestes in den 50er und 60er Jahren des 18. Jahrhunderts.

Die frühe Rörstrand-Fayence war blau-weiß im *style rayonnant* nach Vorbild der Rouen-Fayencen oder mit figürlichen Motiven verziert. Bei dem *style rayonnant* strahlen von einem Motiv in der Mitte symmetrische Ornamente aus, die aus den sog. *lambrequins*, einem barocken Bordürenmuster, entwickelt sind.

Um 1745 kam weiße Bemalung auf leicht getönter Glasur *(bianco sopra bianco)* und mehrfarbige Bemalung mit schwarzen Umrißlinien auf, im Jahre 1758 wurde Schmelzfarbenmalerei eingeführt. Anfänglich wurde die Ware mit „Stockholm" gemarkt, nach 1758 dann mit „Rörstrand".

Eine Dreifigurengruppe aus Marieberg in Schweden. Neben den hier abgebildeten Bauernfiguren wurden auch Theater- und mythologische Szenen sowie Adlige dargestellt.

*Eine Auswahl von König-
lich Kopenhagener Porzel-
lan aus dem späten 18. Jh.
Das blau-weiße Tafel-
geschirr (oben links) ist einfach und geschmackvoll.
Das Figurenpaar – ein
Musikant und eine Dame
mit Schoßhündchen –
(oben) besitzt eine zarte
Modellierung. Teller, Tasse
mit Untertasse und Terrine
(links und links außen)
gehören zum berühmten
Flora-Danica-Service. Die
naturalistische Blumen-
malerei ist ungewöhnlich
für die Epoche.*

figuren nach Modellen des klassizistischen Bildhauers Berthel Thorvaldsen.

Das berühmteste Erzeugnis der Kopenhagener Manufaktur ist das Flora-Danica-Service, das 1789 vielleicht für die Zarin Katharina II. von Rußland begonnen wurde. Das klassizistisch geformte Service zeichnet sich aus durch seine botanisch exakt gemalten Pflanzen. 1796 beim Tode Katharinas war es noch unvollendet, heute kann man es auf Schloß Rosenborg bewundern.

Die beste holsteinische Manufaktur lag in Kiel, (1763 gegründet). Das Repertoire der Blumenmaler war hier größer als in irgendeiner anderen nordeuropäischen Manufaktur zu jener Zeit. Die Zinnglasur besaß ein bemerkenswertes Weiß, und die Dekorfarben, die verwendet wurden, sind von außerordentlicher Brillanz. Es wurden sowohl Tafelgeschirr wie auch kleinere, ungewöhnliche Gegenstände, etwa Uhrengehäuse, Tintenfässer und Wandbrunnen, hergestellt.

Schleswig-Holstein

Bis zum Jahre 1848 gehörte Schleswig-Holstein zum Königreich Dänemark. Die Fayencemanufaktur in Schleswig wurde 1755 eröffnet. Typisch war die manganviolette, manchmal graugrüne Unterglasurbemalung. Die Produktion umfaßte Teller mit Reliefdekor und Blumenmustern sowie Terrinen in Apfelform.

Norwegen

Peter Hoffnagel entdeckte in Herrebøe einen Ton, der sich für Fayence eignete. Er begann um 1760 mit der Herstellung, mußte aber schon 1772 seinen Betrieb wieder schließen. Seine einzigen Farben waren Unterglasurblau und Mangan. Hoffnagel gelangen verschiedene, kühn verzierte Interpretationen im Rokokostil.

Spanien und Italien

Rechts: Spanisch-maurische Schüssel aus Valencia, Mitte 15. Jh. Die spanische Lüsterkeramik ging der italienischen Majolika voraus.

Rechts außen: Zwei Albarelli aus Faenza, 17. Jh., mit polychromer Bemalung.

Spanische Keramik

Zinnglasierte Irdenware wurde von maurischen oder maurisch beeinflußten Töpfern in Valencia seit dem frühen 15. Jahrhundert gefertigt. Diese sog. spanisch-maurische Ware zeigt oft Lüsterfarben, die man mit Blau kombinierte. Der Lüster auf den besten Stücken ist von einer hellen Strohfarbe. Die Bemalung besteht aus Blattwerk (Zaunrübe, Weinrebe) und kufischer Schrift. Allmählich verdrängte die Gotik die maurischen Motive. Nach der Mitte des 17. Jahrhunderts ließ zudem die Qualität nach.

1726/27 wurde in Alcora eine bedeutende Fayencemanufaktur gegründet, die nicht nur fein bemalte Fliesen, sondern auch Plaketten und eine ganze Reihe von Büsten herstellte.

Spanisches Porzellan verließ erstmals in Buen Retiro bei Madrid (1759 – 1808) eine Werkstätte. Diese Manufaktur war von Capodimonte in Italien (gegründet 1743) hierher verlegt worden. Buen Retiros Blütezeit dauerte bis um 1788. Anfangs wurde Rokoporzellan mit Chinoiserien hergestellt, dann ging man in Übereinstimmung mit dem internationalen Geschmack allmählich zum Klassizismus in der Nachfolge von Sèvres über. Porzellan aus Buen Retiro besitzt einen hohen Seltenheitswert.

Italienische Majolika

Die Bezeichnung Majolika für zinnglasierte und bemalte Irdenware ist abgeleitet von Mallorca, dem Ausfuhrhafen für spanische Keramik in dieser Technik nach Italien. Die frühe italienische Majolika wird in zwei Gruppen unterteilt: die Grüne Familie mit den Farben Grün, Purpur und etwas Ocker sowie die Blaue Familie mit Reliefdekor. Letztere weist eine kobaltblaue Bemalung auf, gelegentlich findet sich auch etwas Ocker.

Typisch für diese Gruppe sind Albarelli (Apothekerkrüge) mit gotisch stilisierten Eichenblattmustern aus der Toskana. Als man um die Mitte des 15. Jahrhunderts Antimongelb entdeckte, verwendete man es besonders auf großen Zierschüsseln mit gotischen Eichenlaubbordüren.

Seit etwa 1475 entwickelte sich Faenza zum Hauptzentrum des Töpfergewerbes. Die Gattungsbezeichnung Fayence ist von diesem Produktionsort italienischer Renaissancekeramik abgeleitet. Frühe Platten, Schüsseln und Krüge tragen oft das Christusmonogramm JHS. Großer Beliebtheit erfreute sich das Pfauenfedermotiv. Unter dem Einfluß des chinesischen Porzellans steht das *alla porcellana*-Muster mit blauen Ranken auf weißem Grund.

Die Familie della Robbia sicherte der Keramik einen hohen Rang innerhalb der Renaissancekunst. Luca della Robbia (1400 – 1489) schuf architektonisch gerahmte Reliefs, anfangs mit Weiß auf blauem Grund, später benutzte er auch andere Farben. Sein Neffe und Schüler Andrea (1435 – 1525) sowie dessen Sohn Giovanni zählen ebenfalls zu den bedeutenden Künstlern der Renaissance.

Im frühen 16. Jahrhundert wurde ein neuer Stil, die sog. *istoriati*-Malerei, mit mythologischen oder biblischen Bildszenen in Faenza eingeführt. Diese Mode klang allerdings schon um die Jahrhundertmitte wieder ab. Die Maler wandten sich einem freieren, skizzenhaften Stil zu, die Palette war auf Kobaltblau, Gelb und Orange beschränkt. Gegen Ende dieses Jahrhunderts kam das weiße *bianchi di Faenza*-Geschirr, das oft ausgesprochen zarte Randmuster aufwies, in Mode.

Italienisches Porzellan

Der italienische Adel wußte chinesisches Porzellan hoch zu schätzen, hatte in aller Regel aber Majolika als Tafelgeschirr in Gebrauch.

1575 gelang in Florenz zum ersten Mal die Herstellung von europäischem Weichporzellan. Das Unternehmen, von Francesco I. de Medici finanziert (Medici-Porzellan), sollte blau-weißes chinesisches Ming-Porzellan nachahmen. Mehr als hundert Jahre danach begann in Venedig die Herstellung von Hartporzellan nach europäischem Muster. Die erste venezianische Manufaktur, 1720 von Francesco Vezzi gegründet und 1727 schon wieder geschlossen, imitierte Meißener Vorbilder.

Die berühmtesten italienischen Porzellanmanufakturen waren Doccia (seit 1735) und Capodimonte (seit 1743). Das frühe Hartporzellan aus Doccia läßt sich leicht an seiner Rauheit, den Sprüngen und der stumpfen, klebrig wirkenden Glasur erkennen. Zu den Erzeugnissen gehören Tee- und Kaffeegeschirr und Figuren mit heller Schmelzfarbenbemalung, groben Händen und Füßen sowie fleckig-rotem Inkarnat. Das meiste Geschirr besitzt barocke Formen, die spätere Rokokomode fand in der Manufaktur kaum Beachtung.

Capodimonte wurde von Karl von Bourbon in seinem Schloßpark bei Neapel gegründet und 1759 nach Spanien verlegt. Figuren wie auch Tafelgeschirr aus Capodimonte sind sehr selten. Der Modellmeister Guiseppe Gricci schuf Commedia dell' arte- und Bauernfiguren mit kleinen Köpfen. Das Tafelgeschirr wurde mit Figurenszenen, Landschaften, Meeresbildern, Schlachtenszenen und asiatischen Mustern bemalt. Auch *blanc de Chine* mit Prunusblütendekor kommt vor.

Hartporzellan mit figürlichem Reliefdekor und polychromer Schmelzfarbenbemalung hielt man irrtümlich für Erzeugnisse aus Capodimonte. Tatsächlich kam es aus Doccia im 18. oder Neapel und Deutschland im 19. Jahrhundert. Weitere wichtige Manufakturen sind Le Nove (1762 – 1825) und Geminiano Cozzis Fabrik in Venedig (1765 – 1812).

Links außen: Die Majolika-schüssel zeigt den „Tod der Kinder Niobes".

Unten: Vase aus Capodimonte. Porzellan dieser Manufaktur ist äußerst rar.

Glas

Für den Umgang mit altem Glas ist es wichtig, einiges über seine
Herstellung zu wissen. Glas besteht aus Kieselsäure und
Alkalien. Kieselsäure findet sich in Quarzsand oder, seltener, in Geröll.
Der Alkali-Anteil in altem Glas besteht entweder aus Holzasche
(beim Waldglas) oder aus Asche von Seetang (beim Soda- oder Strandglas).
Im 15. Jahrhundert gelang es den Venezianern, Glas durch Hinzufügen
von Mangan zu entfärben. Das Ergebnis war ein wasserklares Glas, das *cristallo*.
Seit damals wird feines klares Glas Kristallglas genannt. Im
17. Jahrhundert wurde Blei hinzugefügt, um Bergkristall nachzuahmen.

Amerika

Rechts: Der diamantgeritzte Becher, die Flasche mit auf- geschmolzenem Siegel, der Sahnebehälter und Kerzen- leuchter sind Beispiele für farbloses und farbiges Glas aus der Glashütte von Caspar Wistar. Der Schwan auf dem Sahnebehälter ist ein charakteristischer Dekor des Wistar-Glases.

17. und 18. Jahrhundert

Die vier frühesten amerikanischen Glashütten waren die in Jamestown, Virginia, gegründet 1608; in Salem, Massachusetts, gegründet 1639; in New York (damals noch New Amsterdam), gegründet vor 1664; und in Shackmaxson, heute ein Stadtteil von Philadelphia, gegründet 1683.

1620 nahm die Glashütte in Jamestown die Produk- tion von Glasperlen für den Handel mit den Indianern auf, und sie bestand noch nach dem Massaker von 1622 fort. Im 17. Jahrhundert bestand ein dringendes Bedürfnis nach Fensterglas, und die Glashütten in Virginia wurden hauptsächlich zu diesem Zweck gegründet; nebenbei produzierten sie Glasflaschen. Für mehr als ein Jahrhundert beschränkte sich die amerikanische Glasproduktion auf diese beiden Erzeugnisse.

Die erste wirklich erfolgreiche amerikanische Glas- hütte wurde 1739 in Salem County, New Jersey, ein- gerichtet. Ihr Gründer war Caspar Wistar (1696 –

1752), ein Messingknopfmacher aus Philadelphia. Unter dem Namen Wistarburg wurde seine Glashütte bekannt.

Wistar ließ holländische Glasmacher kommen, und der holländische Einfluß ist in den späten Erzeugnissen von Wistarburg unverkennbar. Wistar stellte Fensterscheiben in fünf Größen, aber auch Flaschen, Lampen, Trinkgläser und anderes Haushaltsglas her.

Die frühesten Gläser von Wistar sind farblos, später wurde zusätzlich Farbglas in die Produktion aufgenommen, zudem rubinrote Krüge mit dunkelgrünen Auflagen. Auch klares und farbiges Glas wurden zusammen verarbeitet. In nur kleineren Mengen wurden ein tiefblaues, türkisfarbenes, klargrünes und opalisierendes Glas hergestellt. Gold-

gelbes und braunes Glas sind seltener. Manche Erzeugnisse aus der Glashütte Wistars sind mit weißen Glasfäden verziert, ähnlich wie das Nailsea-Glas. Glaskugeln, heute oft fälschlich „Hexenkugeln" genannt, in Wirklichkeit aber Stöpsel für Krüge und Schalen, wurden in großen Mengen geblasen.

19. Jahrhundert

Amerikas folgenreichster Beitrag zum Glasgewerbe war die Erfindung des Preßglasverfahrens, bei dem Glasmasse unter hohem Druck in vorgeformte Messingmatrizen gepreßt wird. Das Verfahren wurde um 1827 entwickelt, um das damals marktführende anglo-irische Schliffglas optisch nachzuahmen. Das billige, in großen Serien herstellbare Preßglas revolutionierte die Glasindustrie auf der ganzen Welt und trug mit zum Untergang des von Hand geschliffenen englischen und irischen Glases bei. Amerikas führender Preßglashersteller war die Boston & Sandwich Glass Company (1825 – 1888). Die Muster kopierten anfangs irisches Waterford-Glas. Schon bald entwickelte man jedoch eigene Formen, darunter das Lacy-Glas (Spitzenglas), bei dem die ganze Oberfläche von einem spitzenartigen Muster überzogen ist, das aus zahllosen glitzernden, in die Gußform geprägten Punkten besteht. Am gesuchtesten ist das frühe Lacy-Glas aus der Zeit um 1825 – 1850.

Um 1850 wurden viele Arten Briefbeschwerer (Paperweights) gefertigt. Sie zeigen Blumensträuße oder Früchte auf Fadenglas, Millefiori-Muster oder Porträts nach Münzen oder Medaillen. Die New England Glass Company produzierte Briefbeschwerer in Form realistisch modellierter Früchte.

Oben: Glas des späten 18. und frühen 19. Jh.: Die violette, in die Form geblasene Flasche (links außen) mit Gänseblümchen-Muster ist ein Produkt der Stiegel-Hütte. Die gerippte Flasche (Mitte), um 1800, stammt vielleicht aus der Firma der Familie Pitkin. Die beiden Zeichnungen zeigen ein diamantgeritztes Weinglas des 18. Jh. in der Art des Stiegel-Glases (links) und einen zweifarbigen Wistarburg-Krug (rechts).

Oben: Ein Blumenstrauß, eingebettet in einen Briefbeschwerer aus Neuengland – nur eines von vielen Mustern, die amerikanische Briefbeschwerer seit der Mitte des 19. Jh. zeigen.

Links: Das ungewöhnliche Tablett aus Neuengland, Mitte 19. Jh., zeigt, welch komplizierte Muster in Preßglas hergestellt werden konnten.

Rechts: Die strenge Form der blau-grünen Vase von Tiffany, nach 1894, ist von antiken Gefäßen abgeleitet.

Unten rechts: Die Schale von Tiffany, nach 1894, zeigt schimmernde gold-gelbe Töne.

Unten: Eine klassische Tiffany-Lampe – einer der vielen Entwürfe aus den Tiffany-Studios in New York. Der Schirm hat ein Muster aus Weihnachts-stern-Blättern, der Bronze-fuß ist wie ein gedrehter Ast geformt.

Jugendstil

Der Name Louis Comfort Tiffany (1848–1933) wur-de zum Inbegriff amerikanischen Glases. Ein Sproß des noch heute bestehenden New Yorker Juwelier-hauses, gründete er 1879 seine erste Kunstglasfirma, die Louis Tiffany Glass Decorating Company in New York. Tiffany spezialisierte sich zunächst auf monu-mentale Wandmosaiken und Fensterbilder. Schon da-mals arbeitete er mit verlaufenden Farbtönen, die durch das Übereinanderschmelzen verschiedener Glasschichten erzeugt wurden. Gleichsam als „Nebenprodukt" seiner Fensterbilder entstanden seit 1898 die bekannten Tiffany-Lampen, deren Schirme in der Art von Glasfenstern aus bleigefaßten Glas-stücken zusammengefügt sind. Die frühesten Schir-me zeigen einfache Ornamente, schon bald aber fügen sich die Linien und Farben zu blühenden Pflanzen zu-sammen. Die Form des Bronzefußes ist dem Schirm sorgfältig angepaßt, häufig ist er als Stamm oder Sten-gel modelliert.

Tiffany verwarf alle industriellen Herstellungs-methoden und ließ in traditioneller Weise mit der Glasbläserpfeife arbeiten. Er duldete nur Veredel-lungstechniken, die direkt vor dem Ofen an dem noch heißen und formbaren Glas ausgeführt wurden. Um seine Vorstellungen zu verwirklichen, unterhielt er seit 1893 eigene Glashütten. Den Hauptzweig der Produktion bildeten nun Vasen und Ziergläser.

Der Ruhm der Firma Tiffany beruhte auf Lüster-gläsern, die durch Aufdampfen von Metalloxyden auf die noch heiße Oberfläche einen metallischen Schim-mer bekamen. Er gab diesem Glas den Markennamen Favrile, mit dem er auf der Pariser Ausstellung 1896

großen Erfolg hatte. Er hatte sich hierzu durch antike Gläser anregen lassen, die durch einen Zersetzungsprozeß während der langen Lagerung in der Erde einen regenbogenartigen Schimmer annahmen. Durch partienweises Aufschmelzen von andersfarbigem Glas, dem vorgesehenen Dekor entsprechend, erschien es während des Aufblasens, als ob farbige Muster geheimnisvoll in das Glas eingebettet wären. Eine besonders kostbare Variante ist das Pfauenfederdekor mit silbrigen Glasfäden auf blauem Grund, zwischen denen ein dunkles Auge eingelassen ist.

Den außerordentlich phantasievollen Oberflächendekoren stehen sehr einfache und strenge Gefäßformen gegenüber. Auf ausgedehnten Reisen in Europa und Nordafrika hatte Tiffany Gefäße alter Kulturen zu sehen bekommen, deren klassischen Formen seine Ziergläser nachempfunden sind: Amphoren mit engem Hals und hoch angesetzten Henkeln, Baluster-, Kugel- und Doppelkürbisvasen. Die *gooseneck*-Vase mit dem lang ausgezogenen Hals ahmt klassische Rosenwassersprenkler nach.

Von diesen formstrengen Gefäßen hebt sich sehr deutlich die Gruppe der Kelchgläser ab, die auch in ihrer Formgebung Virtuosenstücke der Glasmacherkunst sind. Durch Dehnen und Kneifen des noch heißen und formbaren Glases wurden naturalistisch wirkende, meistens in hellen Farben irisierende Blütenkelche hergestellt. Das berühmte, unbestrittene Meisterwerk dieser Gruppe ist die Vase „Jack in the pulpit" mit gedrückt kugeligem Bauch und langem Hals, der sich oben zu einem riesigen, blütenartigen und gewellten Trichter ausweitet.

Nahezu alle Erzeugnisse der Tiffany-Werke tragen in verschiedenen Schriftzügen die Signatur oder die Initialen von Louis Comfort Tiffany und eine Produktionsnummer.

In Nachahmung von Tiffanys Favrile-Glas produzierte die Steuben Glass Company seit 1904 das blau und golden irisierende Aurene-Glas. Zu Tiffanys weiteren Nachfolgern gehörten die Quetzal Art Glass Company in Brooklyn, New York, und Handel & Co. in Connecticut.

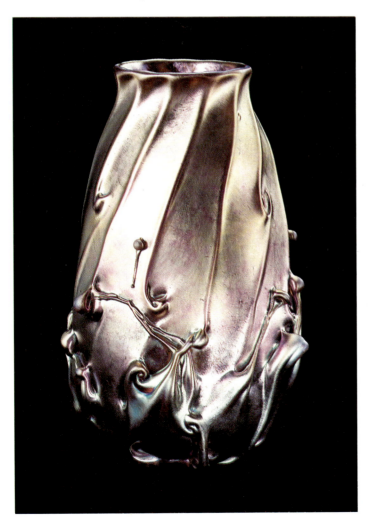

Unten: Blaues, grünes und goldenes Favrile-Glas wurde als Mosaik für eine Kaminsimsuhr der Tiffany-Studios verwendet.

Links: Tiffany-Glas gibt es in vielfältigen Stilen und Formen. Die große Balustervase hat eine fast orientalisch wirkende Form, aber das irisierende Federmuster verleiht ihr einen Hauch von Jugendstil.

Links außen: Phantastisch und unwirklich erscheint die Form der blau-goldenen Vase aus Aurene-Glas der Steuben-Glaswerke von 1909.

123

Deutschland und Böhmen

Oben: Ein typischer deutscher Römer des 17. Jh. mit gesponnenem Fuß und nuppenbesetztem Hohlschaft.

Mittelalter und Renaissance

In Deutschland produzierte man seit dem Mittelalter – Genaueres über die Anfänge ist unbekannt – das sog. Waldglas, ein zumeist grünlich gefärbtes Nutzglas, das neben Quarzsand aus Buchenasche besteht. Die wandernden Glashütten lagen im waldigen Mittelgebirgsgürtel, wo sie Brennstoff und Rohmaterial vorfanden. Die frühesten erhaltenen Erzeugnisse stammen aus spätgotischer Zeit, an den Formen änderte sich aber im 16. und z.T. bis ins 17. Jahrhundert wenig. Es entstand eine Reihe spezifischer Gefäßtypen: der Krautstrunk, ein Becher mit tonnenförmigem, nuppenbesetztem Körper, das flache, napfartige Maigelein, der mit klingelnden Glasringen besetzte Ringelbecher, das Paßglas mit horizontaler Maßeinteilung u.a. Die Gläser erhielten entweder plastischen Dekor durch Aufschmelzen von Glastropfen oder - fäden, wie Krautstrunk und Paßglas, oder sie bekamen

durch Blasen in eine entsprechend geschnittene Holzmodel ein zartes Relief, wie das zumeist waffelartig gemusterte Maigelein.

Größe und Form der Gläser spiegeln die derben nordeuropäischen Trinksitten. Seit dem 16. Jahrhundert nimmt die Größe beträchtlich zu. Humpen, besonders der zur Begrüßung gereichte Willkomm, fassen einen beachtlichen Inhalt. Ebenfalls im 16. Jahrhundert entwickelt sich aus dem Krautstrunk allmählich der Römer mit gesponnenem Fuß, hohlem, nuppenbesetztem Schaft und kugeligem Kelch. Sehr verbreitet waren figürliche Scherzgläser in Form von Hunden, Schweinen, Stiefeln u.ä.

Eine Verfeinerung in Material und Gefäßform brachten, wie überall in Europa, die wandernden Venezianer Glasbläser und ihre einheimischen Nachfolger. Glas in venezianischer Manier wurde in Kassel, München, Nürnberg und in der alten römischen Glasmetropole Köln geblasen. Auch hier entstanden die im 17. Jahrhundert überall in Nordeuropa verbreiteten Flügelgläser, Kelchgläser, deren Schaft in schlangen- oder seepferdchenartig gewundene, oft verschiedenfarbige Glasschnüre aufgelöst ist und mit den namengebenden flügelartigen Ansätzen an der Seite (vgl. Abb. S. 131).

Der Deckelbecher aus grünlichem Waldglas, erste Hälfte des 16. Jh., hat eine für Glas ungewöhnliche Form. Er erhielt sein zartes Relief durch Blasen in eine Model.

Rechts außen: Ein Becher mit Wappen und Jagdszene, datiert 1612 – ein schönes Beispiel für emailbemaltes Glas.

folgern. Schaper übertrug in kleinem Format figürliche Szenen und Landschaften nach zeitgenössischen Kupferstichen auf Glas, meistens zylindrische Becher auf drei Kugelfüßen. Schaper wandte die von der Keramik bekannte Transparentmalerei auf Glas an. Er führte seine Dekore, die Farbwirkung der Kupferstiche nachahmend, in Schwarzlot aus, nur partienweise durch bunte Farben oder Gold belebt.

Links außen: Ein Reichsadlerhumpen, datiert 1614, mit dem doppelköpfigen Adler, ein beliebtes Motiv dieser Epoche auf emailbemaltem Glas.

Links: Geschnittenes Glas war eine Spezialität der böhmischen Glaskünstler. Der Becher von 1694 ist eine besonders schönes Beispiel.

Bemaltes Glas

Seit dem späten 16. Jahrhundert werden Gläser, zuerst in Böhmen, mit Emailfarben bemalt. Hierfür eignen sich besonders große und glattwandige Gefäße wie Humpen und Schnapsflaschen. Eine besondere Gruppe bilden die Reichsadlerhumpen mit dem doppelköpfigen Adler. Sie kamen in Böhmen auf – das erste datierte Stück entstand 1571 –, wurden aber bald und bis nach 1700 auch in anderen Gegenden nachgeahmt. Weitere Gruppen bilden die bekannten Kurfürstenhumpen mit dem Bild des Kaisers und der Kurfürsten sowie die oberfränkischen Familiengläser mit Wappen und Ahnenreihen. Gläser des 17. Jahrhunderts mit bunter Emailmalerei auf farblosem Grund finden sich in fast jeder größeren Glassammlung, über einen gewissen volkstümlichen Reiz gelangen sie allerdings nicht hinaus.

Künstlerisch Hervorragendes in der Technik der Emailmalerei gelang allein Johann Schaper (1621 – 1670) in Nürnberg und seinen unmittelbaren Nach-

Geschnittenes Glas

Den Höhepunkt der deutschen Glaskunst bilden die Schnittgläser des späten 17. und 18. Jahrhunderts. Am Prager Hof Rudolfs II. kam zuerst Kaspar Lehmann auf den Gedanken, Glas in derselben Weise wie Bergkristall mit dem Schneiderad zu bearbeiten. Diese Technik wurde von Lehmanns Schüler Georg Schwanhardt d. Ä. ab 1622 nach Nürnberg übertragen, noch auf dünnwandigem Glas angewandt. Ab ca. 1680 gelang in Böhmen durch Kreidezusatz die Entwicklung eines neuen, dem Bergkristall ähnlichen Kristallglases. Es behielt, ähnlich wie das englische Bleiglas, auch dickwandig seine Transparenz, war aber viel härter und damit bestens für alle Schneidetechniken geeignet. Damit ging von Böhmen ein völlig neuer, dem barocken Geschmack entsprechender Glasstil aus. Mit dem neuen dickwandigen Kristallglas beginnt die eigentliche Blütezeit des Glasschnitts. Noch im 17. Jahrhundert entwickelten sich, Böhmen überflügelnd, Schlesien, Kassel und Brandenburg zu

Oben: Der lichtviolette schlesische Becher, um 1730, zeigt Facettenschliff am Fuß und geschnittenes Laub- und Bandelwerk auf der Wandung.

Rechts: Der Deckelpokal von Christian Gottfried Schneider, um 1740, zeigt einen besonders figuren-reichen Schnittdekor mit drei Szenen aus dem Alten Testament.

Unten: Eine Auswahl von besonders kostbaren, silbermontierten Rubinglas-gefäßen des späten 17. Jh.

künstlerisch bedeutenden Zentren. Zu unterscheiden sind Hoch- und Tiefschnitt mit erhabenem bzw. ein-getieftem Dekor. Die Motive wurden poliert oder heben sich rauhreifartig von dem klaren Grund ab. Oft zeigt ein Glas mehrere Techniken nebeneinander. Derartig veredelt wurden hauptsächlich Deckel-pokale mit Balusterschaft, der seit dem 18. Jahrhun-dert häufig facettiert war, daneben Becher und ge-legentlich Humpen. Man arbeitete nach Kupfer-stichen, bevorzugte Motive waren allegorische und mythologische Szenen, Putten mit Fruchtgehängen, sog. „Früchtekinder" (Potsdam), Städte und Land-schaften (Schlesien), Jagd- und Reitereiszenen, Wappen, Sprüche, Ornament in Laub- und Bandel-werk, im 18. Jahrhundert auch Genre- und galante Szenen. Jedes der großen Zentren brachte bedeutende Künstler und regionale Eigenheiten hervor. Branden-burgische Pokale zeichnen sich durch besonders kraftvolle Formgebung und einen charakteristischen Blattkranz am Ansatz der Kuppa aus. Bei schlesischen Pokalen ist der Kuppa-Ansatz oft facettiert. Die größten Glasschneider in Potsdam waren Martin Winter und Gottfried Spiller; in Kassel war es Franz Gondelach; für Warmbrunn in Schlesien arbeitete Christian Gottfried Schneider.

Goldrubinglas

Farbglas ist im Barock selten. Das kostbarste ist das von dem Potsdamer Glashüttendirektor Johann Kunckel (1630 – 1703) entwickelte Goldrubinglas. Es erhält seine tiefrote Färbung durch einen Zusatz von Goldchlorid. Kunckel unterhielt sein alchimistisches Laboratorium auf der Pfaueninsel im Wannsee. Das Goldrubinglas verdankt seine Entwicklung dem alten Ehrgeiz der Glasmacher, Edelstein zu imitieren. Mehr als hundert Jahre später wurde es im böhmischen Biedermeierglas wieder aufgenommen.

Zwischengoldglas

Eine reizvolle Sonderform sind die böhmischen, sächsischen und thüringischen Zwischengold-gläser des 18. Jahrhunderts. Hierbei wird zwischen zwei exakt ineinandergepaßte Gläser eine radierte, manchmal auch farbig bemalte Gold- oder Silber-folie gelegt. Am häufigsten sind Jagd- und Reiter-szenen. Ein später Nachfolger dieser Technik war der Österreicher Johann Josef Mildner (1764 – 1808), der sie zu höchster Perfektion brachte.

Biedermeier und Historismus

In der Biedermeierzeit gelangte das Kunstglas in der alten Glasmacherregion Schlesien und Nordböhmen zu einer neuen Blüte. Ausgehend von den hier seit langem geübten Techniken, vor allem dem Glasschliff, paßte man sich erfolgreich der neuen Vorliebe für schwere Formen und kräftige Farben an. Die meisten Betriebe konzentrierten sich in Nordböhmen im Gebiet um Haida und Steinschönau nahe der schlesischen Grenze. Zu den innovativsten Firmen zählten die Harrachsche und die Buqoysche Glashütte sowie der Veredelungsbetrieb von Franz Egermann.

Die Gefäßtypen sind bei aller individuellen Vielfalt ziemlich einheitlich. Fast immer handelt es sich um Becher mit einer leichten Einziehung über einem schweren Fuß. Typisch ist der Ranftbecher mit einem wulstartigen Fuß. Parfümflakons und Deckeldosen sind weniger charakteristisch. Die Ziergläser wurden vor allem in den böhmischen und den deutschen Kurorten als Bade- und auch als Souvenirgläser massenhaft verkauft.

Die böhmische Glasindustrie hatte seit dem späten 18. Jahrhundert durch die Konkurrenz des englisch-irischen Schliffglases ernste Rückschläge erlitten. Seit dem Jahr 1825 etwa paßte man sich der veränderten Mode erfolgreich durch Schliffgläser aus dickwandigem, farblosem Kristallglas an, deren großzügige und phantasievolle Muster, ganz besonders aber deren handwerkliche Virtuosität die englischen Gläser mit ihren sehr einfachen Diamant- und Sternmustern weit übertrafen. In ganz besonderem Maße liebte die Epoche aber das Farbglas, vor allem in Form der außerordentlich verbreiteten Überfanggläser. Seit den frühen 30er Jahren des 19. Jahrhunderts wurde farbloses Kristallglas mit einer, seit 1836 auch mit zwei verschiedenen farbigen Glasschichten überfangen. Durch Facettenschliff erzielte man in diesem mehrschichtigen Glas die beliebten starken Farbkontraste.

Eine Besonderheit des Biedermeiers sind die sog. Steingläser (Hyalithgläser) aus opakem Glas, darunter auch eine tiefschwarze Sorte, die Achat und andere Halbedelsteine nachahmen sollten. Eine besonders attraktive Variante erfand Friedrich Egermann mit dem 1829 patentierten Lithyalin, das durch Auftragen und Einbrennen von Ätzfarben eine bunte Marmorierung erhält. Auch durch den schweren Facettenschliff entsteht bei diesen Gläsern der Eindruck von Halbedelstein.

Gerne wurden Gläser auch bemalt, häufig sind bunte Blumen und Ornamente auf weißem Grund. Die kostbarsten Produkte sind aber die seltenen Gläser mit Transparentmalerei. Das Verfahren wurde von Samuel Mohn (1762 – 1815) in Dresden von der Porzellanmalerei auf Glas übertragen. Von besonderem Reiz sind seine Stadt- und Landschaftsan-

Oben: Böhmisches Badeglas mit strengem Facettenschliff und wechselnden, transparenten und lichtundurchlässig bemalten Flächen.

Oben links: Zwischengoldglas, Sachsen oder Böhmen, um 1720/30, mit ungewöhnlichem Schmetterlingsmotiv.

Oben: Der Zierteller mit dem Kopf der Aurora von der Wiener Firma Lobmeyr, um 1885, sucht mit dem Bildthema, dem dünnwandigen Glas und der Pracht der vergoldeten Montierung am Kunsthandwerk der Renaissance anzuknüpfen.

Links: Vier Bechergläser aus dem späten 18. und frühen 19. Jh. mit aufgemalten Veduten und Glückwunschmotiven sowie einer Porträtsilhouette. Links ein besonders schönes Beispiel für die Transparentmalerei Samuel Mohns.

Oben: Gefäße aus Lithyalin und rotem Hyalith aus der Zeit um 1830. Steingläser wurden oft mit Goldfarbe bemalt, wie unsere Beispiele zeigen.

Oben rechts: Der Deckelpokal mit bunten Schmelzfarben auf weißem Grund kommt der Vorliebe der späten Biedermeierzeit für bunte Farben entgegen.

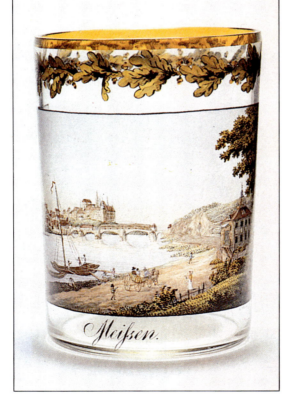

Rechts: Ein Elbpanorama mit Ansicht der Stadt Meißen in Transparentmalerei von Samuel Mohn, 1810.

sichten. Durch Übersiedlung seines Sohnes Gottlob (1789 – 1825) gelangte das Verfahren 1811 nach Wien, wo es seine höchste Blüte erreichte. Hier wurde Anton Kothgasser (1769 – 1851) sein berühmter Nachfolger. Seine Porträts, Blumen- und Früchtearrangements stehen der Wiener Biedermeiermalerei nicht nach.

Seit den 40er Jahren ging die Harmonie von Formen und Dekor verloren. Das Biedermeier hatte sich überlebt, der allgemeine Geschmack verlangte abermals nach dünnwandigem und transparentem Glas. Wie auf allen anderen Gebieten brachte der Historismus zwar handwerkliche Meisterleistungen, aber keine überzeugenden Formen hervor. Die Waren von höchster Qualität ließ in Wien die Firma Lobmeyr produzieren. In Deutschland erzeugte die Rheinische Glashütten AG in Ehrenfeld bei Köln exakte Stilkopien, darunter auch Nachahmungen des venezianischen Fadenglases.

Jugendstil

Eine Formerneuerung brachte erst der Jugendstil. Zum Impulsgeber über Österreich hinaus wurde die 1903 gegründete Künstlervereinigung Wiener Werkstätte. Die hier propagierten strengen geometrischen Formen wurden auch auf das Glas angewandt. Die Farbigkeit ist oft auf den klaren Kontrast von farblosem Glas und schwarz aufgemaltem Muster reduziert, zuweilen bereichert mit feierlichem Gold. Daneben gibt es auch Ziergefäße in satten Farben wie Honiggelb oder Violett. Die Formen sind aus Quadrat oder Kreis aufgebaut, häufig ist ein strenger Facettenschliff. Bei Stengelgläsern sind Fuß, Stiel und Kelch klar voneinander getrennt. Unverkennbar sind

Links: Zwei Weingläser, 1901 von Peter Behrens für die Glaswerke in Köln-Ehrenfeld entworfen. Die gelängten, sanft geschweiften Formen und die klaren Kontraste – hier von farblosem und rubinrotem Glas – sind typisch für den deutschen Jugendstil.

Links außen: Die Vase aus irisierendem Goldlüsterglas von der Firma Loetz Witwe ist ein Musterbeispiel für den österreichisch-böhmischen Jugendstil.

Unten: Ein Weinglas auf fragilem Stengel von Hans Christiansen, um 1903. Das goldene Rosenmuster auf dem Kelch ist für den Darmstädter Jugendstil ein ungewöhnlich auffallendes Ornament.

hochangesetzten Henkeln. Daneben stehen phantastische Jugendstilformen mit unregelmäßig gedellten Körpern, gequetschten und gekniffenen Mündungen und Henkeln, die sich winden wie Nudeln.

Lüstergläser wurden in verschiedenen Konkurrenzfirmen nachgeahmt und können geradezu als ein Merkzeichen des österreichisch-böhmischen Jugendstils gelten.

Das Ziel der in Deutschland arbeitenden Jugendstilkünstler war eher ein ansprechendes, modernes Gebrauchsglas. Hans Christiansen, Josef Maria Olbrich und Peter Behrens entwarfen 1901 für die Ausstellung der Darmstädter Künstlerkolonie Stengelgläser aus farblosem Glas mit sparsamem Ornament, die ähnliche Formprinzipien wie die Wiener Werkstätte zeigen, jedoch in etwas abgemilderter Weise. Die Gläser in klaren geometrischen Formen, die Behrens etwa gleichzeitig für die Ehrenfelder Glaswerke entwarf, weisen direkt auf den modernen Funktionalismus voraus. Dagegen bilden die Vasen, die der Österreicher Schneckendorf 1907–1911 als Leiter der Darmstädter Edelglasmanufaktur kreierte, eine „Enklave" österreichischen Lüsterglases in Deutschland.

Reine Zier- und Luxusprodukte sind auch die vor der Lötlampe geblasenen, unverkennbaren Gläser von Karl Köpping. Sie haben die Form einer Tulpe auf fragilem, gewundenem Stengel mit Lanzettblättern. Sie wurden international geschätzt und sogar von Samuel Bing, der ersten Geschäftsadresse des Jugendstils, angeboten.

die Proportionen mit dem überlangen, quadratischen oder leicht gebauchten Stiel und dem kleinen, oft zylindrischen Kelch. Vasen und andere Ziergegenstände haben oft eine Metallmontierung. Für die Durchführung ihrer Entwürfe verließen sich die Wiener Künstler auf das bewährte Können der böhmischen Glasmacher.

In stärkstem Kontrast zur spröden Wiener Eleganz stehen die Lüstergläser der südböhmischen Firma Loetz Witwe. Seit 1893 produzierte sie mit großem Erfolg Gläser mit schimmerndem Metalleffekt, die in immer neuen Muster- und Farbvariationen auf den Markt kamen. Die perlmuttartige Wirkung wurde durch Auftragen und Aufdampfen von Metallsalzen erzielt. Mit diesen Gläsern bot man der amerikanischen Firma Tiffany Konkurrenz. Auch die Gefäßformen ähneln denen von Tiffany. Häufig sind klassische, straffe Vasen mit kleinen,

England

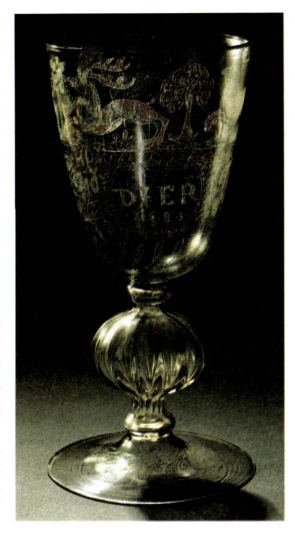

Der Pokal aus Strandglas mit Diamantgravur ist eines von nur neun erhaltenen Gläsern von Jacopo Verzelini aus London. Dünnwandige Gläser wie dieses waren für die Zeitgenossen eine sensationelle Neuheit.

Rechts außen: Eine gerippte Kanne von George Ravenscroft aus dem dickwandigeren Bleiglas, das seit der zweiten Hälfte des 17. Jh. hergestellt wurde.

Kelchgläser mit weiter Kuppa, einem hohlgeblasenen Knauf im Schaft und diamantgeritzten Inschriften oder Figurenfriesen.

Der Markt wurde im 17. Jahrhundert von Händlern beherrscht, die das Monopol für die Einfuhr venezianischen Glases besaßen oder von italienischen Handwerkern, die gute Nachahmungen herstellten. Im letzten Jahrhundertviertel setzte eine Bewegung ein, die nach Unabhängigkeit von Italien strebte. Dies entsprach dem neuen wissenschaftlichen Forschergeist und dem Streben nach wirtschaftlicher Selbstversorgung.

Die London Glass Sellers' Company beauftragte im Jahre 1673 George Ravenscroft (1618 – 1681) mit Glasforschungen. Die Gesellschaft besaß zwei Glashütten, die Savoy in London und – hauptsächlich zu Versuchszwecken – eine weitere Herstellungsstätte in Henley-on-Thames.

Ein Jahr später erhielt Ravenscroft ein Patent für „ein Glas, das Bergkristall ähnelt". Dafür verwendete er Feuerstein (Flint) und Pottasche. Die Pottasche verursachte ein Netz feiner Sprünge im Inneren des Glases. Ravenscroft löste diese Schwierigkeit 1676

16. und 17. Jahrhundert

Venezianische Glasmacher arbeiteten in England zwar schon seit 1549, aber der erste wirklich bedeutende Glaskünstler war Jacopo Verzelini (1523 – 1606), ein venezianischer Glasbläser, der sich im Jahre 1571 in London niedergelassen hatte. Seit ca. 1577 stellte Verzelini Gläser in *façon de Venise* aus dem dünnwandigen, sodahaltigen Strandglas her, darunter

durch einen Zusatz von Bleioxyd. Dieses Glas war schwerer und stärker lichtbrechend als das zarte und etwas matte Strandglas, das man bis jetzt verarbeitet hatte. Ravenscroft produzierte Kelchgläser, Krüge, Schalen und Humpen. Seit 1677 markte er seine Waren mit einem Rabenkopf. Im späten 17. Jahrhundert gab es schon 27 Flintglashütten in England, darunter die Betriebe in Southwark (London), Stourbridge, Newcastle-upon-Tyne, South Shields und Bristol.

Die Formen folgten zunächst den zarten venezianischen Vorbildern, und das Flintglas wurde daher zu Beginn dünnwandig geblasen. Man entdeckte allerdings schon sehr bald, daß Flintglas auch dann seine Transparenz nicht verlor, wenn es wesentlich dicker geblasen wurde.

Das Glas wurde robuster, verlor die venezianische Eleganz und nahm einen bodenständig englischen Charakter an. Die Gläser hatten zuerst kurze Schäfte mit in die Form geblasenen Knäufen, dann folgten einfachere Formen mit längeren Schäften, zuerst hohlgeblasen, dann massiv.

18. Jahrhundert

Im frühen 18. Jahrhundert nahm auch das Glas die einfachen und noblen Formen des Queen-Anne-Silbers an. Die Schäfte der Gläser erhielten aneinandergereihte Scheiben und Knäufe, oft war eine Glasblase eingeschlossen. Nach dem Vertrag von Utrecht aus dem Jahre 1713 wurde deutsches Glas importiert, unter seinem Einfluß kam der sog. schlesische – in Wirklichkeit allerdings aus Mitteldeutschland stammende – Schaft auf mit gepreßter, Facettenschliff vortäuschender Form.

Bis zum frühen 18. Jahrhundert hatten Gläser geradwandige, trichterförmige Kelche. Unter der Regierung Georgs I. (1714–1727) schwangen sie glockenförmig aus. Die Schäfte wurden länger und die Füße dicker, oft mit untergeschlagenem Rand. Typische Erzeugnisse dieser Zeit sind Konfitüre- und Puddingschalen sowie Sillabubgläser (für ein Dessert aus geschlagener Sahne, Wein und Gewürzen) auf einem kurzen Schaft mit muschelig geschliffenem Fuß.

Seit der Mitte des 18. Jahrhunderts wurden Gläser leichter. Einerseits machte sich der Einfluß des aufkommenden Rokoko geltend, andererseits eine Verbrauchssteuer, die seit dem Jahre 1745 auf Glaswaren erhoben wurde, um die aufwendigen Kriege mit Frankreich zu finanzieren.

Das Interesse richtete sich jetzt weniger auf die Form als auf das Dekor: Glasschliff, Diamantgravie-

Oben: Die Gläser aus dem frühen 18. Jh. mit den schlanken Schäften und schön geformten Kelchen gehören zu dem frühesten Glas von typisch englischer Form.

Links: Das Flügelglas besteht aus dem von George Ravenscroft erfundenen Bleiglas, aber seine Form folgt noch venezianischen Gläsern aus sodahaltigem Strandglas.

rung, Emailbemalung und *air-twist*-Schaft (Schaft mit eingedrehter Luftspirale). Seit dem späten 18. Jahrhundert waren besonders Gravuren mit Hopfendolden, Gerstenähren und Weinreben gebräuchlich.

Eine äußerst effektvolle Wirkung wurde durch die Emailmalerei in Weiß, die nur ausnahmsweise mehrfarbig bereichert wurde, erzielt. Diese besondere Form der Bemalung wurde ausschließlich in England seit dem 18. Jahrhundert gepflegt.

Die Familie Beilby in Newcastle-upon-Tyne war besonders für ihren Emaildekor berühmt, vor allem William (1740 – 1819) und seine Schwester Mary (1749 – 1797). Sie arbeiteten hauptsächlich in einem bläulichen Weiß und in Türkis.

Eine Sondergruppe des 18. Jahrhunderts sind die jakobitischen Gläser mit eingravierten verschlüsselten Emblemen und Inschriften. Die meisten stammen aus der Zeit zwischen 1745 und 1765. Die Jakobiten waren Anhänger der beiden Thronprätendenten Edward Stuart und seines Sohnes Jakob Edward Stuart, Nachkommen von Jakob II., die sie statt der Nachkommen Wilhelm von Oraniens für die legitimen Thronfolger hielten. Mit den Gläsern wurden heimliche Toasts auf die Stuarts ausgebracht. Das häufigste unter den verschiedenen symbolisch verschlüsselten Emblemen ist die Rose, das Symbol der englischen Krone, mit einer oder auch zwei Knospen als deutliche Anspielung auf die Thronprätendenten.

Ebenfalls im 18. Jahrhundert wurden die Herstellungstechniken verfeinert. Die meisten Gläser bis gegen 1780 haben unter ihrem Fuß einen rauhen Abriß vom Hefteisen, an dem das Glas während der Bearbeitung des Kelchs gehalten wurde. Seit ca. 1780 wurde der Abriß in der Regel – aber nicht immer – glattgeschliffen.

Rechts: Die Schale mit weißer und farbiger Emailmalerei, um 1765, gehört zu den frühesten Arbeiten der berühmten Glasmalerfamilie Beilby.

Links: In den späteren Jahren schufen die Beilbys reichere Blumenmuster, Landschaften und ländliche Szenen wie auf diesen vier Beispielen, um 1770. Die keulenförmige Karaffe und der Glasschaft mit einer Milchglasspirale sind typisch für das 18. Jh.

Oben: Opakweißes Glas, das Porzellan vortäuschen sollte, wurde gerne für kleinere Gegenstände verwendet wie für diese dreiteilige Menage mit Emailmalerei aus Bristol, um 1800.

Am Ende des 18. Jahrhunderts wurde opakweißes Glas, das man von der Glassteuer ausgenommen hatte, mit Schmelzfarbenbemalung sehr beliebt. Es wird oft als Bristol-Glas bezeichnet, obwohl es auch in einigen anderen Orten Englands hergestellt wurde. Viele Formen ahmen das chinesische Porzellan nach. Füllhörner als Blumenständer sollten Worcester-Porzellan imitieren, und auch feingeriefelte Kerzenhalter und viereckige Teebüchsen folgten Vorbildern aus Worcester. Sie wurden oftmals mit Chinoiserien bemalt. Für Riech- und Tabakfläschchen wurde opakweißes, für Parfümflakons blaues Glas verwendet.

Aus farbigem, vor allem dunkelblauem Glas wurden auch Karaffen hergestellt. Die früheren Karaffen, aus der ersten Hälfte des 18. Jahrhunderts, waren noch aus farblosem Glas gewesen, hatten einen

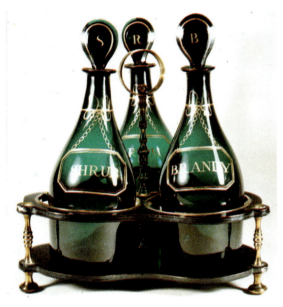

kugelförmigen Bauch und einen Rand für den Korken. Nach der Jahrhundertmitte erhielten sie in der Regel einen schlanken und kegelförmigen Körper. Glasstöpsel kamen um 1750 auf, und um 1760 traten an die Stelle der zugespitzten Stöpsel flache, manchmal auch scheibenförmige Formen.

Die Erhöhung der Steuern auf Glaswaren zwischen 1777 und 1787 veranlaßte viele englische Glasmacher, nach Irland umzusiedeln. Damals wurde geschliffenes Glas Mode. Es nahm derart überhand, daß Venedig seine Stellung als Mittelpunkt der europäischen Glasindustrie einbüßte. Geschliffenes Glas der Regency-Periode wird hartnäckig nach der gleichnamigen irischen Stadt Waterford benannt, obwohl die Produktion von Bleiglas in England und Schottland wahrscheinlich zehnmal größer war als in Irland.

19. Jahrhundert

Trotz der Erhöhung der Glassteuer in den letzten Jahrzehnten des 18. Jahrhunderts produzierte man im frühen 19. Jahrhundert wohl das schwerste jemals in England hergestellte Glas. Schliffmuster, meistens in Diamant- oder Sternformen, wurden wieder, anders als im 18. Jahrhundert üblich, in horizontalen Reihen angeordnet.

Karaffen hatten einen faßförmigen Bauch, Ringe um den Hals und pilzförmige Stöpsel. Um die Jahrhundertmitte wurde der Dekor – häufig Kannelierungen – wieder vertikaler. In den 30er und 40er Jahren verdrängten kugelige und zylindrische Karaffen die Fäßchenform.

Die Aufhebung der Glassteuer (Glas Excise Act) im Jahre 1845 führte zu größerer Freiheit, die sich in überladenem Glasschnitt wie an den Waren von W.H.B. und J. Richardson und anderen, die auf der Weltausstellung von 1851 vertreten waren, nieder-

Oben: Die ausladende Schiffskaraffe, datiert 1801, zeigt die schwereren Formen des frühen 18. Jh.

Oben links: Die drei grünen Karaffen sind ein schönes Beispiel für Glas des späten 18. Jh. Die goldenen Aufschriften shrub *(ein Stärkungsmittel),* brandy *und* port *ahmen die silbernen Flaschenetiketten nach, die um 1770 in Mode kamen.*

schlug. Wegen der schlechten Nachahmungen in dem in großen Serien und zu niedrigen Preisen hergestellten Preßglas und der Kritik von Kunsttheoretikern wie John Ruskin kam das Schliffglas außer Mode. Bis in die 80er und 90er Jahre waren kugelige Gefäße mit graviertem Dekor beliebt, dann setzte sich das geschliffene Glas erneut durch.

Zu Beginn des Jahrhunderts war farbiges Glas sehr gefragt. Flaschengrünes Glas, das immer von der Glassteuer ausgenommen war, wurde in England schon seit der Zeit der venezianischen Vorherrschaft produziert.

In der im Jahre 1788 von John Robert Lucas gegründeten, in Nailsea bei Bristol gelegenen Glashütte wurde ein braungrünes, weiß gesprenkeltes Glas hergestellt, darunter die derben Nailsea-Krüge. In der zweiten Periode von Nailsea unter Robert Lucas Chance (1810 – 1815) wurden Krüge, Schalen, Taschenflaschen und „Zwillingsflaschen" mit in verschiedene Richtungen zeigenden Hälsen hergestellt, verziert mit rosa und blauen Schlingenmustern, dazu aber auch allerlei „Spielereien" wie Pfeifen, Spazierstöcke und Nudelhölzer, die als Geschenkartikel gedacht waren oder lediglich die Kunstfertigkeit des Glasmachers demonstrieren sollten.

In Nachahmung des böhmischen und deutschen Biedermeierglases, das Englands führende Stellung auf dem Weltmarkt bedrohte, wurde farbiges Glas in England vor 1845 unter anderem von den Firmen von Stevens & Williams in Brierley Hill bei Stroud und Thomas Hawkes in Dudley hergestellt, ferner von Benjamin Richardson in Stourbridge und, in Birmingham, von George Bacchus & Sons, Rice Harris & Son und Lloyd & Summerfield.

Rechts: Die Vorliebe des 19. Jh. für Farbglas zeigte sich in vielen Formen und Farben. Die grünen Pokale mit Vergoldung, um 1880, stammen von Richardson in Stourbridge.

Unten: Eine Vase, um 1885, aus Kameenglas. Die Gestalt der Psyche ist aus dem opakweißen Überfang über einem tief amethystfarbenen Grund herausgeschnitten.

Unten rechts: Geschenkartikel wie diese Glaskuppel mit Brunnen wurden als Nebenerzeugnisse aus übriggebliebenen Glasresten hergestellt.

Rechts außen: Die Flasche aus transparentem Glas mit roten und blauen Flecken ist ein ungewöhnlich farbiges Produkt der Nailsea-Glashütte.

Die Farbglasmode erreichte mit der Londoner Weltausstellung von 1851 ihren Höhepunkt. Hervorragende
Beispiele waren die Überfanggläser mit zwei oder
mehr übereinandergelegten verschiedenfarbigen
Schichten, aus denen ein Dekor herausgeschliffen wurde, häufig in gotisierenden Formen. Opalglas wurde
von den Richardsons und von A.F. Christy hergestellt,
manchmal blattförmig mit grünen Konturen. In Opalglas wurden auch bauchige Kannen mit dreifachem
Ausguß nach griechischem Muster angefertigt, manche mit Umdruckmotiven von J.F. Christy. Auch das
venezianische Renaissanceglas wurde nachgeahmt.

Apsley Pellatt entwickelte im Jahre 1819 ein Ver-
fahren, um Kameen aus weißer Paste in farbloses Glas
einzuschließen, die sogenannte Kameeninkrustation.
Er schuf auch „anglo-venezianische" Gläser aus
Mattglas mit figürlichen Inkrustationen. James Powell
& Sons in Whitefriars stellten versilbertes Glas her.
Aus Frankreich wurde die Vorliebe für Millefiori-
Paperweights übernommen, die in Papierwaren-
geschäften verkauft wurden und heute ein geschätztes
Sammelobjekt sind. In England wurden sie seit den
späten 40er Jahren sowohl von Bacchus als auch von
Rice Harris von den Islington-Glaswerken, beide in
Birmingham gelegen, hergestellt.

Um die Jahrhundertmitte wanderten Glasschleifer
aus Mitteleuropa nach England ein. Zu ihnen gehörten
J.H.B. Millar in Edinburg, Paul Oppitz, der in
London für die Firma Copeland tätig wurde, sowie
Frederick E. Kny und William Fritsche in Stour-
bridge, die für Thomas Webb arbeiteten, ferner Joseph
Kneller. Millar führte das beliebte Farnmuster ein.

In den letzten Jahrzehnten des 19. Jahrhunderts lebte
das Interesse am technisch anspruchsvollen
Kameenglas mit tiefeingeschnittenem Reliefdekor
und mit polierten Rändern wieder auf. Als führend
galt auf diesem Gebiet die Firma Thomas Webb, deren
Kameenglas heute stark gefragt ist. Der Dekor zeigte
in den 80er Jahren oft kleine Vögel in Laubwerk. In
den 90er Jahren stellte John Northwood (1836 – 1902)
geschnittene Kameengläser für die Firma Stevens &
Williams her, während Thomas Hawkes der Hauptvertreter der Ätztechnik war.

In den 70er und 80er Jahren führte die Firma von
Thomas Webb neue exotische Glasfarben ein. Am bekanntesten ist *burmese*, ein undurchsichtiges Grün-
gelb mit einem Stich ins Tiefrosa. Dieser Periode gehörten auch die häufig von japanischen Kunstwerken
inspirierten Jugendstilentwürfe in Preßglas von
Sowerby's Ellison Glass Works an. Sowerby's stellte
ferner ein undurchsichtiges, marmoriertes Glas, bekannt unter der Bezeichnung *slag*-Glas, her. Anhand
der Registrierungsmarken läßt sich das Entstehungs-
jahr dieses Glases leicht feststellen.

*Oben: Die Zuckerschale
und der Sahnegießer aus
blaßrotem Glas, um 1820,
sind beispielhaft für die
weitgefächerte Farbpalette
des frühen 19. Jh.*

*Links: Eine schöne Vase
von Thomas Webb
in* burmese- *Grün.*

Frankreich

*Rechts: Italienisch wirkende
Anmut zeigt die einfache,
aber elegante französische
Kanne aus dem 17. Jh.*

*Rechts: Im frühen 19. Jh.
beherrschte man in Frank-
reich eine weite Skala verschiedener Stile und Ver-
edelungstechniken, darunter
Glasschliff, Preßglas,
Fadenglas und Überfang,
wie an dieser Auswahl aus
Glas der Cristallerie
St-Louis deutlich wird.*

Die Franzosen schufen wundervolle Glasmalereien.
Dagegen zeigen ihre Glasgefäße nicht dieselbe Kunstfertigkeit und Originalität. In der Renaissance war
venezianischer Einfluß vorherrschend. Die französischen Glashütten wurden von italienischen Einwanderern betrieben.

Eine Hütte in Nevers, während fast zweihundert
Jahren von der Familie Saroldi betrieben, war die
einzige Firma, die über längere Zeit hinweg Qualitäts-
glas herstellte. Bis ins 18. Jahrhundert fertigte sie Glas
in italienischem Stil an. Ihre Waren umfaßten kleine
Figuren und Spielzeug aus einem Glas, das oft für
Email gehalten wird. In Wirklichkeit wurden Glasstäbchen bis zur Verformbarkeit erhitzt und dann mit
Pinzetten zu Plastiken gebildet. Ähnliche Figuren
wurden später in Rouen, Bordeaux und Marseille
sowie durch Jacques Roux und Charles-François
Hazard in Paris angefertigt.

18. und 19. Jahrhundert

Im 18. Jahrhundert stand das französische Glas noch weit hinter den übrigen europäischen Ländern zurück. 1760 setzte die Académie des Sciences einen Preis zur Verbesserung des französischen Kristallglases aus. Der davon ausgehende Ansporn führte zur Gründung der Verreries de Ste-Anne bei Luneville, aus denen später die berühmte Glashütte Baccarat hervorging. 1767 wurde in Münzthal in Lothringen die Cristallerie de St-Louis errichtet, die schon bald von der Akademie für ihre erfolgreiche Nachahmung des englischen Bleikristalles gerühmt wurde. Meyer Oppenheim aus Birmingham gründete 1784 eine weitere französische Glashütte und stellte in Petit Quevelly und später in Rouen Bleikristall nach englischer Art her.

Gegen Ende des 18. Jahrhunderts erfanden die Franzosen, unabhängig vom Engländer Apsley Pellatt, das Verfahren zum Einsetzen weißer Porzellankameen in geschliffenes Kristallglas. Desprez in Paris war einer der ersten, der diese Technik anwandte. Sein Name oder der seines Sohnes sind manchmal zusammen mit ihrer Pariser Adresse Rue des Recollets du Temple auf den Reliefs als Marke eingeprägt.

Oben: Der Parfümflakon aus Kristallglas, um 1815 – 1820, ist ein gutes Beispiel für Kameeninkrustation.

Im 19. Jahrhundert setzte in Frankreich ein starkes Interesse an der Entwicklung neuer Glasveredelungstechniken ein. Obwohl die traditionellen Techniken des Schneidens, Schleifens und Gravierens weiter gepflegt wurden, begeisterte man sich auch hier für kräftige Farben.

Das meiste französische Zierglas des 19. Jahrhunderts stammt aus den Glashütten von Baccarat und St-Louis, die seit ca. 1835 vereinigt waren. Geschliffenes und graviertes Bleikristall in zarten Farben wurde in Choisy-le-Roi angefertigt. Seit 1820 schuf man geschliffenes Kristallglas mit klassizistischem Anklang, oft mit Porträtkameen, ferner Opalglas von klassischer Einfachheit in Weiß, Hellrosa, Apfelgrün und Türkis.

Briefbeschwerer

Oben: Ein Kästchen aus graviertem Bleikristall aus Baccarat, Mitte 19. Jh.

Links: Die französischen Glashütten produzierten hervorragendes Opalglas. Hier ein rosafarbener Kerzenleuchter aus St-Louis.

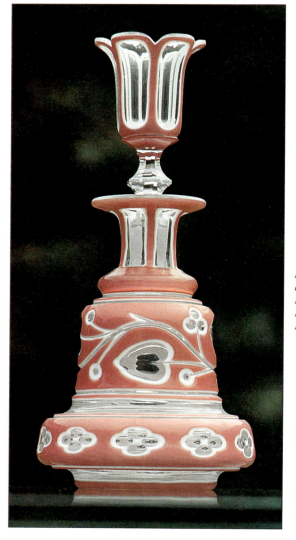

Die am meisten gefragten französischen Glaswaren sind heute, mit Ausnahme vielleicht der Arbeiten von Emile Gallé und René Lalique, die in den Glashütten von Baccarat, St-Louis und Clichy während des 19. Jahrhunderts hergestellten Briefbeschwerer (Paperweights).

Man unterscheidet zwei Hauptarten von Baccarat-Briefbeschwerern. Etwa zwei Drittel sind Millefiori (tausend Blüten) und fast ein Drittel weist Blumendekor auf. Den Rest bilden Briefbeschwerer mit Schmetterlingen und Kameeninkrustationen. Rund die Hälfte der Millefiori stammte aus den Jahren zwi-

Rechts: Ein Schmetterling, eine Schlange und ein Blumenbouquet sind in die Briefbeschwerer aus Baccarat eingeschlossen.

schen 1846 und 1849, sehr viele aus dem Jahr 1848, nur wenige von 1849.

Der typische Millefiori-Dekor besteht aus einer mosaikartigen Musterung miteinander verschmolzener farbiger Glasstäbchen. Sowohl Primeln als auch Stiefmütterchen und Waldrebe (Clematis) sind die bei weitem häufigsten Blütenarten, die auf diese Weise geformt wurden. Als Kameen kommen Bildnisse der Königin Victoria, der Jungfrau von Orléans sowie mythologische Gestalten vor.

St-Louis produzierte weniger Millefiori als Baccarat. Etwa die Hälfte wird als Millefiori-Pilze bezeichnet, weil sich die Stäbchen von der Basis aus pilzartig ausbreiten. Bei anderen ist grünes Laubwerk zu Sträußen gebunden. Die meisten St-Louis-Brief-

beschwerer sind mit Blumen, Früchten, Gemüse und auch Reptilien verziert und zarter gefärbt als jene von Baccarat oder Clichy. Einige sind signiert und sogar datiert. Häufig kommt das Jahr 1848 vor, etwas seltener das Jahr 1847.

Clichy-Beschwerer sind nicht datiert, und nur selten tragen einige Stücke Signaturen. Aber es ist bekannt, daß diese Waren ungefähr um 1849 hergestellt wurden. Achtzig Prozent sind Millefiori, wovon die typischste Art die Clichy-Rose mit eng zusammengedrängten rosa und weißen Blütenblättern ist, manchmal auf grünes und weißes Laub gebettet. Die Kameeninkrustationen gleichen jenen aus der Glashütte Baccarat. Am wertvollsten sind Bildnisse von Königin Victoria und Napoleon.

Oben: Ein wahres Kaleidoskop von Farben und Blumen umschließt die drei Briefbeschwerer aus Clichy: in der Mitte ein Clematis-Motiv, eingerahmt von zwei Millefiori-Arbeiten.

Drei Briefbeschwerer aus St-Louis – ein ungewöhnlich facettiertes Exemplar mit roten Kirschen (links), eine große weiße Dahlienblüte (oben) und sechs verschlungene Millefiori-Girlanden (rechts).

Jugendstil

Emile Gallé (1846 – 1904) gehört zu den hervorragendsten und einfallsreichsten Glaskünstlern des Jugendstils. Er ist in erster Linie für seine Glaskunst berühmt, schuf aber auch Möbel und Keramiken. 1878 gründete er in Nancy eine Glasfabrik. Zu seinen Schöpfungen ließ er sich durch die verschiedensten Quellen inspirieren: Botanik, englisches Kameenglas, Impressionismus und japanische Kunst. Auch literarische Einflüsse wie die Gedichte Baudelaires und Rimbauds gingen in Gallés Werk ein.

Gallé hatte seinen größten Erfolg mit nuancenreich getöntem Überfangglas, oft in Grau und Violett. Nach seinem Tod wurden die Erzeugnisse aus seiner Fabrik mit einem Stern hinter dem Namenszug „Gallé" bezeichnet. Seine wichtigsten Nachfolger waren Auguste und Antonin Daum, ebenfalls in Nancy. Nach dem Ersten Weltkrieg erzeugte Gabriel Argy-Rousseau retrospektive Stücke im Jugendstil, aber auch in modernerem Stil.

Rechts: Die vielfarbigen Vasen, Flaschen und Schalen zeigen Gallés Freude an pflanzlichen Formen und seine Kunstfertigkeit, sie in Überfangglas zu übertragen. Je mehr Farbschattierungen ein Stück aufwies, um so aufwendiger war sein Herstellungsprozeß.

Rechts: Ein typisches Beispiel für die Glaskunst des ausgehenden 19. Jh. ist diese Tischlampe von Gallé. Das Motiv der Orangen zwischen Laub und Zweigen besteht auf gelbem Glas mit Überfang aus Orange, Lind- und Dunkelgrün. In dieser hochkomplizierten Technik wurden einige der faszinierendsten Glaskunstwerke der Epoche hergestellt.

Art Deco

Glas des Art Deco verbindet sich vor allem mit dem Namen René Laliques (1860 – 1945). Obwohl seine Anfänge im Jugendstil liegen und er auch als Juwelier arbeitete, ragt er vor allen Dingen als Glaskünstler des Art Deco hervor.

Lalique ist vor allem für ein nebelhaft opalisierendes, blaues Glas bekannt, andere seiner Objekte sind aus farblosem Glas mit gegossenen oder geätzten Mustern. Er produzierte vor allem Lampen, Uhren, Parfümflaschen und Kühlerfiguren. Obwohl diese Objekte eine kommerzielle Massenware sind, sehen sie doch wie von Hand gearbeitet aus.

Auch Antonin Daum, der zuerst dem Stil Gallés gefolgt war, arbeitete im Art Deco. Daums pilzförmige Lampen stellen eine puristische Schlichtheit zur Schau. Auch die gläsernen Fische und klassischen Vasen von Emile Decorchement gehören dem Art Deco an.

Maurice Marinot nahm die Forderung der Bauhausnachfolger nach „Materialgerechtigkeit" auf und experimentierte mit neuen Glaseffekten, darunter auch einer Glasmasse mit Myriaden feiner Luftblasen. Zu Marinots begabtesten Nachfolgern zählen Henri Thuret und Henri Navarre.

René Laliques Kunst umfaßte Dosen (ganz oben), Schalen (oben), Parfümflakons (links außen), Vasen (links) und sogar Kühlerfiguren. Viele seiner Schalen und Vasen dienten eher zur Dekoration als zum Gebrauch, die Parfümfläschchen aber mußten zweckmäßig sein. Lalique lieferte Entwürfe für die führenden Pariser Firmen, darunter Roger & Gallet und Nina Ricci.

Irland

Vor 1780 ließ sich das irische Glas vom englischen nicht unterscheiden. Nach dieser Zeit paßten sich die Glasmacher den veränderten Verhältnissen an und entwickelten einen eigenen, lebendigen und üppigen Stil.

Die einzige irische Stadt, die vor 1780 in nennenswertem Umfang Luxusglas aus Bleikristall produzierte, war Dublin. Nachdem in diesem Jahre das englische Exportverbot für irisches Glas aufgehoben wurde, folgten viele Neugründungen irischer Glashütten, vor allem in Cork, Waterford und Belfast. Die bekanntesten Firmen waren Richard Williams & Co., Charles Mulvaney und Jeudwin, Lunn & Co. in Dublin, Benjamin Edwards, die Belfast Glass Works und Smyllie & Co. in Belfast sowie Waterford Glass House in Waterford (1784 – 1851), die den Namen „Waterford" gleichbedeutend machte mit fein geschliffenem Glas. In Cork war man stolz auf die Cork Glass Co., die Waterloo Glass House Co. (gegründet 1815) und die Terrace Glass Works. Einige dieser Firmen brachten Markenzeichen unter ihren Waren an, besonders bei Karaffen und Fingerschalen. Die irischen Betriebe arbeiteten weitgehend für den Export. Vieles ging nach Amerika, aber der Hauptabnehmer war England.

Irisches Glas der 80er und 90er Jahre des 18. Jahrhunderts ist meistens leicht getrübt. Im Klassizismus waren Deckelurnen beliebt, oft mit flachem Diamant-

oder Rautenschnitt. Irische Kerzenleuchter haben meistens ein tief eingeschnittenes Kleeblattmuster am Rand des Hohlschafts, in den die Kerze gesteckt wird, und der seinerseits auf einem Standfuß ruht. Die Tropfteller haben vertikale Rillen. Kennzeichnend für irische Vasen und Schalen ist ein umgeschlagener Rand. Karaffen, Schalen und Krüge haben oft flache Riefelungen am unteren Teil des Gefäßkörpers. Manche Karaffen aus der Firma Cork Glass Co. zeigen ein mandelförmiges Muster, das stark an schematisch gezeichnete, aneinandergelegte Fische erinnert. Fingerschalen wurden in sehr großen Mengen produziert.

Gebrauchsglas für die stark dem Alkohol zusprechenden unteren Klassen waren Krüge und Kannen, gelegentlich mit eingravierten Hopfendolden, Gerstenähren oder Weinreben. Typischer Dekor an Gläsern waren einfache eingeschliffene Muster, zumeist Sterne und Rauten, seltener Kleeblätter. Zu den weniger geläufigen irischen Glaswaren zählen die umgekehrt pilzförmigen Wäschesprenger, die kleinen, zwiebelförmigen Toddy-(Branntwein-) Karaffen mit einem Loch in der Basis und Hängeleuchter. Die Toddy-Karaffen funktionierten wie eine Pipette: Sie wurden durch das Loch in der Basis gefüllt, die Flüssigkeit wurde festgehalten, indem man einen Finger über die Halsöffnung legte. Auch Hukas (Wasserpfeifen) wurden produziert, ihre Wasserbehälter werden heute aber meistens als Karaffen benutzt.

Im 19. Jahrhundert wurde in die Form geblasenes Geschirr von der Industrie billig und in großen Mengen erzeugt. Seine Formen und Muster ahmen das frei geblasene und danach von Hand geschliffene Glas nach.

Im zweiten Viertel des 19. Jahrhunderts setzte der Niedergang der irischen Glasindustrie ein. Seit 1825 behinderte eine Glassteuer, ähnlich der 1745 in England erlassenen Glass Excise Act, die Ausfuhr irischen Glases. Zum endgültigen Niedergang führte seit den 30er Jahren die Konkurrenz des englischen Preßglases, das viel billiger als das irische mundgeblasene Glas hergestellt werden konnte. Irlands berühmteste Glashütte, Waterford Glass House, stellte 1851 den Betrieb ein.

Vier Salznäpfe und eine Teebüchse aus blauem irischem Glas, um 1785 – 1800. Irisches Glas zeigt oft schweren Schliffdekor wie an diesen Beispielen.

Links außen: Der herrliche Glaskandelaber mit Schliffdekor aus dem späten 18. Jh. zählt zu den schönsten Stücken der Waterford Glass Co.

Links: Zwei charakteristische Beispiele für irisches Glas. Die Deckelurne ist ein typisches Glasgefäß des Klassizismus. Die zeitgenössische Karaffe zeigt das mandelförmige Linienmuster, das vor allem die Cork Glass Co. verwendete.

Die Niederlande

Das holländische und flämische Glas ist eher für seine Veredelungstechniken als für seine Formgebung berühmt. Seine Formen waren eher abgeleitet als neu geschaffen, und so ist das meiste holländische Glas, das von italienischen Einwanderern stammte, die sich bereits 1541 in Antwerpen und 1569 in Lüttich niedergelassen hatten, zunächst vom venezianischen Glas kaum zu unterscheiden. Im frühen 17. Jahrhundert wurden viele Glashütten in Middelburg, Den Haag, Rotterdam und Amsterdam neugegründet. Die Familie Bonhomme aus Lüttich zum Beispiel gründete eine florierende Glasfabrik mit Zweigwerken in Huy und Maastricht. Damals entstand das Flügelglas mit schlangen- oder seepferdchenförmigem Schaft und flügelartigen Erweiterungen als in den Niederlanden besonders verbreitete Form.

Die meisten holländischen Familien besaßen wohl ein oder zwei Fadengläser und Scherzgläser mit silbernem Aufsatz, wie den Windmühlenbecher. Vielleicht in bewußter Reaktion auf die venezianische Leichtigkeit wandten sich die niederländischen Manufakturen bald einem neuen Glas in der Art des Engländers Ravenscroft zu. Um 1670 arbeiteten englische Kunsthandwerker in Haarlem, und 1680 produzierten die Bonhommes Flintglas im englischen Stil. Obwohl der ausgesprochen englische Zusatz, das Bleioxyd, fehlt, ähnelt das holländische Flintglas den Erzeugnissen von Ravenscroft.

Im 18. Jahrhundert wurden englische Waren in großem Umfang in Holland eingeführt. Importe trugen weitgehend zum Niedergang der holländischen Glasindustrie bei. Um 1771 produzierte nur noch eine Hütte in Herzogenbosch gutes Tischglas, alle anderen Betriebe waren zur Produktion von Fensterglas, Spiegeln und Flaschen übergegangen.

Gravur- und Schnittechniken

In den Niederlanden wurden hauptsächlich drei Veredelungstechniken gepflegt: die Gravur mit dem Diamantgriffel (um 1575 – 1690), der Glasschnitt mit dem Schneiderad (um 1690 – 1750) und das Stippen mit dem Diamantgriffel (um 1750 – 1800).

Die Niederlande waren zu Recht hochberühmt für ihre hervorragenden diamantgeritzten Gläser. Der Diamantriß wurde zu einem sehr beliebten Hobby, und viele der besten Arbeiten stammen von begabten Amateuren.

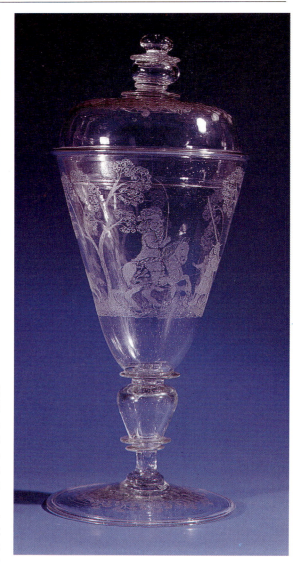

Das holländische Glas ist zu Recht berühmt für seinen feinen, geschnittenen und gravierten Dekor. Die drei Gläser aus dem späten 17. bis zum späten 18. Jh. zeigen drei verschiedene Techniken: Glasschnitt (oben links), gestippter Dekor (oben rechts) und Diamantgravur (rechts außen). Jede dieser Techniken hat eine leicht unterschiedliche Wirkung.

Anna Roemers Visscher (1583 – 1651) verband kalligraphische Inschriften und Blumen, Früchte und Insekten zu Dekoren, die nie übertroffen wurden. Ihre Arbeiten sind selten signiert. Besonders die von ihr gravierten grünen Römer werden hochgeschätzt. Ihre Schwester Maria Tesselschade van Schurman (1607 – 1678) schuf ähnlich bezaubernde Gravuren auf feinem Glas.

Weitere bekannte Graveure sind der äußerst kunstfertige Kalligraph Willem Jacobz. van Heemskerk (1613 – 1692), der sehr viele signierte und zwischen 1648 und 1690 datierte Flaschen hinterließ; der Monogrammist CJM oder CFM aus der Mitte des 17. Jahrhunderts (vielleicht Christoffel Jansz. Meyer aus Den Haag); und G.V. Nes und Willem Mooleyser (mit dem Monogramm WM), beide aus dem späten 17. Jahrhundert.

Im 18. Jahrhundert verdrängte der Glasschnitt, für den dickeres Glas benötigt wurde, die Diamantgravur. Ein prominenter Vertreter dieser Technik war der in Amsterdam tätige Jacob Sang, dem einige Gläser mit holländischen Marinelandschaften, Laub- und Bandelwerk und schön gearbeiteten heraldischen Motiven zugeschrieben werden.

Signierte Schnittgläser sind aus den Jahren 1752 – 1762 bekannt. In der zweiten Hälfte des 18. Jahrhunderts schnitt C.C. Schröder Porträts nach Stichen des 17. Jahrhunderts in flache Glasscheiben. Das Stippen mit der aufgesetzten Spitze des Diamantgriffels, die durch einen vorsichtigen Hammerschlag eingetrieben

wird, wurde möglicherweise durch Frans Greenwood aus Rotterdam zuerst technisch vervollkommnet. Seine datierten Arbeiten stammen aus den Jahren 1722 – 1755. Zeitgenossen Greenwoods, die ebenfalls in der Stipptechnik arbeiteten, waren Aert Schouman, tätig in den 50er Jahren, und G.H. Hoolart, dessen beste Arbeiten aus den Jahren um 1775 — 1780 stammen.

Gestippte Gläser werden auch als Wolff-Gläser nach dem Glasgraveur David Wolff bezeichnet. Die eigenhändigen Arbeiten von Wolff aus den Jahren 1784 – 1795 wirken, verglichen mit denen mancher seiner Nachfolger, eher schwerfällig. Im Stile Wolffs arbeiteten u.a. Willem Fortuyn, C. Adams und ein Monogrammist VH. Im 19. Jahrhundert gravierten bedeutende Glaskünstler wie Andries Melort (1779 – 1849) Glasscheiben im Stil der alten niederländischen Meister.

Skandinavien

Das älteste skandinavische Glas ist schwedischen Ursprungs. Es stammt aus dem 17. Jahrhundert, seither ist Schweden ein bedeutender Glashersteller geblieben. Norwegen begann 1741 eigenes Glas zu produzieren. Im späteren 18. Jahrhundert wurde Dänemark mit norwegischem Glas versorgt.

Schweden

Die ersten schwedischen Arbeiten, die sich erhalten haben, wurden bei Kungsholm Glasbruk in Stockholm (1676 – 1815) hergestellt. Die Glashütte war von dem Italiener G.B. Scapitta gegründet und nach 1678 von Schweden geleitet worden. Die ersten Gläser, die oft von geringer Qualität waren, gleichen venezianischen Exemplaren. Die Schäfte einiger Pokale sind in der Form der königlichen Initialen gestaltet. Als Knauf auf Pokaldeckeln wurden oft Königskronen angebracht, vielleicht als Anspielung auf das königliche Patronat der Hütte.

Im frühen 18. Jahrhundert machte sich böhmischer Einfluß in der Glashütte geltend. Die Schäfte der Trinkgefäße wurden kürzer und das Glas dicker.

Einige venezianische Züge blieben aber bestehen, so beispielsweise der gefalzte Fuß und der Hohlbalusterschaft. Der Glasschliff wurde durch den Deutschen Kristoffer Elstermann eingeführt, der 1698 nach Schweden kam. Er starb im Jahre 1721. Gravierter Dekor zeigte hauptsächlich Wappenmotive.

Die zweite schwedische Glashütte des 17. Jahrhunderts war Skånska Glasbruket (1691 – 1762). Anders als Kungsholm arbeitete Skånska nicht unter königlichem Patronat, und seinen Erzeugnissen fehlte deshalb auch der höfische Charakter, der Kungsholm in großem Maße auszeichnete. Skånska stellte hauptsächlich Gebrauchsglas her, erst im frühen 18. Jahrhundert wurde auch Luxusglas in die Produktion aufgenommen. Die späteren Erzeugnisse lehnen sich im Dekor stark an Kungsholm an. Das Glas dieser Manufaktur trägt einen recht volkstümlichen Charakter, patriotische Gefühle kommen in gravierten königlichen Monogrammen auf einfachem Gebrauchsglas zum Ausdruck.

Schwedens dritte historische Glashütte ist Kosta, in der Provinz Smaland; sie nahm im Jahre 1742 ihre Produktion auf und ist auch heute noch in Betrieb.

Oben links: Deckelschale, um 1750 – 1800, ein frühes Erzeugnis von Kosta Glasbruk.

Oben: Der Einfluß venezianischer Glasbläser auf Schweden erzeugte solche zierlichen Gefäße wie diesen Zeremoniepokal aus Kungsholm Glasbruk, spätes 17. Jh., dessen Schaft aus den königlichen Initialen gebildet wird.

Links außen: Jugendstilschale von Gunnar Wennerberg, Kosta Glasbruk, 1900. Das Muster besteht aus rotem und grünem Überfangglas.

145

Oben: Der Deckelbecher aus Orrefors, 1924, zeigt, zu welch feiner Gravurarbeit schwedische Glaskünstler fähig waren.

Zumeist wurde Haushaltsglas produziert, die bemerkenswertesten Stücke sind vielleicht kleine Kerzenleuchter.

Im frühen 20. Jahrhundert war Kosta neben Reijmyre die wichtigste schwedische Glasfirma. Man produzierte in beiden Werken Jugendstilglas, u.a. von Künstlern wie Gunnar G. Wennerberg und Alf Wallender, deren Überfangglas mit zwei oder mehr verschiedenfarbigen Glasschichten stark vom französischen Glaskünstler Emile Gallé beeinflußt war. In der Glashütte in Orrefors wurde gutes Art-Deco-Glas hergestellt.

Norwegen

Die norwegische Glasindustrie wurde 1741 durch königliches Dekret in Nöstetangen gegründet. Der Stil der Anfangszeit war deutsch. Im Jahre 1753 fand eine gründliche Erneuerung dieses Gewerbezweigs statt. Weitere Glashütten wurden errichtet, um sowohl Dänemark als auch Norwegen zu versorgen. In Nöstetangen beschäftigte man ausgezeichnete deutsche Handwerker, außerdem den Engländer James Keith aus Newcastle-upon-Tyne. Eine neu eingerichtete Werkstatt für Glasschnitt stand unter der Leitung des Deutschen Heinrich Gottlieb Köhler, eines glänzenden Künstlers, der in schlesischem Stil arbeitete. Zuvor war er in der Manufaktur in Kopenhagen tätig gewesen.

Nöstetangen produzierte während seiner Blütezeit (1760 – 1770) zwei verschiedene Glassorten: ein farbloses, rosastichiges, von Luftblasen durchsetztes Sodaglas und ein teureres Bleikristall nach englischem Vorbild. In diesem Material wurden Gläser mit Balusterschaft wie in Newcastle hergestellt, größere Gefäße haben oft aufgelegte Glasfäden und eine plastisch modellierte Oberfläche.

Bei der Schließung des Betriebes im Jahre 1777 wurde die Produktion von Kristallglas nach Hurdals Verk verlegt. Hier ging man vom Rokoko zum Klassizismus über, und auch Farbglas wurde hergestellt. Als auch Hurdals Verk 1809 den Betrieb einstellte, verlegte man die Produktion zu der weniger anspruchsvollen Glashütte Gjovik Verk, die bis 1847 bestand.

Spanien

Katalonien

Katalonien bildete schon früh den Mittelpunkt der spanischen Glasindustrie. Zwischen 1500 und 1650 war das in venezianischer Art geblasene Glas aus Katalonien sehr geschätzt, obgleich es nicht so dünn und transparent war wie die italienischen Vorbilder. Venezianische Veredelungstechniken wie Eisglas und Fadenglas wurden nachgeahmt. Einige Gefäßformen kommen nur in Katalonien vor, darunter umgekehrt glockenförmige Deckelkrüge, schalenförmige Weihwasserkessel und der Rosenwassersprenkler mit vier Sprühöffnungen *(almorratxa)*. Die Blütezeit des katalonischen Glasgewerbes endete um 1650. Anstelle der venezianischen Gefäße traten bodenständig spanische Formen wie *cántir* und *porrón* (Trinkflaschen mit langer Tülle). Die *almorratxa* des 18. Jahrhunderts hat einen langen Flaschenhals und kürzere Sprühöffnungen als die älteren Formen.

Südspanien

Die Glasmacher von Almeria, Castril und Cartagena entlehnten ihre Formen der maurischen Kultur. Es wurde kein Kristallglas hergestellt. Das Glas ist meistens grün, voller winziger Luftblasen und von arabischem Stil. Die Gefäße haben kurze, enge Hälse und einen ausladenden, in der Mitte eingezogenen Bauch. Manchmal legte man einen dicken Faden rund um den Hals. Der venezianische Einfluß reichte jedoch bis nach Sevilla, und hier entstanden Gefäße *à la façon de Venise.* Doch seit dem frühen 18. Jahrhundert beherrschte auch hier, ebenso wie in Venedig, das böhmische Bleikristall die Glasindustrie. Seit der Mitte des 18. Jahrhunderts geriet der Süden unter den Einfluß Kataloniens.

Kastilien

Ein wichtiges Zentrum der Glasindustrie war im frühen 16. Jahrhundert Cadalso in der Provinz Madrid. Im 17. Jahrhundert wanderten italienische und flämische Glasbläser ein, viele gingen nach Kastilien. 1608 wurde unter Leitung des venezianischen Glasbläsers Domingo Barovier im Escorial ein Glasofen gebaut. Der italo-flämische Guglielmo Toreata eröffnete 1689 in Castilla la Nueva eine Glashütte.

Die meisten Werke in und um Madrid stellten derbe Nachahmungen venezianischen Glases her. Der Niedergang begann um 1700, als unter Philipp V. der Glasschnitt eingeführt wurde. In den Jahren 1720 bis 1728 fertigte Juan de Goyeneche geschnittene Gläser in Nuevo Baztán an.

San Ildefonso

Der katalonische Glasmacher Ventura Sit errichtete im Jahre 1728 in San Ildefonso, beim Palast von La Granja, einen Glasofen. Philipp V. beauftragte ihn mit der Herstellung großer Spiegel für den Palast. Aus Deutschland und aus Schweden kamen später eine ganze Anzahl weiterer Handwerker nach San Ildefonso, darunter auch Sigismund Brun aus Hannover, der im späten 18. Jahrhundert sehr schön gearbeitete Kristallgläser anfertigte.

San Ildefonso erzeugte Gefäße aus farbigem und aus Milchglas mit goldenen Blumenmustern. Der San-Ildefonso-Krug hat eine arabische Gefäßform mit konischem Deckel und einem pilzförmigen Knauf und ist mit Emailfarben bemalt.

Im frühen 19. Jahrhundert geriet die königliche Glashütte von San Ildefonso unter den starken Konkurrenzdruck des englisch-irischen Glases und mußte 1829 ihre Pforten schließen.

Ganz links: Ein porrón *aus Katalonien, 18. Jh., von typisch spanischer Form. Die Fadenglasverzierung am Hals verrät jedoch venezianischen Einfluß.*

Links: Das katalonische Essigkännchen des 16. Jh. und der Weinkrug des 18. Jh. wirken weniger verfeinert als der Krug mit Vergoldung, ein typisches Erzeugnis aus San Ildefonso im 18. Jh.

Venedig

Die Anfänge der venezianischen Glasindustrie liegen im Dunkeln. Mit Sicherheit arbeiteten dort Glasbläser schon im 11. Jahrhundert, und im 13. Jahrhundert waren sie zahlreich genug, um eine Gilde zu bilden. Wegen der Feuergefahr ihrer zahlreichen Öfen mußten sie von der Stadt auf die Laguneninsel Murano auswandern.

Wahrscheinlich entwickelten die Venezianer schon vor dem 15. Jahrhundert ein Verfahren, um Glas mittels Mangan zu entfärben; auf Murano wurde schließlich das völlig klare *cristallo* hergestellt. Diese Neuheit war sofort hochbegehrt, und im 16. Jahrhundert belieferte Venedig ganz Europa mit seinem Glas. Das venezianische Monopol hätte vielleicht weiterhin bestanden, hätten nicht italienische Auswanderer wie Jacopo Verzelini in London auch andernorts Glas *à la façon de Venise* hergestellt.

Obwohl deutlich klarer als das übrige Renaissanceglas, hat das venezianische *cristallo* fast immer einen leicht rauchig-braunen Ton. Farbiges Glas wurde in Grün, Blau und Purpur hergestellt, um Halbedelsteine – Onyx, Achat und Chalzedon – zu imitieren. Bis zum späten 15. Jahrhundert ahmten die Gefäßformen das zeitgenössische Silber nach. Das venezianische sodahaltige Strandglas bleibt noch im Abkühlen gut formbar und eignet sich daher zur Bearbeitung mit Zangen und Pinzetten. Diese Tatsache machte man sich im 16. Jahrhundert zunutze und stellte phantasievolle Gefäße her wie die Flügelgläser mit einem Seepferdchen als Schaft. Die Gefäßkörper waren dynamisch gewellt, „zerknittert" oder flammenartig gezackt. Die phantasievollsten, extravagant barocken Stücke stammen aus dem 17. Jahrhundert. Einfachere Gefäße waren für den Export bestimmt.

Die typischste venezianische Ziertechnik ist das *latticino*, bei dem Milchglasfäden in das klare Glas eines Kelchglases, einer Kanne oder einer *tazza* (flache Schale auf hohem Schaft) eingebettet werden. Beim Netzglas *(vetro a reticello)* sind die Milchglasfäden rautenförmig gekreuzt, beim Fadenglas *(vetro a retorti)* verlaufen die Fäden kunstvoll miteinander verflochten in parallelen, aufgeschmolzenen Stäben. Gelegentlich wurden auch Farbglasfäden verwendet. Seltener ist das Eisglas mit einem Netz zufällig verlaufender, feiner Craqueluren. Es entsteht durch

Der Deckelpokal aus cristallo *mit der typischen Emailbemalung ist ein gutes Beispiel für das hochgeschätzte venezianische Glas des 15. und 16. Jh.*

kurzes Eintauchen des noch heißen Glases in Wasser und erneutes Erhitzen.

Auch Emailbemalung wurde angewandt, besonders auf Wappengläsern. Sehr gut geeignet war hierfür das weiße Milchglas *(lattimo)*, mit dem man im 17. und 18. Jahrhundert versuchte, das teure Porzellan zu ersetzen. Die Bemalung war im Stil von Porzellan gehalten, manchmal zeigte sie Ansichten von Venedig nach dem Maler Canaletto. Glasschnitt ist selten, vielleicht weil man in erster Linie auf die Klarheit des *cristallo* Wert legte.

Im 18. Jahrhundert setzte der Verfall des venezianischen Glases ein. Das böhmische und schlesische Kristallglas war zu einer starken Konkurrenz geworden, und 1736 erhielt Guiseppe Briati ein Patent zur Herstellung von Glas nach böhmischer Art. Die venezianische Glasindustrie wurde schließlich für eine Weile durch das englische und irische Schliffglas verdrängt.

In der Mitte des 19. Jahrhunderts wurde das alte venezianische Glas jedoch wiederentdeckt. Antonio Salviati zum Beispiel nahm den Renaissancestil wieder auf, wenn auch in etwas sentimentaler Weise. Andere Kunsthandwerker ahmten das Glas des 17. und 18. Jahrhunderts nach. So erlangte Murano wieder einen Teil seiner früheren Bedeutung zurück und ist bis auf den heutigen Tag immer noch ein wichtiges Glaszentrum.

Emailbemalung, in Venedig schon vor dem 15. Jh. geübt, wurde in späteren Epochen wieder aufgenommen. Oben: Die Flasche aus der Mitte des 18 Jh. zeigt Emailmalerei auf farblosem Glas.

Oben, links außen: Eine typisch italienische tazza *in* latticino-*Technik. Die in farbloses Glas eingebetteten Milchglasfäden sind hier spiralig gedreht.*

Unten, links außen: Der Teller aus Milchglas mit Emailbemalung, 18. Jh., könnte fast für Porzellan gehalten werden.

Links: Die Virtuosität der italienischen Glasbläser des 16. Jh. lebt in dem reichverzierten Deckelbecher von Antonio Salviati, 1869, wieder auf.

Uhren

Die Entwicklung der ersten mechanischen Uhren bedeutete einen
großen Fortschritt gegenüber einfachen Zeitmessern wie Sonnen- oder Wasseruhren.
Mit reichen Verzierungen geschmückt, wurden sie, über
ihre Funktion hinaus, zu dekorativen Ausstattungsstücken oder, im Falle
der Taschenuhren, zu persönlichen Schmuckstücken.
Einer einfachen Einführung in die Mechanik der Uhr folgt hier ein kurzer historischer
Abriß über die Uhrmacherkunst in sechs Ländern.

Wie Uhren funktionieren

Die frühesten Zeitmesser, wie Sonnen- und Wasseruhr, hatten noch kein mechanisches Gangwerk. Es ist nicht bekannt, wann Räderuhren erstmals in Gebrauch kamen. Dante beschreibt 1321 in seinem *Paradiso* eine Schlaguhr, und eine astronomische Uhr gab 1350 in Straßburg die Zeit an.

Die Antriebskraft einer Uhr beruht auf Gewichten oder Federn. Sie überträgt sich auf ein System ineinandergreifender Zahnräder, die ihrerseits die Zeiger drehen. Ein wichtiger Bestandteil ist die Hemmung, die die Kraftübertragung in einer bestimmten Geschwindigkeit steuert und auf diese Weise einen präziseren Gang der Uhr gewährleistet (vgl. untenstehendes Schema).

Es gibt Spindel- und Ankerhemmung. Bis ca. 1670 wurde meist die Spindelhemmung angewandt. Die früheste Form eines Gangreglers war ein waagerechter Balken (Waagbalken, Foliot), an dessen Enden verschiebbare Gewichte angebracht waren. Der Waagbalken war an der senkrechten Spindel befestigt. Diese hatte zwei rechtwinklig zueinander stehende Lappen, die beim Hin- und Herschwingen des Balkens abwechselnd in die vorstehenden Zähne des Gangrads (Kronrad) eingriffen. Bei jeder Rückschwingung konnte das Kronrad um einen Zahn weiterrücken. Der Waagbalken wurde später durch ein Schwungrad (Unruh) ersetzt (a).

Die Verwendung einer aufgezogenen Spiralfeder als Antrieb (erstmals im 15. Jahrhundert erwähnt) anstelle von Gewichten ermöglichte die Entwicklung tragbarer Tischuhren. Die Schwierigkeit bei Federuhren bestand im Ausgleich des allmählich abnehmenden Zugs der Feder. Frühe deutsche Uhrmacher benützten hierfür eine Federbremse. Einfacher und wirksamer war jedoch die „Schnecke", ein kegelförmiger Körper (c). Dieses Prinzip wurde um 1460/70 erfunden und wird noch heute benutzt. Die „Schnecke" ist durch eine kurze Darmsaite oder Metallkette mit der Walze verbunden, auf der die Feder sitzt.

Bis Mitte des 17. Jahrhunderts waren die täglichen Genauigkeitsschwankungen nur bei wenigen Uhren geringer als eine Viertelstunde. Der Minutenzeiger wurde erst nach der Mitte des 17. Jahrhunderts eingeführt, als die Zeitmessung große Fortschritte machte. Dieser Fortschritt war die Einführung des Pendels 1657 durch Christiaan Huygens. Da das Pendel in einem gleichmäßigen Rhythmus schwingt, bewegt sich die Unruhe ebenfalls gleichmäßig. Die meisten älteren Uhren wurden damals umgebaut, und wenige behielten den alten Waagbalken. Anfangs wurde das Pendel mit einer Spindelhemmung benutzt, aber bald darauf erfanden englische Uhrmacher die Ankerhemmung, die längere Pendel zuließ (b). Dadurch verlangsamten sich die Schwingungen, und die Abweichungen wurden verringert. Bodenstanduhren mit langem Pendel und Gehäuse waren deshalb beliebt. Um Längenschwankungen des Pendels bei Temperaturwechsel auszugleichen, wurden verschiedene Kompensationssysteme, wie das Rost- und das Quecksilberpendel, erfunden.

Konsol- (Bracket-) Uhren waren, wie der Name sagt, ursprünglich dafür entworfen, auf einer – manchmal passend angefertigten – Wandkonsole zu stehen, sie wurden aber auch an jedem anderen geeig-

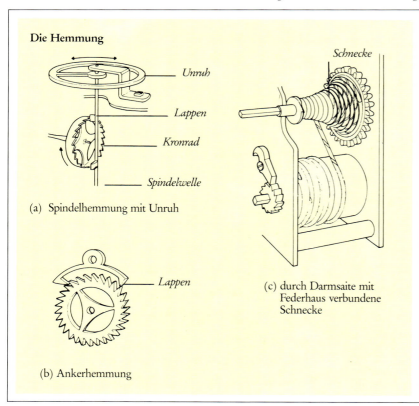

Die Hemmung

Unruh
Lappen
Kronrad
Spindelwelle

(a) Spindelhemmung mit Unruh

Lappen

(b) Ankerhemmung

Schnecke

(c) durch Darmsaite mit Federhaus verbundene Schnecke

Links: Bracket-Uhr mit ebenholzfurniertem Gehäuse von Thomas Tompion, um 1680. Auf der gravierten Rückplatine (oben, links außen) Tompions Signatur. Der Mechanismus hinter der Rückplatine (unten, links außen) zeigt die Spindelhemmung.

Unten: Die ebenholzfurnierte Bracket-Uhr von Joseph Knibb, um 1675, hat die grande sonnerie, deren Schlagfolge alle fünfzehn Minuten die volle und die Viertelstunde anzeigt.

neten Platz abgesetzt. Meistens haben sie Tragegriffe, um sie von einem Zimmer ins andere zu transportieren. So wurde die Konsoluhr, als Wandkonsolen außer Mode kamen, zur Kaminuhr, weil sie oft einen zentralen Platz auf dem Kaminsims einnahm. Wegen ihrer Transportierbarkeit hielten diese Uhren noch hundert Jahre lang an der Spindelhemmung fest, nachdem bereits die Ankerhemmung erfunden war, die eine genauere Ausrichtung verlangte.

Auch die Entwicklung des Schlagwerks forderte die Erfindungskraft der Uhrmacher heraus. Bis ca. 1675 wurde das Schlagwerk durch das Schloßscheibensystem geregelt, eine Scheibe mit Ausschnitten für den Schlagablauf. Seine Schwäche besteht darin, daß Schlag- und Uhrzeit aufeinander eingestellt werden müssen und voneinander abweichen können. Dieses Problem wurde 1676 durch Edward Barlows Rechenschlagwerk gelöst. Dabei bestimmt eine Stundenstaffel beim Auffallen des T-förmigen, gezahnten Rechenhebels die Stundenschlagzahl. Er war über eine Nocke mit den Zeigern verbunden, der höchste Umlaufpunkt des Stundenzeigers entsprach ein Uhr, sein niedrigster zwölf Uhr. Um 1660 kam der Vierviertelschlag *(grande sonnerie)* auf, bei dem alle fünfzehn Minuten die volle und die Viertelstunde angeschlagen wurde.

England

In England ist man stolz darauf, die beiden ältesten mechanischen Uhren der Welt zu besitzen. Die älteste befindet sich noch heute an ihrem angestammten Platz in der Kathedrale von Salisbury; die zweitälteste, 1392 für die Kathedrale von Wells gearbeitet, befindet sich heute im Science Museum in London. Über die weitere Entwicklung der englischen Uhrmacherkunst ist bis zum 16. Jahrhundert nur wenig bekannt.

Die ältesten für Sammlungen noch verfügbaren Uhren reichen zurück in die Zeit Elisabeths I. (1558 – 1603). Um 1600 wurde die Laternenuhr sehr beliebt. Die Bezeichnung beruht auf einer Entstellung des englischen Wortes *latten* für Messing, sie paßt allerdings auch zu dem laternenartigen Gehäuse dieses Uhrentyps. Die Ziffern waren auf dem Ziffernring eingraviert, und nur ein einziger Zeiger gab die Stunde an. Für den Stundenschlag war gewöhnlich eine halbkugelige Glocke aufgesetzt. Bis zur Einführung des Pendels im Jahre 1657 besaß die Laternenuhr eine Spindelhemmung.

Karl I. bewilligte 1631 die Gründung einer Uhrmacherzunft mit strenger Qualitätskontrolle in London. Die ersten englischen Pendeluhren wurden 1658 hergestellt. Gelegentlich erhielt das Pendel ein eigenes Gehäuse, und hieraus entwickelte sich die Bodenstanduhr.

Neben ihrer eigentlichen Funktion – der Zeitangabe – wurde die Bodenstanduhr zu einem wichtigen Möbelstück. Auf die Gestaltung von Gehäuse, Bekrönung und Zifferblatt verwandte man viel Aufmerksamkeit, und Form und Ornamente folgten den allgemeinen Modeströmungen.

Die frühesten Bodenstanduhren aus der Zeit um 1670 haben meistens ein Gehäuse aus Eichenholz und sind nur knapp zwei Meter hoch. Das Pendelgehäuse war meistens schmal und der Uhrenkopf hatte eine schlichte architektonische Form. Um 1675 – 1680 erhielt das Eichengehäuse manchmal ein Furnier aus Ebenholz oder Nußbaum, und zu beiden Seiten des Zifferblatts wurden gedrehte Säulen angebracht. Die besten Kabinettmacher wurden nun mit Uhrgehäusen beauftragt.

Im späten 17. Jahrhundert hatten Standuhren eine Höhe von über 2,30 Metern oder mehr erreicht. Das Gehäuse hatte oft ein rundes oder ovales verglastes

Rechts: Eine typische Laternenuhr des 17. Jh. mit nur einem Zeiger, graviertem Zifferblatt und einer halbkugeligen Glocke. Die durchbrochene Schmuckplatte über dem Zifferblatt, häufig mit Delphinen wie an unserem Beispiel, gehört zu den typischen Merkmalen der Laternenuhr.

„Bullauge", durch das man den Pendelschlag beobachten konnte.

Vom späten 17. Jahrhundert bis gegen 1715 hatten die Gehäuse Marketerien, am Anfang Blumenmotive nach holländischem Muster, dann das feinere, abstrakte und typisch englische „Seetang"-Muster. In den ersten beiden Jahrzehnten des 18. Jahrhunderts wuchsen die Uhren zur bemerkenswerten Höhe von 2,40 Metern oder mehr an, und die gesamten Holzteile überzog die Seetangmarketerie. Bis um 1760 waren Uhren in Lackarbeit populär, bis 1770 blieb

*Links: Drei Bodenstand-
uhren mit Blumenmarkete-
rie und Austernfurnier
(links), furniertem Band-
muster (Mitte) und Lack-
arbeit (rechts). Die beiden
älteren Stücke aus dem
17. Jh. (links und Mitte)
haben gedrehte Säulen
neben dem Zifferblatt, die
spätere Uhr aus der Mitte
des 18. Jh. zeigt den neu
aufgekommenen Segment-
bogen über dem Ziffer-
blatt.*

*Unten: Messing, wie bei
diesem Zifferblatt von
Joseph Windmills, war das
übliche Material für Zifferblätter vom 16. bis zum
späten 18. Jh. Dann kamen
emaillierte und eiserne
Zifferblätter auf.*

aber Walnuß das beliebteste Material. Danach verdrängte das Mahagoni als teures Modeholz alle anderen Oberflächenmaterialien.

Die modische Entwicklung zeigte sich besonders
deutlich am Uhrenkopf: Seit ca. 1660/70 hatte er
einen Giebelaufsatz, seit ca. 1670, als zugleich gewundene Säulen neben dem Zifferblatt aufkamen, wurde
er flacher, um 1675 erhielt er eine Bekrönung und
schließlich um 1720 einen bogenförmigen Abschluß.
Große Mode wurde seit 1720 ein Typus mit einem
Segmentbogen über dem rechteckigen Zifferblatt.

Diesen freien Raum benutzte man, um einen Hebel
zum Abstellen des Schlagwerks oder ein Schildchen
mit dem Namen des Uhrmachers anzubringen, etwas
später setzte man hier ein Zifferblatt für den Mond-
phasenwechsel ein.

Nachtuhren, an denen man im Dunkeln die Stunde
ablesen konnte, gab es als Tisch- und Bodenstanduhren vom 17. Jahrhundert bis um 1850. Die frühesten hatten eine Öllampe hinter einer halbkreisförmi-
gen Öffnung und ein reich bemaltes Zifferblatt; sie
wurden von der Repetieruhr verdrängt, die auf einen

*Die beiden reichver-
zierten Bracket-Uhren sind
aus der ersten Hälfte des
18. Jh. Die Uhr links, um
1715, hat ein Schildpatt-
gehäuse mit Silberbe-
schlägen und Tragegriff. Die*

*rechte Uhr, um 1735, hat
ein architektonisches
Gehäuse mit Tragegriffen.
Sie ist eine Musikuhr, alle
drei Stunden spielt sie eine
von sechs verschiedenen
Melodien.*

Zug an einer Schnur die Uhrzeit auf die Viertelstunde genau schlug.

Die tragbaren Bracket- oder Konsol-Uhren weisen oft einen Handgriff auf, und manche hatten ursprünglich eine Konsole (*bracket*), auf der sie an der Wand befestigt wurden. Um 1675 hatten ihre messingenen Zifferblätter und Rückplatinen oft gravierte Tulpenmuster im holländischen Stil. Um 1750 wurde das emaillierte Zifferblatt eingeführt. Im späten 18. Jahrhundert bekamen Bracket-Uhren oft einen durchbrochen verzierten, vergoldeten Metallaufsatz (*basket top*).

Das Goldene Zeitalter der englischen Uhrmacherkunst waren die Jahre von 1650 bis 1740. Das Genie unter den Uhrmachern war Thomas Tompion (tätig 1671 – 1713), der unter anderem Uhren mit immerwährendem Kalender unter Berücksichtigung der kurzen Monate und der Schaltjahre herstellte.

Zu den übrigen bedeutenden englischen Uhrmachern zählen Daniel Quare (1674 – 1724), die Familie Fromanteel, deren Mitglieder in den Jahren von 1625 bis 1725 hervortraten, Edward East (1627 – 1697), George Graham (1674 – 1751), Joseph Windmills (1671 – 1725) und Joseph Knibb (ca. 1650 – 1710), sämtlich in London tätig.

Das Uhrmachergewerbe blühte aber auch in den englischen Provinzen. Im 17. und mehr noch im 18. Jahrhundert entstanden Bodenstanduhren und Bracket-Uhren in vielen verschiedenen Städten. Auch sie folgten dem Wandel des allgemeinen Geschmacks, wenn auch mit einer zeitlichen Verzögerung von Jahren, manchmal Jahrzehnten zwischen London und dem flachen Land. So wurden zum Beispiel Bodenstanduhren, die in London schon seit ca. 1720 – 1740 außer Mode gekommen waren, in der Provinz noch

THOMAS TOMPION 1639 – 1713

Tompion war ursprünglich Grobschmied; 1664 ging er zu einem Londoner Uhrmacher in die Lehre, und 1671 wurde er in die Uhrmacherzunft aufgenommen. Innerhalb von fünf Jahren erwarb er sich ein so großes Ansehen, daß man bei ihm die Uhren für das neue königliche Observatorium in Greenwich in Auftrag gab, für die höchste Genauigkeit unerläßlich war. Tompion war der erste Uhrmacher, der bei seinen Uhren und Taschenuhren mehr Wert auf die Präzision des Uhrwerks legte als auf ihre äußere Erscheinung.

bis ins 19. Jahrhundert hergestellt. Zu den bedeutenden Uhrmachern außerhalb Londons im 18. Jahrhundert gehören William Barker († 1786) in Wigan, Thomas Lister (1745 – 1814) in Halifax und Thomas Mudge (1715 – 1784) aus Westengland, der auch in London arbeitete.

Zur Zeit des Regency (1800 – 1830) hatte sich bereits eine Arbeitsteilung zwischen Uhr- und Gehäusemachern vollzogen. Uhrwerke wurden nicht mehr für spezielle Gehäuse gearbeitet. Stattdessen bekamen identische Gehäuse oft Gehwerke von vielen verschiedenen Uhrmachern.

Einer der großen und führenden Uhrmacher des frühen 19. Jahrhunderts, der sicherlich letzte vom alten Schlag, war Benjamin Lewis Vulliamy (1809 – 1854), der in London seine Werkstatt betrieb. Er übernahm für seine Gehäuse eine ganze Reihe französischer historisierender Stile von Boulle-Arbeit und vergoldeten Bronzemontierungen im Stil Ludwigs XIV. bis zu den Porzellan- und Marmorgehäusen des französischen Klassizismus.

Als Zimmerschmuck erfreute sich im 19. Jahrhundert die Skelettuhr, deren gehäuseloses Werk unter einem Glassturz offen sichtbar zutage tritt, einer ganz besonderen Beliebtheit. Seit den 30er Jahren des 19. Jahrhunderts beeinflußte die Neugotik die Gestaltung der Uhrengehäuse.

Die Faszination der Skelettuhr – hier ein Beispiel aus dem 19. Jh. – beruht eher auf dem offen sichtbaren Mechanismus denn auf einem dekorativen Gehäuse.

Frankreich

Aus dem 16. Jahrhundert sind noch einige kleine, in Frankreich hergestellte Federuhren vorhanden. Die Uhrmacher benützten häufig Silber und sogar Gold, aber die meisten dieser Stücke wurden wegen ihres Edelmetalls zerstört.

Am verbreitetsten war eine sechseckige Tischuhr mit einer Säule an jeder Ecke und einer durchbrochenen Kuppel über der Glocke. Dieser Typus wurde in der Zeit von 1590 bis 1610 durch eine viereckige Form verdrängt.

Frühe Pendeluhren ahmten holländische Vorbilder nach. Unter Ludwig XIV. wurde die sog. *pendule religieuse* mit kunstvollem Schildpattfurnier und mit Silber- und Messingintarsien verziert. Der prachtvollste Dekor stammte von dem berühmten Kunsttischler André-Charles Boulle. In den 90er Jahren des 17. Jahrhunderts brachte man für jede Stundenzahl ein Emailplättchen auf dem Zifferblatt an.

Im frühen 18. Jahrhundert wurde die Piedestaluhr – oft ein wundervolles Möbelstück – Mode. Die Franzosen stellten nur wenige Bodenstanduhren *(régulateurs)* her. Die meisten heute noch existierenden Stücke stammen aus der Provinz. Viel typischer waren Wanduhren mit einer passenden Konsole und einem in der Mitte eingezogenen Gehäuse sowie der *cartel*, eine heute seltene Wanduhr ohne Konsole. Ferner wurden Uhren in Luxusmöbel eingebaut. Die Gehäuse waren fast immer mit einer allegorischen oder mythologischen Figur (die Zeit mit Sense; Diana) aus vergoldeter Bronze bekrönt.

Während der Regierung Ludwigs XV. (1723 – 1774) wurde das Gehäuse mit Rokoko-Ornamenten (Bänder, Muscheln, Blumen) reich verziert, während das Werk standardisiert war. Häufig verwendete man für die Gehäuse Porzellan mit Goldbronzebeschlägen.

Den Uhrwerken dieser Zeit wurde Energie durch eine Trommel zugeführt, von der sich eine Darmsaite langsam abspulte; der erstaunliche Mechanismus wurde durch ein Kronrad mit eingeschnittenen Zähnen reguliert. Das 18. Jahrhundert war auch eine Zeit der großen technischen Erneuerungen, u.a. durch Julien Le Roy (1686 – 1759) und seinen Sohn Pierre Le Roy (1717 – 1785) und Jean André Lepaute.

In der klassizistischen Epoche Ludwigs XVI. (1774 – 1793) wurden Marmor und Biskuitporzellan (unglasiertes Porzellan) für Gehäuse verwendet. Urnen, Tier- und Menschenfiguren gehörten zu den beliebtesten Dekormotiven. Die Wanduhren (mit und ohne Konsole) wurden von Kaminsimsuhren abgelöst. Besonders elegant war die lyraförmige Uhr. Im Empire wies der Dekor oft ägyptische Motive in Flachrelief auf.

Frankreich ist besonders für seine Reiseuhren aus der Zeit von 1770 bis 1910 bekannt. Vorgänger waren die *pendules d' officier*, die vor allem von reisenden Offizieren benützt wurden. Die Reiseuhren im engeren Sinn hatten rechteckige, vergoldete Gehäuse mit einer Glasscheibe, ein quadratisches Zifferblatt und ziemlich große Tragegriffe. Sie waren sparsam verziert. Am begehrtesten sind ganz kleine Stücke, besonders wenn sie einen Wecker besitzen. Einige der ältesten wurden von einem der besten in Frankreich tätigen Uhrmacher, Abraham Louis Breguet (1747 – 1823), hergestellt.

Oben: Emaillierte Ziffernplättchen auf einer Uhr des 18. Jh. Zifferblätter dieser Art wurden um 1690 eingeführt.

Rechts: Ein schönes Beispiel für eine pendule, *um 1695, mit einem Gehäuse von André-Charles Boulle mit vergoldeter Bronze und besonders kostbaren Einlagen, für die Boulle berühmt war.*

Eine bemerkenswerte Uhr der Provinz war die Morbier-Wanduhr mit hängender Spindelhemmung, die seit dem Ende des 18. Jahrhunderts im französischen Jura in großen Mengen angefertigt wurde und sich lange auf dem Markt hielt. Der Stundenschlag erfolgte doppelt (das zweite Mal zwei Minuten nach dem ersten Schlag). Außerdem gab das Schlagwerk nach französischem Brauch auch die halbe Stunde mit einem Schlag an.

Die Revolution brachte das französische Uhrmachergewerbe nicht völlig zum Erliegen. Breguet zum Beispiel produzierte weiterhin komplizierte Uhren und Taschenuhren. Andere Uhrmacher verwandelten das Gewerbe in einen französischen Industriezweig: So wurden Reiseuhren in großer Zahl exportiert, besonders nach England.

Der Stil des frühen 19. Jahrhunderts war konservativ. Uhren mit Figuren in vergoldeter Bronze blieben weiterhin in Mode, aber gleichzeitig kamen neue Typen wie *mysterieuse* und Skelettuhr auf. Die *mysterieuse*, bei der Zeiger und Uhrwerk in keinem erkennbaren Zusammenhang stehen, gab es in verschiedenen Formen, z.B. mit einer Figur, die über dem Gangwerk steht und das scheinbar frei schwingende Pendel hält, oder mit Zifferblatt, das auf einer durchsichtigen Säule über dem Gangwerk ruht. Das andere Extrem war die Skelettuhr mit offenliegendem Mechanismus unter einem Glassturz.

In Frankreich trat die Funktion der Uhr als Zeitmesser oft hinter dem überreich verzierten Gehäuse zurück. Oben: Die Cartel-Uhr aus der Zeit Ludwigs XV. schmücken Figuren und reiches Rokoko-Ornament. Dagegen verkörpern die beiden Louis-seize-Kaminuhren (oben links und links) Leichtigkeit und Eleganz. Trotz ihrer dekorativen Elemente wirkt die Louis-seize-Standuhr mit dem Mahagonigehäuse und den sparsamen Bronzebeschlägen nüchtern (oben Mitte).

Die Niederlande, Deutschland, Österreich und die Schweiz

Die Niederlande

Nach der Erfindung des Pendels wurden in den Niederlanden zahlreiche Bodenstand- und Stutzuhren gebaut, besonders typisch sind: *Zaandam-* (*Zaanse-*), *Staart-* und *Stoelklok*.

Die *Zaandamklok*, eine Bodenstanduhr, wurde von ca. 1680 bis in die Mitte des 18. Jahrhunderts nordwestlich von Amsterdam gebaut. Sie hat eine besondere Schlagfolge: bei jedem Halbstundenschlag wird zusätzlich auch die vergangene volle Stunde auf einer anders gestimmten Glocke angezeigt. Die *Zaandamklok* hat einen geschwungenen Pendelkasten mit vorspringenden Voluten an der Basis, der Uhrenkopf ist in aller Regel von gedrehten Säulen gerahmt. Sie ist zumeist mit birnförmigen Gewichten und runden Gegengewichten ausgestattet. Der Ziffernring sitzt auf einem samtbezogenen Zifferblatt.

Die *Staartklok* ist eine Wanduhr, deren Pendel durch einen flachen Pendelkasten geschützt wird, der aber nicht bis auf den Boden reicht und sich unten in charakteristischer Weise verbreitert. Der Typus wurde während des 18. Jahrhunderts in Friesland entwickelt und bis zur Mitte des 19. Jahrhunderts sehr zahlreich gebaut. Das Uhrwerk läuft mit Ankergang. Der halbkreisförmige Bogen über dem Zifferblatt ist farbig bemalt, häufig mit Landschaftsmotiven, oder er zeigt bewegliche Figuren und Gegenstände.

Die *Stoelklok*, ebenfalls eine Wanduhr, trägt ihren Namen nach dem fest unter dem Boden montierten Wandbrett, das vage an einen Hocker (*Stoel*) erinnert. Sie wurde bis ins 19. Jahrhundert im holländischen Friesland, aber auch im benachbarten deutschen Nordfriesland gebaut. Wie auch bei der *Zaandamklok* hat das Gehwerk eine Spindelhemmung. *Stoelkloks* sind wegen ihrer dekorativen Wirkung beliebt. Das Zifferblatt ist farbig bemalt und mit Ornamenten aus gegossenem und vergoldetem Blei geschmückt. Das Gehäuse hat durchbrochene Seiten und trägt eine Bekrönung aus vergoldetem Blei.

Links: Eine Staartklok *und eine Zaandamer Bodenstanduhr (rechts), zwei holländische Uhren des 18. Jh. Beide haben ein*

Bogenfeld über dem Zifferblatt, die eine mit einer Landschaft, die andere mit Mondphasenanzeige.

Nach englischem und niederländischem Vorbild übernahm Deutschland seit dem späten 17. Jahrhundert die Bodenstanduhr. Hier bildeten sich zahlreiche regionale Sondertypen aus, die jeweils den Gepflogenheiten des Möbelbaus in der betreffenden Landschaft, Epoche und Werkstatt folgten. In Norddeutschland war das geschnitzte Eichengehäuse beheimatet. Eine Sondergruppe bilden die Aachen-Lütticher Uhren des 18. Jahrhunderts aus ungefaßter Eiche mit Rokoko- und Louis-seize-Schnitzereien. Die Bergische Uhr kommt sowohl mit geschnitztem Eichengehäuse wie mit Furnier und Einlegearbeiten vor. Das Zifferblatt folgt mit zinnernem Ziffernring und importierten Messingapplikationen zunächst englischem Vorbild, seit dem späten 18. Jahrhundert wird es durch ein Keramikzifferblatt abgelöst. Die Sauerländer Uhr zeigt verwandte Formen in einfacher Ausführung.

Neben solchen bodenständigen Formen aus kleingewerblichen Betrieben entstanden aber auch intarsierte Prunkuhren in den großen Kunstschreinereien an Main und Mittelrhein. Am berühmtesten sind die

Links: Die Türmchenuhr, um 1600, ist eine typische deutsche Uhr der Spätrenaissance. Das silbervergoldete Gehäuse macht sie zu einem kostbaren Ausstattungsstück.

Unten rechts: Eckschrank mit aufgesetzter Standuhr aus dem 18. Jh. Das Gehäuse aus Eiche mit Schnitzereien im Louis-seize-Stil entstand 1762 in der Aachener Gegend.

Unten links: Schwarzwälder Bodenstanduhr mit Kirschbaumfurnier, um 1840. Das Flötenspielwerk für sieben Melodien ist typisch für die Erfindungsgabe der Schwarzwälder Uhrenindustrie.

Deutschland

In der Renaissance war das deutsche Uhrmachergewerbe mit seinen Zentren in den süddeutschen Städten Augsburg und Nürnberg führend in Europa. Die frühesten, noch spätgotischen Hausuhren waren den Turmuhren nachgebildet. Das offene Gehäuse und das Uhrwerk wurden grob aus Eisen geschmiedet. Das Uhrwerk hielt eine Waag (Waagbalken, Foliot) in Gang.

Die Nachfolger dieser frühen Eisenuhren wurden ab ca. 1570 die schlanken Türmchenuhren, Nachbildungen von Renaissance-Uhrtürmen aus vergoldetem Silber. In dieser Zeit setzte sich allmählich das erst teilweise, dann ganz aus Messing gefertigte Uhrwerk durch. Die Türmchenuhr zeigte auf jeder Seite ein Zifferblatt, das vordere hatte einen Stundenzeiger, die übrigen dienten astronomischen Angaben.

Weitere Uhrentypen der Spätrenaissance waren die Dosenuhr, eine transportable, runde Tischuhr mit Federantrieb und waagerecht liegendem Zifferblatt, und die Automatenuhr, ein Höhepunkt der Uhrmacher- wie der Goldschmiedekunst. Ein im Sockel verborgenes Uhrwerk setzte, synchron mit der Schlagfolge, Menschen- oder Tierfiguren aus vergoldeter Bronze in Gang. Sie war eine Spezialität der Augsburger Uhrmacher; die Funktion als Zeitmesser tritt hier zurück, in erster Linie war die Automatenuhr Tafelaufsatz und kostbares Schaustück.

Uhren und Uhrenmöbel von David Roentgen aus Neuwied, die mit hochwertigen Uhrwerken, häufig mit kompliziertem Musikspielwerk, von Kintzing in Neuwied und Langerhans in Krefeld ausgestattet wurden. Süddeutsche Uhren sind ebenfalls intarsiert, die süddeutsche Rokokouhr hat ein Gehäuse mit geschweiften Formen.

Etwa 1600 bis zum Ende des 18. Jahrhunderts war die transportable Stutz- oder Stockuhr die beliebteste Zimmeruhr, sie wurde aber noch bis ins 20. Jahrhundert gebaut. Der Antrieb erfolgte über Federzug mit Hinterpendel. Deutsche Uhren haben in der Regel nur ein 24-Stunden-Gangwerk, dafür aber fast immer ein Schlagwerk mit Repetiermechanismus, der auf Kordelzug die jeweils letzte Schlagfolge wiederholt. Die Form ähnelt der englischen Bracket-Uhr, sie wird aber, dem deutschen Stilempfinden folgend, abgeändert. Rokokouhren stehen auf geschweiften Füßen, haben eine ornamentierte Zarge und oft plastische Bekrönung.

Süddeutsche Sonderformen sind die Telleruhr, eine runde Wanduhr in Form eines Tellers mit einem

Anfängen zum wichtigsten deutschen Uhrengebiet. Die ersten Uhren waren reine Holzräderuhren mit Waag-Unruhe, wie sie in vielen ländlichen Gebieten Deutschlands gebaut wurden. Im Zuge der zunehmenden Industrialisierung wurden die Uhrwerke erst teilweise, dann ganz aus Metall gefertigt, gegen 1740 wurde das Pendel eingeführt. Bei der klassischen Schwarzwälder Uhr, der Lackschilduhr, ist das Zifferblatt auf eine quadratische Scheibe mit bogenförmigem Abschluß gemalt. Im Bogenfeld und den Eckzwickeln sitzen bäuerliche Malereien, meistens Blumen. Häufig war auch die Rahmenwanduhr mit einem Schild aus geprägtem Messing. Biedermeieruhren haben seitliche Holz- oder Alabastersäulen, in der Gründerzeit wird das Gehäuse aus vielen gedrechselten Holzteilen zusammengesetzt. Es wurden

Oben: Die spätgotische Eisenuhr aus Süddeutschland, um 1530, vertritt den frühesten Typus der Hausuhr. Durch das durchbrochene Gehäuse ist das Werk einsehbar.

Rechts außen: Die Bodenstanduhr mit Musikuhrwerk von Langerhans entstand um 1790 in der Werkstatt von David Roentgen. Das Gehäuse mit Mahagonifurnier zeigt die strenge Linienführung des Klassizismus.

Rechts: Holzräderuhren mit Waag entstanden in vielen ländlichen Gebieten. Hier ein Exemplar mit bemaltem Holzschild aus Franken, um 1730.

Rand aus Edelmetall mit reicher Treibarbeit, und der vorwiegend in Augsburg, München und Wien gebaute Zappler, bei dem ein kleines Pendel, das sog. Kuhschwanzpendel, in schneller Bewegung direkt vor dem Zifferblatt schwingt.

Seit dem 17. Jahrhundert entwickelte sich der Schwarzwald aus bäuerlichen und kleingewerblichen

Österreich und Schweiz

Österreichs Uhrengewerbe war eng mit Süddeutschland verbunden. Seit ca. 1800 wurde Wien durch staatliche Hilfen und Anwerbung Genfer Uhrmacher zu einem Zentrum mit eigenem Stil.

Die Blütezeit der Wiener Uhr liegt im Empire und Biedermeier. Die Adleruhr ist eine Wanduhr, die von einem plastischen fliegenden Adler in den Fängen gehalten wird. Hier wie auch andernorts entstanden Portaluhren, die in einem von Alabaster- oder Holzsäulen getragenen Bogen eingehängt sind. Die Wiener Variante dieses Typs ist gelegentlich mit Spiegeln hinterlegt oder von einem Adler gekrönt. Eine Kuriosität nicht nur des Wiener Biedermeier waren Bilderuhren, Gemälde, bei denen eine echte Uhr in einen gemalten Turm eingesetzt ist. Aus dem hohen technischen Standard der Wiener Uhrenindustrie entstand der Wiener Regulator, eine Präzisionswanduhr mit Kompensationspendel in einem auf drei Seiten verglasten Pendelkasten.

In den französischsprachigen Teilen der Schweiz bestand schon vor der Einwanderung der Hugenotten ein blühendes Uhrengewerbe. In Neuchâtel entstanden Stutzuhren in geschnitztem Gehäuse. Die bekanntesten Uhren stammen von P. Jacquet-Droz.

vielfältige Schlag- und Musikwerke erfunden, um die Mitte des 18. Jahrhunderts ertönte erstmals der durch zwei Pfeifen ausgelöste Kuckucksruf. Die „klassische" Kuckucksuhr mit geschnitztem Häuschen und beweglichem Vogel entstand aber erst um 1840/60. Sie ist eine Abart der Schwarzwälder Figurenuhr (Männleuhr) mit vielen Varianten, z.B. mit läutendem Mönch oder marschierenden Soldaten.

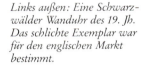

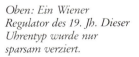

Links außen: Eine Schwarzwälder Wanduhr des 19. Jh. Das schlichte Exemplar war für den englischen Markt bestimmt.

Oben links: Die Rahmenwanduhr mit bemaltem und vergoldetem Messingschild, um 1850, ist einer der vielen dekorativen Wanduhrentypen, die der Schwarzwald hervorbrachte.

Oben: Ein Wiener Regulator des 19. Jh. Dieser Uhrentyp wurde nur sparsam verziert.

Links: Die Konsoluhr, um 1790, ist ein schönes Beispiel für die Schweizer Uhrmacherkunst. Die Marketerie und die ungewöhnlich reichen Bronzebeschläge zeigen französischen Einfluß.

Kleinuhren

Aus der tragbaren Federuhr entwickelte sich fast selbstverständlich die am Körper zu tragende Kleinuhr. Peter Henlein stellte um 1510 in Nürnberg als erster Halsuhren gewerbsmäßig her. Etwa gleichzeitig führten aber auch Versuche in anderen europäischen Ländern zum Erfolg. International führend waren bis ins frühe 17. Jahrhundert Nürnberg und Augsburg. Die frühesten Stücke waren dosen-, dann kugelförmig, ab ca. 1620 entwickelte sich die übliche runde, flache Taschenuhr. Daneben gab es die als Anhänger zu tragenden Formuhren in Gestalt von Kruzifixen, Sternen, Schädeln, Vögeln u.a.

Kleinuhren der ersten Generation waren grob aus Eisen geschmiedet, ihr Gang war unpräzise. Ab ca. 1580 kam das feinere Uhrwerk aus Messing auf, häufig besaßen die Uhren ein Schlagwerk oder Kalenderuhrwerk. Im Dreißigjährigen Krieg kam die deutsche Uhrmacherkunst zum Erliegen, und in der Folgezeit wurden zunächst Frankreich und England, schließlich die Schweiz führend.

Neben der Funktion als Zeitmesser waren Taschenuhren auch Schmuckstücke. Die frühesten Uhren hatten einen durchbrochenen Deckel, dann folgte das geschlossene Gehäuse. Es war vergoldet oder versilbert, der Dekor graviert oder nielliert. Frankreich führte das mit Emailfarben bemalte Gehäuse ein. Seit 1632 wurde Blois zum Zentrum für das kostbare Goldemail. Emaillierte Taschenuhren wurden aber auch in Deutschland, z.B. bei Dinglinger in Dresden, hergestellt. Etwa vom Jahre 1750 an trug man in Frankreich plastisch getriebene Gehäuse offen an einer Uhrkette. Die Zifferblätter und selbst die Rückseiten von Taschenuhren sowie die Teile des Gangwerks waren oft wunderbar mit Gravuren verziert, und sogar die Schlüssel, mit denen die Uhren aufgezogen wurden, erhielten eine dekorative Gestaltung.

Der hervorragendste Hersteller von Taschenuhren war wohl Abraham Louis Breguet (1747 – 1823), ein in Paris tätiger Schweizer. Seit 1780 stellte er Taschenuhren mit Selbstaufzug her, darunter die *montres à*

Trotz ihrer winzigen Größe können Taschenuhren viel mehr als nur die Zeit anzeigen. Diese Schweizer Uhr von 1912 hat Kalender und Mondphasenanzeige.

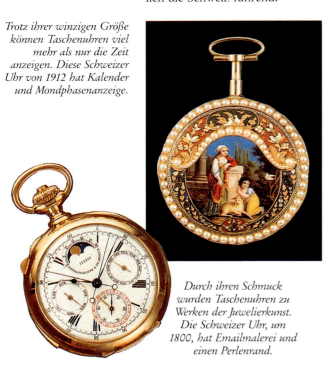

Durch ihren Schmuck wurden Taschenuhren zu Werken der Juwelierkunst. Die Schweizer Uhr, um 1800, hat Emailmalerei und einen Perlenrand.

Mit ihrem reichen Dekor ähneln Taschenuhren manchmal Automaten. Auf dieser Uhr mit Musikautomat, um 1810, spielt ein Herr Cello, ein anderer Geige, die Dame schlägt den Takt.

Nicht alle Taschenuhren waren auffallend geschmückt. Das Gehäuse der Londoner Uhr, um 1812, hat ein zartes Ranken- und Blumenmuster in mehrfarbigem Gold.

tact, auf denen durch einen Extrazeiger die Zeit im Dunkeln abgelesen werden kann.

Die Verbreitung der Taschenuhr wurde im späten 17. Jahrhundert durch eine mechanische Erfindung gefördert: die Unruhfeder, die eine größere Genauigkeit gewährleistete. Um 1755 erfand Thomas Mudge den freien Ankergang, der allmählich die Spindelhemmung verdrängte und für Taschenuhren bis ins 19. Jahrhundert allgemein gebräuchlich wurde. Die Unruhe stand nun in keinem mechanischen Kontakt mehr mit dem übrigen Gehwerk.

Eine manufakturmäßige, stark spezialisierte Arbeitsteilung war die Voraussetzung für das Florieren der französischen Uhrenindustrie. Seit ca. 1750 übertrugen hugenottische Uhrmacher ihre Kenntnisse und Fertigungsmethoden in die Schweiz und überflügelten ihre alte Heimat seit ca. 1790. Die Schweizer Präzisionsuhr blieb bis in das 20. Jahrhundert in ihrer Geltung unübertroffen.

Von ca. 1750 bis in die erste Hälfte des 19. Jahrhunderts wurden emaillierte Gehäuse wieder modern, vor allem in der Gestalt phantasievoller Formuhren wie Blüten, Käfer, Schmetterlinge, Mandolinen, kleine Pistolen u.ä. Schlichtere Exemplare hatten einen gravierten, versilberten oder vergoldeten Deckel. Eine maschinelle Gravur mit kleinen Flächenmustern wurde schon um 1790

üblich, im 19. Jahrhundert gab es auch glatte Gehäuse. Ca. 1750 bis 1830 hatten Taschenuhren häufig ein doppeltes Gehäuse mit dekoriertem Überdeckel und schlichtem Werkgehäuse.

In der Schweizer Präzisionsuhr wurde das aus England stammende Ankerwerk entscheidend verbessert. Die ersten sehr flachen Taschenuhren (Taleruhren) kamen um 1840 aus Genf. Die ersten feinen Remontoiruhren mit Kronenaufzug wurden ab 1844 bei Patek-Philippe, ab 1846/47 bei Le Coultre gebaut. Preiswerte Präzisionsuhren erstellte ab 1867 Georg Friedrich Roskopf.

In Deutschland entstand erst im Laufe des 18. Jahrhunderts wieder ein Kleinuhrengewerbe – vor allem für Gebrauchsuhren – in wenigen Städten, vorwiegend in Augsburg, Friedberg bei Augsburg und Pforzheim. Vor allem in Friedberg entwickelte sich eine fabrikmäßige Industrie, die Uhren oder Halbfabrikate sogar nach England sandte. Eher kleingewerbsmäßig wurden die silbernen, gedrungenen Bauernuhren (Zwiebeln) hergestellt. Erst seit ca. 1850 wurden in Deutschland feine Taschenuhren gefertigt. Die bekanntesten Firmen sind Adolf Lange & Söhne (gegr. 1845), J. Assmann (gegr. 1852), Dürrstein & Co. und die Glashütter Präzisionsuhrenfabrik Union, alle in Glashütte im sächsischen Erzgebirge.

ABRAHAM LOUIS BREGUET 1747-1823

Abraham Louis Breguet ist nach Thomas Tompion der berühmteste Uhrmacher. Er entwickelte den nach ihm benannten Breguet-Zeiger mit einem Ring dicht unter der Spitze, der, zusammen mit den arabischen Ziffern, seine Uhren besonders leicht ablesbar macht. Zu seinen übrigen Erfindungen zählte die Uhr mit Scharnieren an Vorder- und Rückseite, durch die sich die Uhr aufziehen ließ, ohne daß man sie vollständig öffnen mußte. Seine Uhren wurden häufig gefälscht, daher brachte er eine Geheimsignatur nahe der Ziffer Zwölf an.

Links: Eine Taschenuhr von A.L. Breguet, Ende 18. Jh., Anfang 19. Jh., leicht an den typischen Zeigern – mit einem Ring direkt unter der Spitze – und den arabischen Ziffern zu erkennen.

Unten: Drei verschiedene Ansichten einer in London hergestellten montre à tact *aus dem Jahre 1848.*

Vorderseite – gut sichtbar die Mondphasenanzeige.

Blick in das komplizierte Werk der Uhr.

Rückdeckel mit eingravierten römischen Ziffern.

Silber

Silbergerät gibt es in einer beeindruckenden Formenvielfalt,
vom einfachen Becher bis zum aufwendigen Tafelaufsatz. Die Anzahl und die
Kombinationsmöglichkeiten der Ziertechniken erscheinen unbegrenzt,
und die Silberschmiede beweisen eine faszinierende Fähigkeit, sich den wechselnden
Moden anzupassen. Die folgenden Seiten beschreiben
diese Stilabfolgen und erläutern die wesentlichen Formen und Ziertechniken.

Deutschland

Der Akeleipokal, Nürnberg, 17. Jh., wirkt in der Form noch spätgotisch. Die Nürnberger Goldschmiedezunft verlangte einen solchen Buckelpokal als Meisterstück, da die Treibarbeit eine besondere Geschicklichkeit erforderte.

Nürnberg

Mitte: Eine Augsburger Trinkkanne des 17. Jh. mit Vergoldung und Ornament in Treibarbeit.

Rechts außen: Der Nürnberger Deckelpokal, um 1600, diente als Schaugerät.

Augsburg

Unten: Der Deckelbecher mit den Planetengottheiten von Jacob Fröhlich, um 1555 – 1579, mit bunten Emails und Hinterglasmalereien zeigt die Virtuosität der Nürnberger Goldschmiede.

Spätgotik und Renaissance

Das deutsche Edelschmiedehandwerk hatte in der Spätgotik und Renaissance seine größte Zeit. Die bevorzugte Ziertechnik war die schwierige Treibarbeit, bei der das Metall durch Hämmern von der Rückseite her geformt wird. Aus ihren Gegebenheiten entstand als eigenständiger Beitrag Deutschlands der Buckelpokal, ein Deckelpokal auf hohem Schaft, dessen Wandung mit versetzten Reihen von stark plastisch vorgetriebenen Buckeln besetzt ist. In den Sonderformen des Akelei-, Trauben- oder Ananaspokals – jeweils einem Blütenkelch oder einer Frucht nachgebildet – wurde er gelegentlich noch bis ins frühe 18. Jahrhundert von Kunsthandwerkern angefertigt.

Eine weitaus größere Kunstfertigkeit erforderten die bildmäßigen Reliefs, die in den Spiegel einer Anbietplatte eingelassen waren oder die Wandung eines Bechers umliefen. Die Vorlagen lieferten Kupferstiche, und es ist kein Zufall, daß die beiden führenden Silberstädte, Nürnberg und Augsburg, zugleich Zentren der graphischen Kunst waren. Bis weit ins 17. Jahrhundert wurde die Wirkung der kostbaren Treibarbeit durch Teilvergoldung gesteigert. Neben den Prunkarbeiten gab es von Anfang an aber auch einfache, glatt belassene oder gravierte Becher.

Gegen 1550 wurden, zuerst in Süddeutschland, die neuen italienischen Ornamentformen, Arabeske und Groteske, aufgenommen. Neues Prunkgerät wurde eine Kanne mit zugehörigem Becken, nach italienischem Vorbild mit eiförmigem Körper und engem

Hals. Dieses Waschgerät war dringend nötig, da man beim Mahl noch mit der Hand zugriff. Man liebte die farbige Erscheinung, Prunkgeräte erhielten oft zusätzlich figürliche Emails. Die größte Künstlerpersönlichkeit zur Zeit der Spätrenaissance, als die handwerkliche Virtuosität ihren Höhepunkt erreicht hatte, war Wenzel Jamnitzer (1508 – 1585) in Nürnberg.

Gesuchte Exotika des Manierismus waren die oft sehr kostbar gefaßten Kokosnüsse, Straußeneier und Nautilusmuscheln. Ihre ganze Phantasie und Kunstfertigkeit richteten die Goldschmiede des späten 16. und des 17. Jahrhunderts aber auf die figürlichen Trinkspiele. Schon in der Spätgotik gab es Tierfiguren mit abnehmbarem Kopf, die sich als Trinkgerät entpuppten. Den Höhepunkt stellten die Trinkspiele mit verborgenem Uhrwerk aus der Ingenieursstadt Augsburg dar, die zur Freude der Tischgesellschaft auf Rädern über die Tafel schnurrten, Flüssigkeit spritzten, vom Gefäßboden her dem Trinkenden ins Gesicht schnellten und andere Bizarrerien mehr. In die Gattung der Trinkspiele gehört auch der Sturzbecher, der in einem Zug geleert werden mußte, darunter der populäre Braut- oder Jungfrauenbecher, das Lieblingsstück aller Fälscher im 19. Jahrhundert.

Links: Der schlichte Taufbecher aus Köln, um 1700, war für den Gebrauch bestimmt. Er zeigt in einer gravierten Ornamentkartusche die Figur Johannes des Täufers.

Wenzel Jamnitzer Meister 1534 – 1585 Nürnberg

Barock

Der Dreißigjährige Krieg brachte für das Silberschmiedehandwerk, wie für alle Gattungen des Kunsthandwerks in Deutschland, eine lange Unterbrechung. Nach 1648 setzte es mit den Formen des Hochbarock wieder ein. Noch immer war die kostbare Treibarbeit die bevorzugte Ziertechnik für teures Gerät, entweder mit allegorischen, mythologischen oder biblischen Szenen nach zeitgenössischen Kupferstichen oder, nach holländischem Vorbild, mit naturalistischen Blumen. Als neuer Gefäßtypus war schon zu Anfang des 17. Jahrhunderts der Humpen aufge-

kommen, zuerst mit konischer, dann mit zylindrischer Wandung, mit gewölbtem Scharnierdeckel und verschnörkeltem Henkel. Gelegentlich steht er auf drei Kugelfüßen, die in Norddeutschland nach skandinavischem Vorbild mit Löwen kombiniert sein können. Eine ebenfalls vorwiegend norddeutsche Sonderform ist der Münzbecher oder -humpen mit in die Wandung eingelassenen Talermünzen. Der Humpen ist, wie auch der Becher, ein – wenn auch anspruchsvolles – Gebrauchsgerät. Er wurde gelegentlich noch im 18. Jahrhundert angefertigt. Wie in England waren auch flache Branntweinschalen mit S-förmigem Henkel verbreitet, in Süddeutschland oft auf einem Fuß. Ebenfalls wie in England gab es auch Apostellöffel mit einer gegossenen Figur am Stielende, jeweils in Sätzen zu dreizehn Stück mit einer Christusfigur. Der Löffel war noch im Barock das einzige Eßinstrument, das mehrteilige Besteck wurde erst im 18. Jahrhundert üblich.

Oben: Zwei frühe deutsche Humpen von leicht konischer Form mit getriebenem Ornament auf gepunztem Grund. Links ein Stück aus Augsburg, 1605 – 1610, mit einem gegossenen Figürchen als Daumenrast, rechts ein Humpen aus Leutschau, um 1640, mit naturalistischen Früchten.

Links außen: Ein schlichtes Leuchterpaar aus Köln, um 1700, mit ausladendem, oben abgeflachtem Fuß und kantigem Balusterschaft.

Oben: Die barocke Schale aus Hamburg, um 1660, zeigt in prächtiger Treibarbeit naturalistische Blumen nach holländischem Vorbild.

Oben rechts: Helmförmige Kanne und Becken aus Nürnberg, um 1735.

Rechts außen: Die norddeutsche Kaffeekanne, um 1770, zeigt die typische birnförmige Gestalt und die spiralig gedrehten Falten des Rokoko. Im Blütendekor klingt bereits der Frühklassizismus an.

Unten: Der Leuchter aus Hamburg, nach 1761, ist mit seinem hohen, glockenförmigen Fuß und Balusterschaft eine typische Schöpfung des Rokoko.

Rokoko und Klassizismus

Das ältere Silber war vorwiegend Schau- und Zeremonialgerät. Im 18. Jahrhundert wandelte es sich zuerst an den großen Höfen, dann auch im großbürgerlichen Haushalt zum Tafel- und damit zum Gebrauchssilber. Nun entstand das große Service, dessen Teile alle nach demselben Muster gearbeitet waren.

Seit der zweiten Hälfte des 17. Jahrhunderts wurde Augsburg zu Deutschlands, ja Europas führender Silberstadt. Im Geschmack folgte man, wie überall in Europa, Frankreich, aber an Produktivität kam kein anderes Zentrum Augsburg gleich: 1740 arbeiteten hier 275 Silberschmiede. Es gab ganze Silberschmiededynastien wie die Thelot, Biller und Drentwet. Weitere wichtige Zentren waren die großen Handelsstädte wie Straßburg, Hamburg, Lübeck, Köln oder die Residenzen wie Kassel, München, das an England orientierte Hannover und vor allen Dingen Dresden, wo der Hofjuwelier Augusts des Starken, Melchior Dinglinger, seine juwelenstrotzenden Preziosen schuf. Das Gewerbe hatte aber im 18. Jahrhundert ein so hohes allgemeines Niveau, daß selbst in Kleinstädten erlesenes Silber gefertigt wurde. Höherwertige Stücke trugen auf dem Boden oder am Rand zwei eingeschlagene Beschauzeichen, Meister- und Stadtmarke, manchmal mit einem integrierten Jahresbuchstaben. Die berühmteste deutsche Stadtmarke ist der Augsburger Pinienzapfen. Gelegentlich taucht als dritter Stempel eine Beschaumeistermarke auf, so in Berlin im frühen 19. Jahrhundert. Anhand von Nachschlagewerken (Rosenberg, Scheffler, Seling) lassen sich die Stücke im allgemeinen gut einordnen.

Im 18. Jahrhundert stellten Kaffee- und Teeservice die Kunsthandwerker vor neue Aufgaben. Die birn-

förmige Kaffeekanne auf niedrigem Fuß war bis gegen 1775 die Regel. Zunächst war ihre Form in barocker Weise stark gebaucht, der Henkel verschnörkelt und die Tülle tief angesetzt und geschwungen. Im zweiten Jahrhundertviertel wurden die Formen schlanker und fließender, eine Ausgußschnauze löste die lange Tülle ab. Der Gefäßkörper wurde durch Falten (getriebene Rippen) plastisch gegliedert, die zunächst senkrecht, im Rokoko (ca. 1740 – 1770/75) aber spiralig geführt sind. Sie verbinden sich mit den Schwüngen des Gefäßkörpers zu besonders anmutiger Wirkung. Selbst zur Blütezeit des Rokoko gibt es völlig glatt belassene

Gefäße. Für Teekannen war eine entsprechend gedrücktere Birnform üblich, ferner während des ganzen Jahrhunderts eine gedrückt kugelige Form.

Im ausgehenden 18. Jahrhundert tritt zunächst eine zylindrische Kannenform mit rechtwinklig gebrochenem Henkel, dann eine vasenförmige Kanne mit einem elegant bis über die Deckelhöhe geschwungenen Henkel auf. Die Knäufe sind oval, eichel- oder vasenförmig. Bei diesen stereometrischen Gefäßen läßt man den Silberglanz der glatten Fläche wieder zur Geltung kommen. Man verwendet die jeweils international üblichen Ornamente, häufig sind Kanneluren. Die Abfolge der Gefäß- und Ornamentformen trifft in gleicher Weise für Schüsseln, Terrinen, Dosen und ähnliche Gerätschaften zu. Teller waren glatt und gebrauchsgerecht. Ihr einziger Schmuck ist die geschweifte und profilierte Fahne.

Der Kerzenleuchter behält fast das ganze Jahrhundert hindurch seine Grundform mit balusterförmigem Schaft, aber Fuß und Dekor wandeln sich. Ca. 1720 – 1740 sind die Füße sechs- oder achteckig, profiliert und steigen relativ flach an. Das Ornament dieser Epoche ist das leichte Laub- und Bandelwerk. Mit dem Rokoko wölbt sich der Fuß glockenförmig. Spiralig gedrehte Falten umgreifen jetzt das ganze Gerät. Dazu kommt oft noch getriebener Dekor, Rocaillen oder Blüten. Die Kerzentülle wird jetzt kelchförmig statt zylindrisch gebildet.

Die Formenstrenge des ausgehenden 18. Jahrhunderts bringt Leuchter in straffer, architektonischer Form hervor, mit wieder flacherem rundem, ovalem oder quadratischem Fuß, kanneliertem Schaft und vasenförmiger Tülle. Diese Form hält sich bis in die 20er Jahre des 19. Jahrhunderts.

Historismus und Jugendstil

Das frühe 19. Jahrhundert behält zunächst die ausgewogenen klassizistischen Formen bei. Nun wird Berlin zum führenden Zentrum. Die ursprüngliche Strenge wird seit ca. 1825 aber zunehmend von weicheren und gefälligeren Formen abgelöst. Seit den 40er Jahren kommt Tafelsilber im Neorokoko in Mode.

Die zweite Jahrhunderthälfte erschöpft sich in der Nachahmung historischer Stile, vor allem Renaissance und Barock, die handwerklich allerdings oft ein meisterhaftes Niveau erreicht. Manches historistische Stück ist bei fehlenden oder unleserlichen Marken kaum von einem Original zu unterscheiden. Einen sicheren Anhaltspunkt bildet der 1888 reichseinheitlich eingeführte Feingehaltsstempel 800 mit Krone und Halbmond. In einigen deutschen Ländern wurde

Berlin

Dresden

München

Lübeck

Straßburg

Hannover

Hamburg

dieser Stempel schon vor 1888 eingeführt, manchmal taucht im frühen 19. Jahrhundert auch eine 13 für dreizehnlötiges Silber auf.

Der Jugendstil brachte einen Neubeginn. Henry van de Velde schuf Services und Bestecke, die, gemäß seiner Forderung nach einer „Form ohne Ornament", ihre Wirkung aus dem geschlossenen, harmonisch fließenden Umriß und der makellosen Bearbeitung des Materials beziehen. Die Mitglieder der Darmstädter Künstlergruppe, der wichtigsten Pflegestätte des deutschen Jugendstils, Josef Maria Olbrich, Hans Christiansen und Peter Behrens schufen vorwiegend Bestecke und kleinere Gerätschaften im geometrischen Jugendstil, bei denen die straffen, geradlinigen oder sanft geschwungenen Formen und das sparsame Ornament aufeinander abgestimmt sind.

Links: An dem Fischbesteck von van de Velde ist das sparsame Linienornament, das sorgfältig auf die Konturen des Bestecks abgestimmt ist, beispielhaft für den Jugendstil.

Unten: Das Teeservice von Henry van de Velde, um 1905, bezieht seine Wirkung aus den fließenden Linien und den glatten Flächen des hochpolierten Silbers.

England, Schottland und Irland

Drei Beispiele für Ornamente auf silbernem und silbervergoldetem Gerät des 18. Jh. Rechts: Die Servierplatte von David Willaume, 1715, hat einen godronierten Rand und eine Laubwerkbordüre, in der Mitte ein getriebenes Wappen. Rechts außen, oben: Deckelbecher mit schön angeordneten, ziselierten Chinoiserien. Unten rechts: Terrine auf Untersatz, datiert 1789, mit Godronierung, Perlmuster und graviertem Wappen.

Der schreitende Löwe (links) bezeichnete 1542 – 1822 den Sterling-Feingehalt (92,5 %) auf englischem Silber. Die Britannia und der Löwenkopf (rechts) bezeichneten 1697 – 1864 einen Feingehalt von 95,8 %.

England

Weil während des Bürgerkrieges große Mengen von Silbergeschirr zur Münzprägung eingeschmolzen wurden, sind Stücke aus der Zeit vor der Restauration (1660) selten. Allerdings blieb eine größere Anzahl von Trinkgefäßen, vielleicht wegen ihrer kleinen Form und des deshalb geringeren Silbergehalts, vor der Zerstörung bewahrt. Die ältesten Stücke sind Schalen aus Holz, oft mit einer Silbermontierung um Lippe und Fuß. Sie wurden durch große Pokale mit Schaft und mächtigem Deckel abgelöst. Salzfässer, die mit zu den wichtigsten weltlichen Silbergeräten gehörten, waren zur Zeit Elisabeths I. (1558 – 1603) groß und reich verziert – dieser Typus verschwand aber nahezu in den 80er Jahren des 17. Jahrhunderts.

Die Restauration 1660 brachte den englischen Silberschmieden neue Aufgaben, denn der König und sein Hof hatten während des Exils einen anspruchs-

volleren Geschmack kennengelernt. Eingewanderte hugenottische Silberschmiede vermochten gerade in jenen Jahren einen Niedergang des einheimischen Handwerks zu verhindern. Nach ihrer Ankunft in England 1685 richteten sie ihre Werkstätten ein, und schon bald arbeiteten auch die englischen Silberschmiede in den typischen französischen Formen mit geschweiften Rändern, getriebenen Akanthusranken, gerader und schräger Godronierung und ziselierten Chinoiserien.

Um das Einschmelzen von Münzen zur Herstellung von Silberwaren zu verhindern, wurde 1697 ein höherer Feingehalt für Silbergeschirr, der Britanniastandard, vorgeschrieben. Er betrug 95,8 %, während für Münzen der Sterlingstandard mit 92,5 % galt. Der Feingehaltsstempel zeigt die Britannia, einen Löwenkopf, den Jahresbuchstaben und die Initialen des Goldschmieds. Fünf Provinzstädte – Chester, York, Exeter, Norwich und Newcastle – wurden 1700 – 1701 ermächtigt, Britannia-Silber zu prüfen, wobei

DIE HUGENOTTEN

Die Hugenotten waren französische Protestanten, die nach der Aufhebung des Toleranzedikts von Nantes 1685 durch Ludwig XIV. in die Niederlande und nach England flohen, darunter auch einige der besten Silberschmiede. Der Hochbarock Ludwigs XIV. forderte den Kunsthandwerkern höhere technische Fertigkeiten ab, als sie der gewöhnliche englische Silberschmied besaß. Es war wohl diese Kunstfertigkeit, der die Hugenotten ihre hervorragende Stellung verdankten. Als Flüchtlinge neigten sie außerdem dazu, die Preise zu unterbieten, was zu nicht geringen Unruhen führte. Als dichtgeschlossene Gruppe unterhielten die Hugenotten enge Verbindungen zu Frankreich, und sie waren die ersten, die den neuen Hofstil Ludwigs XV., das Rokoko, übernahmen. Zu den erfolgreichsten Meistern dieses neuen Stils zählten Paul de Lamerie, Nicholas Sprimont und Paul Crespin, die alle ihre Werkstätten in der Compton Street in Soho betrieben.

Meisterzeichen von Paul Crespin

Meisterzeichen von Paul de Lamerie

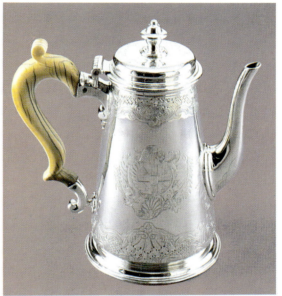

Oben: Aufgesetzte Bänder und Muscheln im Rokokostil geben den beiden Saucièren von Paul de Lamerie, 1742, ein sonderbares und phantastisches Aussehen.

Links: Die schön gearbeitete Kaffeekanne, 1734, ebenfalls von Paul de Lamerie, mit den gravierten und ziselierten Rokokoschwüngen ist von einer zurückhaltenden Eleganz.

jede ihre eigene Stadtmarke verwenden durfte, um die Hochwertigkeit des Silbers zu bestätigen.

Die Verwendung von weicherem Silber führte zu einem sparsam verzierten Queen-Anne-Stil, gelegentlich mit Dekor aus appliziertem (aufgelötetem) Silberblech. Mit der Wiedereinführung des Sterlingstandards für Silbergeschirr (1720) wurde der Dekor wieder reicher. Gegen 1730 erschienen die ersten Silberarbeiten mit asymmetrischen Rokokoformen, und um 1745 kamen auch die Chinoiserien in Mode.

Der größte Silberschmied des 18. Jahrhunderts war der Hugenotte Paul de Lamerie, der von 1712 bis 1749 in London tätig war. Er arbeitete, ebenso wie sein erfolgreicher Landsmann Paul Crespin, in einem üppigen Rokokostil.

In der Zeit von 1765 bis 1795 entstand das sog. Adam-Silber, das nach dem klassizistischen Architekten Robert Adam benannt ist. Ovale Formen waren bevorzugt. Große Stücke hatten oft eine enghalsige Urnenform, nach 1780 wurde meistens auf ein Dekor

verzichtet. Ebenfalls in den 80er Jahren kam die beliebte, vielfach angewandte *bright-cut*-Gravur auf, bei der das Metall mit der Doppelkante des Stichels facettig ausgehoben und poliert wird. Zu den bedeutendsten Silberschmieden des Klassizismus zählen Matthew Boulton (1728 – 1809), Hester Bateman (1775 – 1790) sowie ihre beiden Söhne Peter und Jonathan.

In der spätgeorgianischen Epoche wurde das Silber schwerer, eine Mode, die im frühen 19. Jahrhundert mit den Waren von Rundell, Bridge & Rundell ihren Höhepunkt erreichte. Auf manchen Stücken von Rundell erscheint die Marke von Benjamin Smith oder Paul Storr, die für ihn arbeiteten, bevor sie ihre eigenen hervorragenden Firmen eröffneten. Smith konzentrierte sich auf verhältnismäßig kleine Stücke, während Storr (1771 – 1844), der führende Silberschmied des Regency, es verstand, sowohl bezaubernde, bienenstockförmige Honigtöpfe als auch monumentale Stücke herzustellen.

Stadtmarken auf englischem Silber:

London 1478 – 1669 und 1736 – 1821 (danach mit ungekröntem Haupt).

Exeter 1575 – 1698; 1701 – 19. Jh.

Chester 1701 – 1779; ab 1780.

173

Im späten Regency und der frühen Viktorianischen Zeit waren überreiche Verzierungen beliebt. Das silbervergoldete Tablett (unten) entspricht diesem Geschmack. Es hat ein auffallendes Wappen, einen godronierten Rand, Griffe in Form von Eichenzweigen, gravierte Trophäen und Klauenfüße.

Zwei Beispiele für die Spannweite der Arbeit von Paul Storr. Oben: Kaffee- und Teeservice, 1809 – 1811, in würdevoller Eleganz. Godronierung war schon vor dem Regency bekannt, neu waren die antikisierenden Urnenformen, die Klauenfüße und die Schlangenhenkel in Silber oder Elfenbein.

Rechts: Auch der großartige Kandelaber, datiert 1824, stammt von Paul Storr. Verschwenderische Formen, wie es sie zuletzt im Rokoko gegeben hatte, wurden wieder aufgenommen, so auch von Storr. Sein Meisterzeichen trägt die Initialen PS.

Rechts: Der frühviktorianische Weinkühler mit verspiegeltem Untersatz zeigt vielfältige Meeresmotive.

Beliebte Vorbilder der viktorianischen Künstler, die auch protzige Stücke anfertigten, waren Cellini, der größte Goldschmied der Renaissance, und der klassizistische Maler und Bildhauer John Flaxman. Die viktorianische Epoche begann mit Neorokoko und einem überschwenglichen Naturalismus. Gegen Ende der 40er Jahre gab es Anzeichen für eine Wiedergeburt des Klassizismus, während andere Formen auf italienischen Metallarbeiten aus der Renaissance beruhten.

Während der Viktorianischen Zeit, als historische Stile in wechselnder Folge aufgenommen wurden, waren die Formen schwer und extravagant. Aber nachdem sie in den 50er und 60er Jahren des 19. Jahrhunderts geradezu bedrückend pompös geworden waren, setzte sich seit den 70er Jahren ein neues exotisches Stilidiom durch: der Japonismus. Die japanische Kunst wurde das bewunderte Vorbild, nicht nur für Silberarbeiten, sondern auf fast allen Gebieten der angewandten Kunst. Beim Silber zeigt sich der Japonismus vor allem in zisieliertem und Reliefdekor. Als Motive wählte man Fächer, Schmetterlinge, Prunusblüten und -zweige und Bambus. Prominente Vertreter des Japonismus waren die Gebrüder Barnard in London und Elkington in Birmingham.

Das 19. Jahrhundert war auch die Zeit der industriellen Revolution und damit der maschinellen Massenproduktion. Die Arts-and-Crafts-Bewegung versuchte in einer Gegenreaktion auf diese Entwicklung, das Kunsthandwerk zu schützen und die Rückkehr zu zweckmäßigen Formen und handgefertigter Arbeit zu unterstützen. Die Bewegung befaßte sich mit Entwürfen für Silber ebenso wie für Möbel, Keramik und viele andere Gebiete. Das Arts-and-Crafts-Silber wirkt asketisch und sichtbar handgefertigt; so läßt man Nieten unverdeckt und macht keinen Versuch, Hammerspuren zu glätten. Die Arts-and-Crafts-Bewegung war jedoch, wie es häufig bei neuen Bewegungen und Geschmacksänderungen der Fall ist, eine intellektuelle Avantgardemode, die die Reproduktion historischer Stile und die Herstellung von maschinell gefertigtem und geglättetem Silber nicht aufhalten konnte.

Auch Jugendstil und Art Deco entwickelten sich aus einer avantgardistischen Haltung. Das Jugendstilsilber fand vielleicht seine reinste Ausprägung bei Archibald Knox (1864 – 1933). Seine Arbeiten für Liberty und besonders die 1899 für Liberty herausgebrachte Cymric-Serie spiegeln seine Faszination für die keltischen Traditionen wider. Entwürfe für Jugendstilsilber schufen auch Rex Silver, der in einem ähnlichen Stil wie Knox arbeitete, und C. R. Ashbee, der gehämmerte Oberflächen bevorzugte. Die von Ashbee gegründete *Guild of Handicraft*, die 1889 ihre Arbeit mit Silber und elektroplattierten Waren aufnahm, experimentierte mit der dekorativen Wirkung von Edelsteinen und Email in Verbindung mit Silber.

Die klaren Formen und betonten Konturen des Art Deco kamen in Silberarbeiten gut zur Geltung. Orna-

Unten, ganz links: Der Humpen von R. & S. Garrard & Co., 1846, mit dem Drachenkampf des hl. Georg auf dem Deckel ist ein Monument viktorianischer Prunkliebe. Das komplizierte Beschlagwerk geht auf elisabethanische und jakobinische Vorlagen zurück. Die Silbervergoldung trägt zu der typisch viktorianischen prachtvollen Erscheinung bei.

Oben: Die kleine Schale entstand 1900, als der Jugendstil seinen Höhepunkt erreicht hatte. Naturformen, vor allem Pflanzen und Blüten, sind für diesen Stil typisch.

Links: Form und Dekor der Puderdose von H. G. Murphy, 1937, sind typisch für das Art Deco.

mente wurden selten und allenfalls in Form von sparsamen Gravierungen und einfachen Motiven verwandt. Beispielhaft für diesen Stil ist das Gebrauchssilber von Charles Boynton.

Humpen und Becher

Der Humpen war vom 16. bis zum 18. Jahrhundert das beliebteste Trinkgefäß. Unter der Regierung Karls II. (1660 – 1685) war er zumeist groß und schlicht mit einem niedrigen, flachen, zweifach profilierten Deckel, Daumenrast und ausschwingender Basis. Einige Humpen des späten 17. Jahrhunderts haben um den unteren Rand getriebene Akanthusblätter oder gewundene Kannelierung. Andere Treibarbeiten kommen bei Humpen vor ca. 1810 nicht vor. Weitere Humpen des 17. Jahrhunderts haben gravierte Chinoiserien. Während der Regierungszeit von Königin Anna (1702 – 1714) wurden die zunächst noch flachen Deckel der Trinkgefäße allmählich gewölbt, und noch vor der Mitte des 18. Jahrhunderts kamen birnförmige Humpen auf einem hohen, plastisch durchgeformten Fuß in Mode.

Der englische Becher (mug) ist im wesentlichen ein kleiner Humpen, jedoch ohne einen Deckel. Jedes Trinkgefäß von mehr als einem Liter Inhalt besaß einen Deckel.

Porringers

Den porringer, eine zweihenkelige Deckelschale, gab es als caudle cup (für ein Stärkungsgetränk, besonders für Wöchnerinnen) und als posset cup (für ein heißes Würzgetränk). Schalen aus den Anfängen der Restaurationszeit hatten am unteren Teil oft Verzierungen in Treibarbeit. Wie bei den Humpen finden sich im späten 17. Jahrhundert als Motive Akanthusblätter oder gewundene Kanneluren sowie (seltener) gravierte Chinoiserien. Daneben wurden auch schlichte Stücke hergestellt. Außer Humpen und porringers gab es Bierkrüge, kreisrunde Ständer zum Abstellen von Flaschen oder Karaffen (seit etwa 1760) sowie die verhältnismäßig seltenen Punschschalen.

Kaffee- und Schokoladekannen

Die Schokoladekanne unterschied sich von der Kaf-

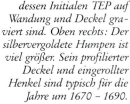

Oben: Der schön proportionierte Deckelbecher von 1628 war trotz seiner Schlichtheit sicher ein Lieblingsstück seines Besitzers, dessen Initialen TEP auf Wandung und Deckel graviert sind. Oben rechts: Der silbervergoldete Humpen ist viel größer. Sein profilierter Deckel und eingerollter Henkel sind typisch für die Jahre um 1670 – 1690.

Rechts: Der aristokratische Bierkrug stammt von dem Hugenotten David Willaume, datiert 1734. Die Birnform, der profilierte Fuß und der schwungvoll eingerollte Henkel sind typisch für diese Epoche.

Porringers kommen in allen Stilen und Größen vor. Unser Beispiel von 1650/60 (unten rechts) hat großzügige Gravuren, das 1685 datierte Stück (unten links) zeigt ziselierte Chinoiserien.

feekanne nur durch eine mit Scharnierklappe oder einem herausnehmbaren Knauf versehene Deckel-öffnung für den Schokoladenquirl zum Umrühren des Getränks.

Die frühen Kaffeekannen bis um 1720 haben konische Deckel, gerade Tüllen und bogenförmige Henkel, die entweder der Tülle gegenüber oder im rechten Winkel dazu angebracht waren. Um 1720 wurden die Tüllen gebogen und die Deckel gewölbt. Manchmal wurden beide mit aufgelegten Ornamenten *(cut-card)* verziert. Von 1715 an kamen seitliche Henkel aus der Mode. Applikationen und gravierte Wappen bildeten vor 1730 den einzigen Dekor.

Um 1700 wurden die zylindrischen Gefäßkörper von vieleckigen abgelöst. In den 20er Jahren des 18. Jahrhunderts gestaltete man die Deckel flacher und führte etwa um 1730 die Birnform, gelegentlich ziseliert oder mit Treibarbeit versehen, ein. Die typische Kaffeekanne der 80er und 90er Jahre war urnenförmig und gelegentlich *bright-cut*-graviert. Im 19. Jahrhundert wurde die Birnform gedrungener, die Kanne mit Füßen versehen und häufig auf einen Spirituskocher gestellt.

Teekannen und verwandte Gegenstände

Die älteren Teekannen waren meist klein, denn Tee war teuer. Bis 1780 waren sie seltener als Kaffeekannen. Die Eierform des späten 17. Jahrhunderts wurde durch die Birnform im Queen-Anne-Stil verdrängt.

Häufig kamen nach 1710 achteckige Kannen vor, und der Körper wurde allmählich höher. Die Henkel waren aus Holz. Um 1720 wurde auch eine kugelige, oben abgeflachte Form mit geradem Ausguß beliebt. Ihr folgte später eine umgekehrt birnförmige Kanne.

Der Klassizismus brachte zylindrische, ovale, oben abgeflachte oder gewölbte Formen hervor, und seit etwa 1800 gab es eine ganze Reihe eckiger Formen, alle mit geraden Ausgüssen, die tief unten angesetzt waren.

Eine Art Tee- und Kaffeemaschine, die um 1760 aufkam, wies häufig klassizistischen Dekor auf. Die Sahnekännchen wurden in verschiedenen Stilen ausgeführt. John Schuppe fertigte 1757 – 1768 solche in der Form von Kühen, die beliebten „Kuhkännchen", an.

Teedosen aus der Mitte des 18. Jahrhunderts – zu jedem Service gehörten zwei Dosen für grünen und schwarzen Tee – wurden meist mit Chinoiserien in Treibarbeit verziert.

Soßenschüsseln

Die ältesten und heute seltenen Soßenschüsseln hatten einen tiefen, ovalen Körper mit zwei Ausgüssen und zwei Henkeln. Im zweiten Viertel des 18. Jahr-

Links: Klare Linien und sparsamer Dekor zeichnen die Kaffeekanne aus der Mitte des 18. Jh. in der klassischen Stitzenform aus. Bis zum Rokoko war das eingravierte Wappen des Besitzers oft das einzige Ornament.

Unten links: Im späten 18. Jh. wurden die Zierformen anspruchsvoller. Die umgekehrt birnförmige Teekanne von 1767 mit getriebenem und gegossenem Dekor zeigt den Einfluß des Rokoko.

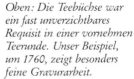

Oben: Die Teebüchse war ein fast unverzichtbares Requisit in einer vornehmen Teerunde. Unser Beispiel, um 1760, zeigt besonders feine Gravurarbeit.

Links: Die achteckige, birnförmige Teekanne entstand um 1715. Passend gefertigte Spirituskocher wurden im frühen 18. Jh. oft zusammen mit der Kanne angeboten.

Silberne Saucièren waren im 18. Jh. besonders beliebt. Die ältere Form mit doppeltem Ausguß und Henkel (rechts) war zwar oft eleganter, aber unpraktischer als der spätere Typus mit einem Ausguß und einem Henkel (oben).

Unten: Das Gewürzset aus dem 18. Jh. enthält drei Streuer und vier Fläschchen in einem plastisch modellierten Ständer.

hunderts verschwand diese Form und machte einer Schüssel mit drei Füßen und einem Henkel gegenüber dem Ausguß Platz. Die meisten Stücke datieren aus der Zeit vor 1780.

Salzfässer, Gewürzständer und Pfefferstreuer

Die ältesten Salzfässer, die noch auf dem Markt sind, gehören zum schalenförmigen sogenannten *trencher*-Typ mit einer Vertiefung für Salz in der Mitte. Nach 1735 wurden die Salzfässer mit drei Füßen versehen, seit 1760 gibt es ovale, durchbrochene Salzfässer mit einem Einsatz aus blauem Glas. Um 1785 wurden schiffsförmige Salzfässer Mode, gegen Ende des Jahrhunderts längliche.

Gewürzständer enthielten drei Streubehälter, wobei der größte für Zucker bestimmt war. Der zylindrische „Leuchtturmstreuer" wurde etwa 1705 von einem birnförmigen abgelöst, der auf einem leicht gewölbten Fuß stand. Etwa seit 1715 wurde das Oberteil stark gewölbt.

Besteck

Das einzige für Sammler noch verfügbare Silberbesteck aus der Zeit vor der Restauration sind Löffel. Es gab viele verschiedene Endstücke, aber am verbreitetsten waren solche mit einer flachen Siegelplatte auf einem Baluster. Erstaunlich zahlreich vorhanden und sehr beliebt sind Apostellöffel. Löffel mit dreilappigen Endstücken haben zudem einen „Rattenschwanz" auf der Rückseite der Laffe, den manchmal

Oben: Das Salzfaß mit profiliertem Fuß, runder Schale und dem aufgelöteten Ornament ist typisch für die Zeit um 1725.

Links: Die feine Durchbrucharbeit an dem Streuer von 1711 ist gleichermaßen zweckmäßig und dekorativ.

ein spitzenartiges Muster umgibt, das auf der Vorderseite des Stiels wiederholt wird. Das Hannoveranische
Muster mit einer schmalen, sich verjüngenden Rippe
an der Oberseite des Stiels und einem nach oben eingerollten Ende war zwischen 1720 und 1760 der ver-
breitetste Typus. Bei dem Old-English-Muster dagegen, das nach 1760 beliebt wurde, verläuft der Grat
auf der Rückseite, und das Stielende ist nach hinten
eingerollt. Ebenfalls in den 60er Jahren war das
Onslow-Muster mit spiralförmig nach unten eingerollten Stielenden verbreitet. Zu den Dekoren des
frühen 19. Jahrhunderts gehören das Geigen- und
Fadenmuster und das wegen seiner Form so genannte
Sanduhrmuster. Die Griffe von Messern und Gabeln
entsprechen denen der Löffel.

Kerzenleuchter

Bis gegen 1700 wurden Kerzenleuchter aus einzelnen
Teilen gearbeitet, sie hatten eine quadratische oder
polygonale profilierte Fußplatte und eine kannelierte
oder gebündelte Säule als Schaft. Die hugenottischen
Silberschmiede führten um 1690 gegossene Leuchter
ein, die ab ca. 1760 allgemein üblich wurden. Die
Höhe nahm allmählich zu. Der Leuchter der Queen-
Anne-Zeit (um 1700 – 1715) hat einen Balusterschaft
und einen weit ausladenden Fuß. Aus diesem Grund-
typus entwickelten sich vielfältige Variationen. Seit
der Mitte des 18. Jahrhunderts erschienen Leuchter,
deren Schaft als Karyatide (Trägerfigur) oder knien-
der Mohr geformt war. Während des Klassizismus im

*Gegossener Tischleuchter
eines Leuchterpaares,
angefertigt von David
Willaume, um 1690.*

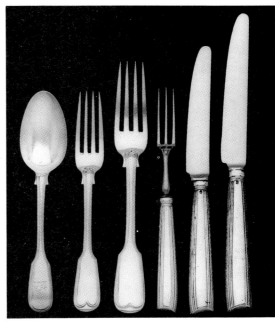

*Beispiele für Besteck vom
15. bis zum 19. Jh. Oben
links: Drei Löffel mit
Siegelenden und zwei drei-
lappige Löffel aus dem
16. und 17. Jh. Oben rechts:
Apostellöffel von 1490, auf
dem Stiel der hl. Philippus
mit drei Broten. Links:
Löffel aus der zweiten
Hälfte des 17. Jh. mit drei-
lappigem Stiel und Ratten-*

*schwanz auf der Rückseite
der Laffe. Oben: Das
Geigen- und Fadenmuster
war nur eines der zahl-
reichen Besteckmuster des
18. und 19. Jh.*

späten 18. Jahrhundert kamen Leuchterschäfte in Form einer korinthischen Säule, aus Silberblech gearbeitet, auf. Eine typische Form der Adam-Zeit (1728 – 92) war eine konkav einschwingende Säule mit Widderköpfen an der viereckigen Schulter und einem girlandengeschmückten Fuß.

Anderes Silbergerät
In der zweiten Hälfte des 17. Jahrhunderts wurden kostbare, bis zu dreißig Teilen umfassende Toiletten-

garnituren hergestellt, zu denen u.a. ein Spiegel, Kanne und Becken, Kerzenleuchter und Salbdosen gehörten.

Zum neuen Tafelsilber des 18. Jahrhunderts gehörten Tafelaufsätze mit abnehmbaren Ständern oder aufgehängten Körben für Obst und Konfekt.

Schreibtischgarnituren waren im späten 18. und frühen 19. Jahrhundert besonders häufig. Weinetiketten aus Silber (seit ca. 1734) bilden einen besonderen Sammelgegenstand. Es sind kleine Silberanhänger

Oben: Leuchterpaar mit Karyatidenschaft von Paul de Lamerie. Der Überschwang des Rokoko ließ kaum eine gerade Linie zu. Als Reaktion darauf entstanden die zurückhaltenden Formen des Klassizismus, wie sie das Leuchterpaar (oben rechts) mit seiner einfachen Godronierung zeigt.

Rechts: Das Rokoko brachte auch schlichtere Formen wie diesen durchbrochenen Gebäckkorb hervor.

Oben: Die prächtige silbervergoldete Toilettengarnitur mit sechzehn Teilen schuf David Willaume 1734.

mit dem eingravierten Namen des Weins oder der Spirituosen, die an einer Kette um den Hals der Flasche oder Karaffe gehängt werden. Die ältesten waren schild-, später halbmondförmig. In den späten 20er Jahren des 18. Jahrhunderts wurden Körbe für Brot, Kuchen, Obst und Konfekt, oft sehr zierlich gearbeitet, beliebt.

Sheffield Plate

Sheffield Plate ist silberplattiertes Kupfer, d.h. Silberfolie wird auf Kupferblech aufgewalzt nach einem Verfahren, das 1743 Thomas Bolsover, ein Messerschmied aus Sheffield, erfunden haben soll. Bolsover selbst nutzte dieses Verfahren hauptsächlich zur Herstellung von Knöpfen. Erst Joseph Hancock, auch er ein Messerschmied, verwendete die neue Technik zur Herstellung von Kerzenleuchtern, Kaffeekannen und anderem Haushaltssilber.

Zu den frühen Herstellern von silberplattierten Waren zählen die Firmen Henry Tudor, Thomas Leader, Thomas Law, John Winter & Co., Richard Morton, Matthew Felton & Co., John Littlewood und John Hoyland & Co. Matthew Boulton produzierte Sheffield Plate seit dem Jahre 1762 in Soho bei Birmingham, und drei Jahre später gründete er die Matthew Boulton Silver and Plate Company. Die Stilformen wurden dem Silber entlehnt, und oft kopierte man gerade die pompösesten und elegantesten Geräte. Da der Preis von Sheffield Plate aber nur ein Drittel von dem des echten Silbers betrug, befanden sich die Erzeuger der plattierten Waren und die Silberschmiede aus naheliegenden Gründen in erbittertem Konkurrenzkampf.

Das Plattieren beider Seiten, statt wie bisher nur der Schauseite des Kupferblechs, wurde um 1763 erfunden. Doppelplattierung wurde vor allem bei Trinkgefäßen und bei Schüsseln, die Speisen aufnehmen sollten, aus praktischen Gründen angewandt. Dekore wurden ziseliert, getrieben oder durchbrochen. Seit ca. 1780 lötete man silberne Leisten oder Platten auf, um eine Oberfläche zu erhalten, auf der man Gravuren ausführen konnte, ohne daß unedles Metall zum Vorschein kam. Seit dem Ende des 18. Jahrhunderts wurde manchmal Silberdraht um Gefäßränder gelegt.

Zu den kleineren Gegenständen aus Sheffield Plate gehören Weinflaschenständer, Salz- und Senftöpfchen, Tintenfässer und Lichtputzscheren. Größere Objekte sind Tafelaufsätze, Suppenterrinen, Schüsseln, Tabletts, Eiskübel und Weinkühler, ferner Tee- und Kaffeekannen, Heißwasserkannen und durchbrochene Gebäckkörbe. Toastständer aus plattiertem Draht, ein völlig neues Haushaltsgerät, gab es seit 1780/85. Sehr gefragt waren Kerzenleuchter, manche

Oben: Terrine auf Untersatz aus Sheffield Plate von Thomas Law, dessen Signatur neben der Jahreszahl auf einem der delphinförmigen Füße erscheint (links). Die prachtvolle und elegante Terrine entstand vielleicht als Kopie nach einem Silberoriginal.

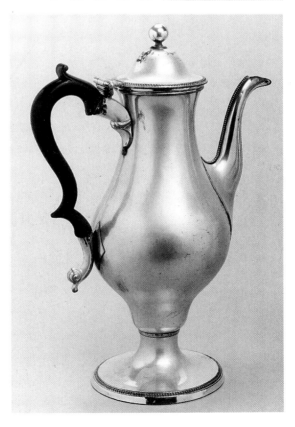

Die birnförmige gefußte Kaffeekanne aus Sheffield Plate stammt aus der Zeit um 1790. Das schlichte, sparsam verzierte Stück entspricht dem Geschmack des späten 18. Jh.

teleskopartig, und Humpen. Auch liturgische Geräte wurden erzeugt.

Als Sheffield Plate in Gebrauch kam, benutzten die Hersteller Marken, die vorspiegeln sollten, daß es sich um echtes Silber handle. Nachdem 1773 die Silberschmiede von Sheffield und Birmingham Beschwerde eingelegt hatten, wurden dort Beschauämter eingerichtet, um diesen Mißbrauch zu verhindern. Im selben Jahr verbot ein Parlamentsbeschluß, plattierte Waren mit Buchstaben zu marken (womit man die Firmen, die silberplattierte Geräte herstellten, unfairerweise daran hinderte, ihre Waren zu bezeichnen). Ein weiterer Akt von 1784 erlaubte ihnen, ihre Ware zu zeichnen, solange sie keine Silberbeschaumarken benutzten.

Elektroplattierung

Gegen 1830 führte eine „Neusilber" genannte Legierung aus Kupfer, Zink und Nickel bereits zum Rückgang des Sheffield Plate. Aber es war die Erfindung des Elektroplattierens, die diese Industrie vollständig zum Erliegen brachte. Das Verfahren, bei dem eine dünne Silberschicht mit Hilfe der Elektrolyse auf ein Metall aufgebracht wird, ermöglichte eine Produktion zu viel niedrigeren Preisen, als es bei Sheffield Plate möglich war. Die Firma Elkington in Birmingham betrieb dieses Verfahren mit besonders großem kommerziellem Erfolg.

Die schönsten Stücke aus Sheffield Plate sind oft zugleich die einfachsten. Dieser zu einem Paar gehörende Kerzenleuchter von schlichter Schönheit entstand um 1790.

Schottland

Schottisches Silber erscheint meist strenger als englisches. Wie auf dem Kontinent wurde im 17. Jahrhundert der Becher zum beliebten Trinkgefäß. Seine Formen wurden von Händlern aus den Niederlanden und von protestantischen Flüchtlingen beeinflußt. Vor 1700 waren Humpen selten. Später wurden sie, meist groß und immer noch ein eher selten anzutreffendes Trinkgefäß, wunderbar mit verschiedenen Dekoren ausgeführt.

Viele typisch schottische Gefäße stammen aus der zweiten Hälfte des 17. Jahrhunderts. Typisch für das letzte Jahrzehnt des 17. Jahrhunderts ist die Distelschale, ein kleiner Becher in Glockenform mit S-förmigem Henkel und einfacher, von der Basis aufsteigender Verzierung aus dünnen Lappen, die entfernt an die Blätter der Distel erinnern – ein seltenes und teures Stück.

Quaiches (gälisch Schale) bilden eine schottische Besonderheit. Ursprünglich war ein *quaich* aus einem Stück Holz geschnitten wie der englische *mazer*, oder er bestand aus Dauben, die mit Reifen zusammengehalten wurden. Er besaß zwei oder mehr Henkel. Für den Adel wurden ca. 1660 – 1725 silberne, mit einem Daubenmuster gravierte *quaiches* angefertigt.

Oben: Tafelaufsatz mit Tablett aus Sheffield Plate, eines der reicher verzierten Stücke, die mit dem echten Silber konkurrierten.

Rechts: Ein elektroplattierter Humpen mit geschnitzten Plaketten und Deckelbekrönung aus Elfenbein von Elkington.

Sie sind jedoch seltener als hölzerne mit einer Silberfassung.

Das schönste schottische Silber stammt aus den Jahren von 1730 – 1740. Teekannen gehörten zu den geschätztesten Gegenständen des 18. Jahrhunderts. Die typisch schottische Teekanne ist vollkommen kugelförmig, im Gegensatz zur leicht abgeflachten englischen Gefäßform. Die nach 1730 angefertigten Stücke sind oft ziseliert oder mit kostbarer Treibarbeit verziert.

Vor allem im frühen 19. Jahrhundert wurden in Schottland große oder kleine natürliche Hörner in Silber gefaßt und zu Tabatieren umgestaltet. Im Hochland stellte man solche Schnupftabakdosen zumeist aus einem gewundenen Widderhorn her, das mit Silberbeschlag und einem silbernen Scharnier versehen wurde.

In der Mitte des 15. Jahrhunderts wurde der Feingehaltsstempel in Edinburg eingeführt. 1681 fügte Edinburg, selten auch Glasgow, einen Jahresbuchstaben zur Kennzeichnung des Herstellungsjahres bei. 1784 – 1890 kam die Steuermarke (Bildnis des Souveräns) hinzu. In Glasgow wurde erst 1819 ein Beschauamt eingerichtet.

Links: Die schottische Schnupftabakdose von 1832 besteht aus einem Widderhorn mit Silbermontierung.

Unten: Der fein gearbeitete irische Schüsselring, um 1780, zeigt einen Schäfer mit seiner Herde inmitten von Rocaillen.

Irland

Das irische Silber weist zum Teil unverwechselbar eigene Züge auf, während andere Geräte kaum von ihren englischen Gegenstücken zu unterscheiden sind. Nach 1660 hergestellte Humpen zum Beispiel lassen sich nur anhand der Marken als irische erkennen. Spezifisch irisch ist jedoch das Bauernhofmotiv, das vor allem bei Zuckerschalen und den spezifisch irischen Schüsselringen (1760 – 1780) verwendet wurde.

Frühe irische Kaffee- und Schokoladekannen unterscheiden sich nicht von den englischen Gefäßformen. Seit ca. 1735 weisen sie einige nationale Züge auf, so am Ausguß ein Ornamentband mit schrägen Rillen darüber. Die besondere irische Art breitlippiger, helmförmiger Sahnekännchen ist im englischen Silber nicht zu finden. Meist aus der Mitte der 30er Jahre des 18. Jahrhunderts stammen Kännchen mit Mittelfuß. Später kam eine dreifüßige Form mit einem Fuß unter dem Ausguß (nicht unter dem Henkel wie in England) auf. Ungefähr um 1740 wurden die Füße dieser Kännchen als Löwen- oder Menschenmasken gestaltet, letztere waren besonders in Cork und Limerick beliebt.

Der hohe Schüsselring war eine irische Besonderheit, er sollte die Mahagonitischplatten vor

Dublin, 17. – 19. Jh.   *Cork (Irland), beide 17. – 18. Jh.*   *Edinburg, 16. – 17. Jh. (links) und ab 1760 (rechts).*

Hitze schützen und hatte zugleich die Funktion eines Tafelaufsatzes. Die älteren Stücke aus den frühen 40er Jahren waren meistens aus durchbrochenem und verziertem Silberblech gearbeitet und gingen zeitlich knapp der Rokokomode voraus.

Von den späten 40er bis in die 70er Jahre war der Durchmesser der Schüsselringe unten weiter als oben. In den 60er Jahren wurde das Bauernhofmotiv auch für sie gebräuchlich. Seit den 70er Jahren wurden getriebene Ornamente und Kanneluren durch geometrische Durchbrucharbeiten und *bright-cut*-Gravur verdrängt.

183

Frankreich

Es gehört zu den schmerzlichen Verlusten in der Geschichte des Kunstgewerbes, daß nur sehr wenig französisches Silber aus der Zeit vor 1790 erhalten blieb. Seine Seltenheit ist auf politische Ereignisse zurückzuführen. Unter Ludwig XIV. verlangte man vom Adel, daß er sein Silber als Beitrag zu den Kriegskosten einschmelzen ließ, und während der Revolution beschlagnahmte man Kirchen- und Haushaltssilber und ließ es zum Wohle der Republik zu Barren einschmelzen. Nur kleine, leichte Gegenstände wie Becher und Weinschalen entgingen der Vernichtung und blieben in größerer Anzahl erhalten.

Die gotischen Formen hielten sich bis um die Mitte des 16. Jahrhunderts, dann wurden sie durch den Manierismus abgelöst, mit dem Paris durch den italienischen Goldschmied und Bildhauer Benvenuto Cellini bekannt wurde. Mit dem Manierismus schwand die Strenge der Gotik, an ihre Stelle traten reichverzierte Formen, oft mit Beschlagwerk und figürlichem Beiwerk.

Im 17. Jahrhundert brachte der Barock einen erneuten Stilwandel. Das Silber zeigte aufwendige Formen mit *lambrequins* (Behangmustern) und bösartigen Vogelmasken, vorwiegend in Treibarbeit. Gegen 1700 wurden die Formen wieder zurückhaltender, und mit dem Tod Ludwigs XIV. setzte eine neue Schlichtheit ein. Durchbrucharbeiten kamen in Mode. Diese Periode ging allmählich vom Régence in die vierzig Jahre dauernde Blütezeit des Rokoko über.

Juste-Aurèle Meissonier (1695 – 1750), Hofsilberschmied von Ludwig XV., soll 1728 das Rokoko mit dem Entwurf eines Kerzenleuchters eingeführt haben. Ein großer Silberschmied des Rokoko war auch François Thomas Germain, der für den Hof arbeitete und u.a. seit 1726 für jedes Neugeborene des Königshauses eine Goldrassel anfertigte. So wie der Name Ludwigs XIV. für den Barock steht, verkörpert Madame de Pompadour das Rokoko, aber leider blieb außer zwei Saucièren und zwei Senftöpfchen kein Silber aus ihrem persönlichen Besitz erhalten.

Während des 18. Jahrhunderts entstanden einige der charakteristischsten französischen Silbergefäße. Hierzu zählen die zahlreichen *écuelles*, zweihenkelige, aber flachere Schalen in der Art der englischen *porringers*, aus der Zeit zwischen 1714 und 1770. *Ecuelles* sind häufig mit *cut-card*-Arbeit (ausgeschnittene und aufgelötete Silberblechornamente) verziert und haben plastische Deckelbekrönungen.

Unten: Eine écuelle *von Thomas Germain, 1735 – 1738, und ein Satzteller von Antoine Plot, um 1766. Plastische Deckelknäufe, hier in Form einer Artischocke, sind typisch für diese Epoche.*

Unten rechts: Der Kerzenleuchter mit dem verhältnismäßig zurückhaltenden Ornament ist ein Beispiel für schlichteres Silbergerät des 18. Jh.

Nach 1730 erhielten sie häufig einen passenden Untersatz.

Im späten 18. und frühen 19. Jahrhundert waren Weinprobierschalen häufig, flache Schalen mit S-förmigem Henkel und Daumenrast, manchmal auch mit einer Öse und einem Ring. Frankreich war das erste Land, das seit dem Ende des 17. Jahrhunderts ovale oder rechteckige Gewürzbüchsen mit geteiltem Deckel und vier Füßen herstellte. Für französische Kaffee- und Schokoladekannen ist der rechtwinklig zum Ausguß angebrachte Henkel typisch. Der Geschmackswandel dokumentiert sich besonders deutlich bei den Kerzenleuchtern.

Auf die strengen Formen des späten 17. Jahrhunderts folgte das bewegte Rokoko, seit den 40er Jahren wurden die Formen asymmetrisch. Daneben wurden aber weiterhin schlichte Stücke hergestellt.

Das Rokoko, das schon durch den Klassizismus außer Mode gekommen war, wurde durch die Französische Revolution aus ideologischen Gründen regelrecht verfemt. Man übte sich jetzt in pedantischen Stilimitationen der griechischen und römischen Kunst. Die berühmtesten Silberschmiede des Ersten Kaiserreiches unter Napoleon waren Martin-Guillaume Biennais (1764 – 1843) und Jean-Baptiste-Claude Odiot (1763 – 1850).

Im späten 18. Jahrhundert wurde das Silberschmiedehandwerk umorganisiert. Ab 1797 trat an die Stelle der bisher regional unterschiedlichen Marken ein einheitliches System, das aus der Meistermarke in einer Raute und einem Feingehaltsstempel mit dem gallischen Hahn und den Zahlen 1 bis 3 bestand. 1818 wurden die Jahresbuchstaben eingeführt.

Nach dem Empire (1804 – 1815) folgte das Silber für etwa dreißig Jahre den englischen Formen. Gegen 1900 machte sich der Art-Nouveau-Stil auch im Silber bemerkbar. Er findet seine reinste Ausprägung in den Arbeiten mit „Peitschenschnur-Ornament" von der Firma Cardeilhac.

Jean Puiforcat (1897 – 1945) war ein genialer Künstler des Art Deco. Er bezog seine Anregungen eher aus der Malerei als aus der Silberschmiedekunst und versuchte, den Kubismus auf sein Handwerk zu übertragen. Einigen Einfluß mag auch die aztekische Kunst ausgeübt haben, die Puiforcat vielleicht dazu anregte, Silber mit Bergkristall zu kombinieren.

Einer der wichtigsten französischen Silberhersteller war die Firma Orfèvrerie Christofle, gegründet 1839. Christofle produzierte sowohl bezaubernd verspielte Kleinigkeiten wie auch das prachtvolle Tafelsilber für den Luxusdampfer „Normandie". Tétard Frères, die ebenso wie Puiforcat kubistische Ideen übernahmen, brachten u.a. Teeservices in vollkommen rechteckigen Formen heraus.

Ganz oben: Die Pracht und Würde des französischen Empire vertritt die Terrine von Martin-Guillaume Biennais aus dem frühen 19. Jh.

Der Lampenfuß von Charles Emile Jonchery (links), 1897, bezieht seine Wirkung aus dem freien Linienspiel des Jugendstils. Die Terrine von Jean Puiforcat (oben) zeigt dagegen die klaren und strengen Linien des Art Deco.

Italien

Oben: Kanne und Becken mit reicher Treibarbeit aus Mailand, 1847, sind von überwältigender klassischer Pracht.

Qualität setzte sich auch in den schön ausgeführten Reliefarbeiten und in dem kühn modellierten Tafelsilber der nachfolgenden Jahrhunderte sichtbar weiter fort.

Die fünf führenden Zentren der Silberschmiedekunst waren Rom, Turin, Venedig, Genua und Neapel. Jedes dieser Zentren entwickelte eigene Stilvarianten und zum Teil spezifische Typen. In Rom zum Beispiel spezialisierte man sich auf kirchliches Gerät. Hier stellte man auch mehr Statuetten und Reliefs mit religiösen oder mythologischen Themen her als in den anderen Städten. Die römischen Silberschmiede nahmen auch bereits um 1770 den Klassizismus auf, zehn Jahre früher als ihre Kollegen andernorts in Italien.

Genua war berühmt für seine Arbeiten aus Silberfiligran. Es war auch der einzige Ort Italiens, in dem *trembleuses* – Tabletts mit runden Halterungen – hergestellt wurden. Die Silberschmiedekunst aus Turin folgte besonders eng französischen Vorbildern. *Ecuelles* (flache Ohrenschüsseln) aus Turin lassen sich kaum von französischen Stücken unterscheiden. Venedig stellte Silber mit reicher Treibarbeit, darunter prachtvolle Buchdeckel und Bilderrahmen, her. Daneben entstand hier auch schlichtes Tafelsilber, vielleicht unter englischem Einfluß.

Das Silber aus Rom, Turin, Venedig, Genua und Neapel bekam im 17. Jahrhundert fast immer Beschauzeichen. Weitere wichtige Zentren der Silberschmiedekunst waren Bologna, Florenz, Mantua, Messina und Palermo.

Im Vergleich zu anderen europäischen Ländern erscheint italienisches Silber pompös und phantastisch. Trotzdem sind die meisten Stücke von überragender Qualität, besonders die des Renaissancegoldschmieds und -bildhauers Benvenuto Cellini (1500 – 1571), dem wohl größten Kunsthandwerker auf diesem Gebiet.

Die italienischen Gold- und Silberarbeiten der Renaissancezeit stellten sich im wesentlichen in eine bildhauerische Tradition; und die hohe bildhauerische

Die Niederlande

Holländische Silbermarken

Amsterdam, 18. Jh.

Leiden, 17. Jh.

Das typische frühe Trinkgefäß der Niederlande war das Horn, entweder mit Silbermontierung oder ganz aus Edelmetall. Solche kostbaren Gefäße erhielten die holländischen Zünfte von bedeutenden Mitgliedern als Geschenk zum Gebrauch bei Banketten.

Nachdem das Trinkhorn außer Mode gekommen war, wurde der Becher zum verbreitetsten holländischen Trinkgefäß. Manche trugen gravierte umlaufende Arabesken oder Blumenmuster, andere wiederum religiöse Darstellungen.

Das 17. Jahrhundert ist die große Epoche des holländischen Silbers. Es wurden herrliche Treibarbeiten angefertigt, die durch Abstufung des Reliefs erstaunliche perspektivische Wirkungen hatten. Die Familie van Vianen stellte die bedeutendsten Silberschmiede des späten 16. und des frühen 17. Jahrhunderts. Adam van Vianen (1565 – 1627) führte das ausgeprägt manieristische Knorpelwerk ein. Mit seinen Asymmetrien erscheint es wie ein Vorläufer des Rokoko, und obwohl es zuweilen überladen wirkt, verbreitete es sich über die ganzen Niederlande. Um die Mitte des 17. Jahrhunderts wurde es von naturalistischen Blumenmustern abgelöst, die ihren Höhepunkt um 1645 erreichten.

Holländische Pokale des 17. Jahrhunderts folgten deutschen Stücken des 16. Jahrhunderts, aber der Dekor war oft ausgeprägt holländisch, zum Beispiel mit getriebenen Heiligenfiguren nach Stichen von Hendrik Goltzius. Pokale waren beliebte Ehrengeschenke für holländische Seehelden. Humpen kommen nur selten vor.

Ausgesprochen typisch für Holland waren hohe und elegante, silbervergoldete Ständer für einen Satz von zwölf Weingläsern. Kokosnüsse und Nautilusmuscheln wurden häufig durch eine Silbermontierung in elegante, repräsentative Trink- und Schaugefäße verwandelt.

Drei Scherzgefäße sind besonders typisch für die holländische Geselligkeit: der Braut- oder Jungfrauenbecher, der Windmühlenbecher und „Hans im Keller". Der Jungfrauenbecher, ein Sturzbecher nach deutschem Vorbild, hatte die Form einer Frau im langen Rock, die ein an Angeln drehbares kleineres Gefäß über ihren Kopf hielt (s. S. 191). Der größere Kelch – der Frauenrock – wurde mit Wein gefüllt, der Trinker mußte ihn leeren, dann vorsichtig umdrehen und auch die kleine Schale austrinken, ohne sein Wams zu bespritzen. Noch ausgeklügelter war der Windmühlenbecher, der für viel Gelächter gesorgt haben muß. Auf einen Sturzbecher war eine kleine Windmühle montiert, deren Flügel sich drehten, wenn man in ein Röhrchen blies. Der Trinker mußte den Becher geleert haben, ehe sie wieder stillstanden.

Hansje in den kelder wurde vom 16. bis ins 19. Jahrhundert hervorgeholt, wenn ein Baby unterwegs war. Unter einem gewölbten Deckel war eine Kinderfigur verborgen, die hochsprang, wenn das Gefäß geleert wurde, und so der Druck nachließ.

Ein weiteres holländisches Gefäß des 17. und 18. Jahrhunderts war die Branntweinschale. Sie wurde bei Familienfeiern mit Schnaps und Rosinen gefüllt. Sie war ursprünglich sieben- oder achteckig, in den 70er Jahren des 17. Jahrhunderts wurde sie oval und

behielt diese Form bei, solange sie in Gebrauch blieb. Branntweinschalen haben oft zwei Henkel, manchmal sind sie mit Gravuren verziert, die sich auf Familienereignisse beziehen.

Kleineres Tafelsilber wie Salznäpfe, Streuer und Kerzenleuchter blieb nur in geringer Zahl erhalten, obwohl es recht häufig auf niederländischen Gemälden abgebildet ist.

Kerzenleuchter des 18. Jahrhunderts haben einen ausladenden glockenförmigen Fuß und einen gedrehten Schaft.

Im 18. Jahrhundert geriet Haushaltssilber wie Teekannen und Kessel unter französischen Einfluß, Vergoldung ist häufig. Tabakdosen, Teemaschinen (seit 1760), Tabletts und andere praktische Gegenstände waren sehr gefragt.

Oben: Die klaren Konturen der Teekanne von 1792 spiegeln den Geist des Klassizismus im ausgehenden 18. Jh. wider.

Unten: Drei Beispiele für elegantes holländisches Tafelsilber. Zwei Streuer, um 1765, in Rokokoformen. Auch die Gravur auf dem Becher, um 1669, wirkt bereits wie ein Vorläufer des Rokoko.

Rußland

Die russische Silberschmiedekunst hat drei national eigenständige Gefäßtypen – *bratina*, *kowsch* und *charka* – und eine typische Ziertechnik, das Niello, hervorgebracht. Die *bratina* ist ein henkelloses Trinkgefäß mit gedrungenem, bauchigem Körper, manchmal mit einem kuppelförmigen Deckel. Nach dem Tod eines Fürsten oder einer Fürstin aus dem Zarenhause stellte man die Lieblingsbratina auf das Grab in der Kirche; später wurde sie oft als Weihrauchgefäß weiterverwendet.

Der *kowsch* war eine Trinkkelle mit bootsförmigem Körper, über den der Henkel wie der Bug eines Wikingerschiffs hinausragte. Ursprünglich zum praktischen Gebrauch geschaffen, erhielt er später symbolische und Memorialfunktion und wurde in dieser Eigenschaft vom Staat und anderen Institutionen als Anerkennung für militärische, diplomatische oder wirtschaftliche Dienste vergeben. Die *charka* ist eine flache, runde Trinkschale mit nur einem Henkel für Branntwein und andere Spirituosen. Manche bestehen ganz aus Edelmetall, andere sind mit Bergkristall oder Halbedelsteinen verziert. Im 17. Jahrhundert erhielten sie auch farbige Emails.

Bei der Niellotechnik wird eine schwärzliche Masse in die in das Metall eingravierte Zeichnung eingeschmolzen. Ornamente und Inschriften heben sich auf diese Weise schwarz vom Gold- oder Silbergrund russischer Geräte des 16. und 17. Jahrhunderts ab. Zentren dieser Technik im 18. Jahrhundert waren Tula, St. Petersburg und Nowgorod. Häufig sind niellierte Tabakdosen des 19. Jahrhunderts.

Während der Deckelhumpen, um 1680 (rechts), europäischen Einfluß zeigt, sind der Becher (rechts außen, oben) und die charka *(rechts außen, unten) typisch russische Gefäße. Beide stammen aus dem 18. Jh. und haben Teilvergoldung und Niellodekor.*

Auch das Filigran war eine russische Besonderheit, seit dem 17. Jahrhundert zuweilen verbunden mit Emailarbeit in Weiß, Blau und Gelb. Eine weitere seit dem 17. Jahrhundert gepflegte Ziertechnik ist die Treibarbeit, die mit dem fortschreitenden Jahrhundert immer kompliziertere Muster zeigt.

Seit dem frühen 18. Jahrhundert fertigte man große Deckelhumpen und andere Gefäße nach westlichem Vorbild an. Zur gleichen Zeit stieg St. Petersburg durch die Ansiedlung ausländischer Silberschmiede unter Peter dem Großen zum führenden Silberzentrum auf. Dieser führte auch 1700 den Feingehaltsstempel ein. Seit dem späten 18. Jahrhundert verdrängte eine neue nationalrussische Mode den europäischen Geschmack, und die alten Techniken Filigran, Niello und Email wurden wiederbelebt.

Der wohl berühmteste russische Kunsthandwerker ist Peter Carl Fabergé (1846 – 1920), Abkömmling einer französischen Hugenottenfamilie. 1870 übernahm er das Geschäft seines Vaters in St. Petersburg, 1884 verlegte er seine Firma als kaiserlicher Hoflieferant nach Moskau. Das Haus Fabergé ist berühmt für seine kostbare Juwelierkunst, es fertigte aber auch edles Tafelsilber an, darunter *kowschs*, Dosen, Kerzenleuchter, Uhrgehäuse, Zigarettendosen und Streichholzschachteln, davon manche mit feiner Emailarbeit.

Unten: Der kowsch aus Moskau, 1899 – 1908, mit seiner Ornamentfülle in Email und Teilvergoldung kann für einen symbolischen Zweck bestimmt gewesen sein.

Rechts: Der Deckelhumpen, St. Petersburg 1899 – 1908, geht mit seinen überzogenen Neorokoko-Formen auf das russische 18. Jh. zurück.

Oben: Verschlungene Jugendstilmotive zieren die silberne Schreibtischmappe mit Emails von Fabergé, Anfang 20. Jh.

Skandinavien

Dänemark

Oben rechts: Ein barocker Deckelhumpen aus Göteborg von 1693. Schwedisches Silber war stark von Deutschland beeinflußt.

Oben: Die dänische Kaffeekanne entstand hundert Jahre später. Sie zeigt die beschwingten Formen des Rokoko.

Das häufigste skandinavische Trinkgefäß war in der Frühzeit das oft in vergoldetes Kupfer oder Silber gefaßte Trinkhorn von einem Büffel oder einer Kuh. Später wurden Becher gebräuchlich. In Dänemark und Norwegen, die bis 1814 vereinigt waren, wurden die Gefäßkörper mit einem offenen Blumen- oder Blätterfries verziert.

In Dänemark wie auch in Norwegen, Schweden und Holland fertigte man im 17. Jahrhundert flache, zweihenklige Schalen für heißen Branntwein und andere Spirituosen an, deren Oberflächen ganz mit barocken, gravierten Ornamenten überzogen waren.

Die skandinavischen Humpen des 16. und 17. Jahrhunderts waren sparsam graviert, hatten zylindrische Körper, die später kürzer wurden, eine weitere Öffnung erhielten und mit drei, selten mit vier Füßen versehen wurden. Typisch skandinavisch waren durch Stifte abgeteilte Paßhumpen, die um 1650 in Erscheinung traten. Die acht Stifte hinter dem Henkel gewährleisteten für jeden Trinker die gleiche Menge.

Zur Zeit Karls II. von England wurden englische Gefäße mit granuliertem Grund nachgebildet. Im frühen 18. Jahrhundert machte sich, einer allgemeinen Modeströmung folgend, auch in den nordischen Ländern der Einfluß des französischen Rokoko neben dem englischen Stil geltend. Skandinavische Rokokostücke besitzen oft gewundene Rippen.

Schweden

Schweden erlebte seine große Zeit unter Gustav Adolf, aber die Taten des Helden aus dem Dreißigjährigen Krieg wurden mehr mit deutschem als schwedischem Silber gefeiert, denn deutsches Silbergerät wurde in großen Mengen nach Schweden importiert.

Viel schwedisches Haushaltssilber des 17. und frühen 18. Jahrhunderts ist in deutschem Stil gehalten. Die im späten 17. Jahrhundert angefertigten Humpen unterscheiden sich von den dänischen und norwegischen durch einen weiteren, sich nach unten verjüngenden Gefäßkörper sowie flachere und breitere, über die Lippe hinausragende Deckel. Kugelfüße und Daumenrast sind entsprechend dem deutschen Vorbild größer und stark verziert. Die verbreitetsten Becher hatten gewöhnlich eine schmale Basis und weiteten sich nach oben aus. In der zweiten Hälfte des 17. Jahrhunderts fertigten neben anderen die Goldschmiede H. V. Torell, Göteborg, Rudolf Wittkopf und John Stahle, Stockholm, Gefäße mit Filigranarbeit, bestehend aus feinen Silberdrähten, die auf den Grund gelötet wurden, an.

Ganz links: Ein norwegischer Jungfrauenbecher von 1794. Er vereinigt zwei Gefäße: dreht man ihn um, so dient der Frauenrock als Trinkkelch.

Links: Im späten 17. Jh. war Filigranarbeit in Schweden beliebt. Der Deckelbecher stammt von einem der besten Vertreter dieser Technik, Rudolf Wittkopf aus Stockholm.

Norwegen

Die norwegischen Humpen waren den dänischen ähnlich, jedoch meist kühner in der Form gestaltet. Gewisse Stücke des 17. Jahrhunderts haben einen flachen, mit einer Medaille oder Münze besetzten Deckel, dessen Durchmesser größer als der Humpen selbst ist. Zu den Herstellern gehörten Romanus Fridrichsen Möller und Berendt Platt aus Christiania, das im frühen und späten 18. Jahrhundert ein wichtiges Silberschmiedezentrum der nordischen Länder war. Albert Groth, dort tätig von 1706 bis 1717, bevorzugte Akanthusblätter und ahmte englische Vorbilder nach.

Seit dem frühen 18. Jahrhundert finden sich gelegentlich vollständige Markierungen (Stadt-, Meister- und Beschaumeistermarke sowie Markierung für das Jahr und den Monat der Herstellung) auf den Gefäßen.

Glossar

Air-twist Schmuckmotiv im Schaft englischer Gläser aus gewundenen Luftspiralen

Akanthus Stilisiertes Blattornament, vorwiegend im 17. Jh. und im Klassizismus verwendet

Akeleipokal Ein der Akeleiblüte nachgebildeter Buckel-pokal vorwiegend der deutschen Spätrenaissance

Albarello Italienisches Apothekergefäß aus Majolika von hoher, zylindrischer Form

Ananaspokal Buckelpokal in Form einer Ananas

Anrichte s. Kredenz

Arita Japanisches Zentrum der Porzellanerzeugung

Arkanum Geheimrezept, aus der Alchimie stammende Bezeichnung für die Zusammensetzung der Porzellan-masse oder anderer chemischer Verfahren

Art Deco Stil des Kunsthandwerks in den 20er und 30er Jahren des 20. Jh., vorwiegend mit geometrischen und stereometrischen Formen

Art Nouveau Französische Richtung des Jugendstils

Arts and Crafts Ein Zusammenschluß englischer Künstler unter Führung von W. Morris zur Erneuerung des eng-lischen Kunsthandwerks im späten 19. Jh.

Aumbry Früher englischer Lebensmittelschrank, oft mit durchbrochenen Türen

Baluster Vasenförmig gerundete Stütze oder Schaft an Möbeln, Trinkgefäßen u.a., besonders im 16. – 18. Jh.

Bandelwerk s. Laub- und Bandelwerk

Barock Gesamteuropäischer Kunststil, im 17. Jh. von Italien ausgehend, in Deutschland von ca. 1650 – 1720

Bartmannkrug Rheinischer Steinzeugkrug des 16. und frühen 17. Jh. mit einer bärtigen Männermaske auf dem Hals

Armlehnstuhl, Ming-Dynastie

Basaltware Englisches schwarzes, unglasiertes Steinzeug, von J. Wedgwood in den 60er Jahren des 18. Jh. ent-wickelt

Bauhaus Von W. Gropius gegründete Schule für Archi-tektur, Kunsthandwerk und bildende Kunst. 1919 – 1925 in Weimar, 1925 – 1933 in Dessau, einer der Ausgangs-punkte des modernen Funktionalismus

Behangmuster Barockes Bordürenmuster aus Draperien und Girlanden, besonders auf französischer Fayence (Rouen) und Porzellan

Beschaumarken Von den Zünften in Edelmetall und Zinn eingeschlagener Stempel zur Garantie des Fein-gehalts (meistens die Stadtmarke)

Beschlagwerk Ornament der nordeuropäischen Spät-renaissance, in der Form an metallene Beschläge er-innernd

Bianco sopra bianco Keramikdekor aus weißer Email-bemalung auf weißem oder pastellfarbenem Grund

Biedermeier Sonderstil im Kunsthandwerk der deutsch-sprachigen Länder, ca. 1820 – 1850

Bienenkorbhumpen Ein gedrungenes, bauchiges Trink-gefäß aus Kreussener oder sächsischem Steinzeug mit verbreiterter Standfläche und gerundetem Zinndeckel

Birnkanne, -krug Gefäßform mit ausladendem Bauch, der allmählich in den Hals übergeht

Biskuit Unglasiertes Porzellan, besonders im Klassizis-mus beliebt

Bleiglas, -kristall Englisches hartes, dickwandiges und stark lichtbrechendes Glas mit Zusatz von Bleioxyd

Bleiglasur Transparente Glasur auf Keramik aus Silikaten und Blei

Blue-dash charger Englische Zierschüssel mit einer Bordüre aus blauen Strichen und polychromer Be-malung im Spiegel, ca. 1640 bis ins frühe 18. Jh.

Bocage Plastisches Laub- und Blumenwerk als Hinter-grund für Keramikfiguren im Rokoko

Bodenstanduhr Uhr mit auf dem Boden stehenden Ge-häuse, im 17. Jh. nach der Erfindung des Pendels ent-wickelt

Bombiert Vorgewölbte Fläche, besonders an Möbelfron-ten des Barock

Boulle-Technik Marketerie aus Schildpatt, Messing und Perlmutt in barocken Mustern nach dem Vorbild des französischen Kunsttischlers A.-C. Boulle

Bracket-Uhr Tragbare englische Uhr mit Handgriff, ur-sprünglich für eine zugehörige Wandkonsole *(bracket)* gearbeitet

Bright-cut-Gravur Facettig ausgehobene und polierte

Gravur auf englischem Silber

Buckelpokal Prunkgefäß der deutschen Spätgotik und Renaissance mit versetzten Reihen getriebener Buckel auf der Wandung

Bugholz Über Wasserdampf gebogene Buchenholzstäbe, von M. Thonet in den Möbelbau eingeführt

Bureau plat Großer Schreibtisch mit Schubladen unter der Fläche, Grundform des heutigen Schreibtischs

Cabriole leg Englische Bezeichnung für ein geschweiftes Möbelbein des späten 17. und 18. Jh.

Camaïeu Einfarbige, mit Schattierungen arbeitende Dekormalerei auf Keramik, besonders in Grau und Purpur

Cartel-Uhr Französische Wanduhr des Rokoko mit plastisch verziertem Gehäuse, meistens in geschweifter Form

Caudle cup Ein- oder zweihenkeliger Becher für ein englisches Stärkungsgetränk

Chiffonier Niedriges englisches Behältnismöbel des 19. Jh. mit offenen Fächern für Bücher oder Porzellan

Chiffonière Französische hohe, schmale Kommode des 18. Jh.

Chinoiserie Dekor mit chinesischen Motiven (Figuren, Blumen) auf europäischem Kunsthandwerk des 17. und 18. Jh.

Commedia dell'arte Volkstümliche italienische Komödie des 16. – 18. Jh. mit festgelegten Charakteren, häufig in Porzellan nachgebildet

Court cupboard Frühes englisches Behältnismöbel in Form einer offenen Stellage oder mit einem geschlossenen und einem offenen Fach

Craquelée Feine, netzartige Rißbildung in einer Keramikglasur oder in Glas, oft künstlich erzeugt

Cream-Ware Englisches feinkörniges, cremeweißes Steingut aus Staffordshire, von J. Wedgwood wesentlich verbessert

Cristallo Italienische Bezeichnung für das wasserklare, dünnwandige venezianische Glas

Cut-card Ornament aus aufgelegter Gold- oder Silberfolie auf englischem Silber

Delftware s. englische Delftware

Deutsche Blumen Ein Keramikdekor mit naturgetreuen europäischen Blumen, um 1730 in Meißen und Wien eingeführt

Diamantgravur, -riß Einritzen von Mustern in Glas mit Hilfe einer Diamantspitze

Directoire Klassizistischer Möbelstil in Frankreich, um 1790 – 1804

Drechseln Die Formgebung von runden Holzteilen auf einer Drehmaschine mittels von Hand geführtem Drehmeißel

Ebenist Französische Bezeichnung für einen Kunsttischler

Eierstab Aus der Antike stammende Zierleiste, in der spitzovale und spitzblättrige Motive abwechseln, häufig im klassizistischen Kunsthandwerk

Einlegearbeit s. Intarsie

Eisglas Glas mit einem künstlich erzeugten Netz feiner Haarrisse, im 16. Jh. in Venedig eingeführt

Email Farbiger Glasfluß, zur Verzierung auf Metall, Glas oder Keramik aufgeschmolzen

Emailfarben s. Schmelzfarben

Empire Klassizistische Stilrichtung des französischen Kunsthandwerks im frühen 19. Jh., häufig mit ägyptischen Motiven, Draperien und Emblemen Napoleons I.

Enghalskanne, - krug Gefäß mit rundem Bauch und langem, engem Hals, häufig im 17. und 18. Jh.

Englische Delftware Eine zinnglasierte englische Irdenware des 16. – 18. Jh., meistens mit bunten Scharffeuerfarben bemalt, auch blau-weiß nach chinesischem und Delfter Vorbild

Engobe Dünner Überzug aus Tonschlicker, vor dem Brennen auf keramische Waren aufgebracht

Entfärben Das Hinzufügen einer Substanz zur Glasmasse, die das Verfärben durch Unreinheiten verhindert, hauptsächlich Mangan

Façon de Venise Nordeuropäisches Glas, das in Material und Form venezianisches Glas nachahmt

Fadenglas Venezianisches Glas mit einem aufgeschmolzenen Muster aus verschlungenen Milchglasfäden

Fahne Der Rand von flachem Geschirr (Teller) im Gegensatz zum eingetieften Spiegel

Famille rose Chinesischer Porzellandekor mit opaken Emailfarben, bei denen Rosa überwiegt

Famille verte Chinesischer Porzellandekor mit transparenten Emailfarben, bei denen ein leuchtendes Grün vorherrscht

Fassung Farbige Bemalung oder Vergoldung von Möbeln über einem Gips- oder Kreidegrund

Fayence Zinnglasierte, fast immer farbig bemalte Irdenware der nordeuropäischen Länder

Feldspat Mineralgruppe, Bestandteil des Hartporzellans

Filigran Ziertechnik der Goldschmiedekunst aus verflochtenen Metalldrähten, auf einen Metallgrund gelötet oder freistehend

Foliot s. Waag

Fond Einfarbiger Grund von Fayence und Porzellan

Formgeblasenes Glas Glas, das – im Gegensatz zum frei geblasenen Glas – in eine vorgeformte hölzerne Model geblasen wird

Freischwinger Auf einer Kufe ruhender, hinterbeinloser Stuhl, im Umkreis des Bauhauses erfunden

Funktionalismus Richtung in der modernen Architektur und im Design, die die Zweckmäßigkeit in den Vordergrund stellt, maßgeblich im Bauhaus mitentwickelt

Furnier Aufleimen einer dünnen Edelholzschicht auf das Kernholz eines Möbels, seit der Renaissance bekannt

Gateleg table Englischer runder oder ovaler Tisch mit abklappbaren Seitenteilen und herausschwenkbaren Beinen zu deren Stütze

Geschweift Mit kurvigem Umriß

Gesims Im Möbelbau waagerechte, vorspringende Abschlußleiste eines Kastenmöbels, glatt oder profiliert

Gesprengter Giebel Giebelaufsatz, dessen Mittelteil ausgespart ist

Oben: Tischchen aus Mahagoni, frühes 19. Jh.; unten: Empiretischchen, Frankreich, Anfang 19. Jh.

Stuhl, England, spätes 17. Jh.

Spiegel mit Konsoltisch,
Aachen, um 1760

Oben: Porzellanteller,
China, frühes 18. Jh.
Unten: Figur aus Derby,
um 1750/55

Gesso Gipsharzgemisch, plastisch modelliert als Ersatz für Holzschnitzerei und Untergrund für Vergoldung

Girandole Mehrarmiger Wandleuchter, gelegentlich mit einem Spiegel als Reflektor versehen

Glasschliff Die Bearbeitung dickwandigen Glases mit einem Schneidrad zur Erzielung von Facetten oder einfachen geometrischen Mustern

Glasschnitt Das Einschneiden von Figuren oder Ornamenten mit dem Schneidrad in dickwandiges Glas

Glasur Glasähnlicher, wasserdichter Überzug auf Keramik zum Abdichten der Poren und Glätten der Oberfläche

Godronierung Rippenmuster, besonders bei Silber, vor allem als Randbordüre

Goldchinesen Ein Hausmalerdekor auf frühem Meißener Porzellan, Chinesenfiguren in goldenen Silhouetten

Gravur Vertieft eingeritzte Zeichnung in Metall, auch in Glas

Groteske Ornamentform vor allem des 16. Jh. aus dünnem, symmetrischem Rankenwerk verbunden mit menschlichen und tierischen Figuren

Grüne Familie In der deutschen Keramik eine Gruppe von Ansbacher Fayencen, deren Dekor die chinesische *famille verte* nachahmt

Hartporzellan Porzellan, das – im Gegensatz zum Weichporzellan – einen hohen Kaolingehalt hat und daher bei extrem hohen Temperaturen gebrannt werden kann

Hausmaler Künstler, die im 17./18. Jh. Fayencen und Porzellan in selbständiger Heimarbeit bemalten, meistens mit figürlichen Szenen

Humpen Trinkgefäß mit walzenförmigem Körper, in Deutschland fast immer mit einem Scharnierdeckel

Indianische Blumen Von ostasiatischem Porzellan kopierter Blumendekor, zuerst in Meißen angewendet

Intaglio Gemmenschnitt, das Einschneiden einer zumeist figürlichen Zeichnung in Halbedelstein oder Glas

Irdenware Schwach gebrannte Keramik mit weichem, porösem Scherben, vor allem für bleiglasiertes Bauerngeschirr verwendet

Jacobakanne Kanne mit hohem, keulenförmigem Körper und Wellenfuß, Sonderform des Siegburger Steinzeugs im 15. Jh.

Jakobitisch Englischer Möbelstil während der Regierung Jakobs I. (1603 – 1625) und Karls I. (1625 – 1649)

Jardinière Blumen- oder Pflanzenkübel

Jasperware Feinkörniges, in der Masse gefärbtes Steinzeug von J. Wedgwood in Blau, Salbeigrün, Lila und Gelb

Jugendstil Internationale Reformbewegung des Kunsthandwerks (frz. Art Nouveau), ca. 1890 – 1910, entstanden als Reaktion auf die Stilnachahmung des Historismus, strebte nach eigenen Formen, die entweder aus der Natur (floraler J.) oder der Geometrie entwickelt wurden

Kabinettschrank Kastenartiges Möbel mit ein oder zwei Türen und vielen Innenschubladen zum Aufbewahren von Wertgegenständen, besonders im späten 16. und frühen 17. Jh.

Kakiemon Japanischer Porzellandekor mit leuchtenden Emailfarben und häufig asymmetrischen Mustern

Kameenglas Überfangglas mit eingeschnittenem Dekor

Kanneluren Senkrechte Auskehlungen an Säulen und Pfeilern, ursprünglich antikes Ziermotiv, im Klassizismus wieder aufgenommen

Kaolin Feinkörniger, weißer Ton, Hauptbestandteil des Hartporzellans

Karyatide Weibliche Stützfigur, häufig an Möbeln

Keramik Sammelbegriff für alle Erzeugnisse aus gebrannter Tonerde (Irdenware, Steinzeug, Fayence, Majolika, Steingut, Porzellan)

Klassizismus Internationaler Stil vom späten 18. bis ins frühe 19. Jh., angeregt durch antike Vorbilder

Knochenporzellan Englische Variante des Hartporzellans mit einem Zusatz von Knochenasche

Knorpelstil, -werk Eine Ornamentform, ca. 1610 – 1670, aus knorpelartig sich verdickenden, teigig ineinanderfließenden Gebilden, besonders in der Goldschmiedekunst Deutschlands, Frankreichs und der Niederlande

Kobaltblau Kobaltoxyd, wichtigste Scharffeuerfarbe, zur Bemalung blau-weißer Fayencen und Porzellans verwandt

Kommode Halbhohes Kastenmöbel mit Schubladen, entstanden im französischen Barock

Kompensationspendel Uhrenpendel mit einer Vorrichtung, welche die temperaturbedingten Längenschwankungen ausgleicht

Konsole An der Wand angebrachte Stütze für Figuren, Vasen oder Uhren

Konsoltisch Wandfest montierter oder für die Aufstellung an der Wand vorgesehener, architektonisch durchgebildeter Tisch, vorwiegend im Barock

Kredenz Halbhohe Anrichte in Tisch- oder Schrankform, zuerst in der italienischen Renaissance

Kristallglas Farbloses Glas mit hoher Lichtbrechung, besonders das englische Flint- und Bleiglas und das böhmisch-deutsche Kreideglas

Kugelklauenfuß Möbelfuß in Form einer Klaue, die eine Kugel umgreift, besonders bei englischen Möbeln des 18. Jh.

Kwaart Bleiglasur auf holländischer Fayence

Lackmalerei Das Überziehen von Möbeln und anderen Gegenständen mit dem Saft des Lackbaums in vielen dünnen Schichten, ursprünglich ostasiatische Technik, seit dem späten 17. Jh. in Europa nachgeahmt

Laternenuhr Frühe englische Messinguhr

Laub- und Bandelwerk Ornament aus verschlungenen Bändern verbunden mit knappen Ranken und Blüten, vor allem in Frankreich und Deutschland, ca. 1690 – 1730

Lüster Hauchdünner Überzug aus Metalloxyden auf Glas oder Keramik

Majolica Englisches Steingut des 19. Jh. mit Reliefdekor und dicker farbiger Glasur, von H. Minton entwickelt

Majolika Zinnglasierte, mit Scharffeuerfarben bemalte Irdenware aus Spanien und Italien

Malling jug Früher englischer Krug mit Silbermontierung aus Englischer Delftware mit einfarbiger oder gesprenkelter Glasur

Manierismus Europäischer Stil am Übergang der Renaissance zum Barock, von Florenz ausgehend, im mittleren 16. Jh. auch in Nordeuropa aufgenommen

Marketerie Furniertechnik, bei der eine aus Furnierteilchen zusammengesetzte Schmuckplatte als Ganzes dem Kernholz aufgeleimt wird

Millefiori Mosaikglas, bestehend aus verschiedenfarbigen, zusammengeschmolzenen Glasstäbchen, deren Querschnitt blütenartig wirkt

Montierung Beschläge aus Edelmetall oder Zinn an Keramikgefäßen, meistens Deckel, Lippen- und Fußring

Mudejar-Stil Der von den Moslems in Spanien gepflegte Stil, 12. – 16. Jh., eine Mischung aus islamischen und gotischen Elementen

Muffelfarben s. Schmelzfarben

Niello Ziertechnik auf Silber und anderen Metallen, bei der eine eingravierte Zeichnung durch Einschmelzen einer schwarzen Masse hervorgehoben wird

Ohrmuschelstil Ornamentform des späten 16. und des 17. Jh., dem Knorpelwerk eng verwandt, mit fließenden, asymmetrischen Formen, die an die Umrisse der Ohrmuschel erinnern

Opalglas Durchscheinendes weißes oder farbiges Trübglas im 19. Jh. in Frankreich und England

Opaque-twist Verzierung aus spiralig gewundenen Milchglasfäden in den Schäften englischer Gläser

Palladianischer Klassizismus Architekturstil in streng klassischen Formen nach dem Vorbild des italienischen Baumeisters Palladio, vor allem Bezeichnung für dessen Nachfolge in England im 17. Jh.

Parketterie Marketerie in geometrischen Mustern, besonders im 17. und 18. Jh.

Pâte-sur-pâte Reliefdekor auf klassizistischem Porzellan, aufgebaut aus dünnen Schlickerschichten

Pembroke-Tisch Englischer Beistelltisch mit hochklappbaren Seitenteilen auf Konsolstützen und Schubladen unter der Platte

Perlstab Aus der Antike übernommene Zierleiste aus kleinen, nebeneinandergereihten Kugeln

Petuntse Chinesisches schmelzbares Gestein, zur Herstellung und Glasur von Hartporzellan verwendet

Pfeilerspiegel Großer Wandspiegel in barocken Sälen, auf dem Wandstück zwischen zwei Fenstern angebracht

Pietra dura Steinmosaik, in der Renaissance für Tischplatten verwendet

Pilaster Flach vortretender Wandpfeiler mit Fuß und Basis, aus der Architektur in den Möbelbau (Fassadenschrank) übernommen

Polychrom Bunte, kräftig voneinander abgesetzte Farbgebung auf Keramik u.a.

Porringer Englische Deckelschüssel mit kürbisförmigem Körper und zwei waagerecht abstehenden Griffen

Porzellan Keramisches Erzeugnis aus Kaolin und Feldspat mit einem reinweißen, feinkörnigen, sehr harten Scherben, der bei sehr hohen Brenntemperaturen zum Sintern gebracht wird

Posset-cup Englischer Deckelbecher, mit gerader Wandung oder balusterförmig, für ein mit Alkohol versetztes Molkegetränk, von ähnlicher Form wie der *caudle cup*

Potpourrivase Duftvase mit durchbrochenem Deckel für wohlriechende Essenzen

Press cupboard Englischer zweiteiliger Leinenschrank, 16. – 17. Jh.

Preßglas Industriell hergestelltes Glas, mit hohem Druck in eine vorgeformte Metallform gepreßt

Profilierung Waagerechte Abstufung eines – zumeist vorspringenden – Möbel- oder Gefäßteils

Putten Nackte Kinderfiguren, beliebtes Ziermotiv in Renaissance und Barock

Redware Einfache englische Irdenware

Régence Französischer Stil zwischen Barock und Rokoko, ca. 1715 – 1725

Regency Spätklassizistischer englischer Möbelstil des frühen 19. Jh.

Reiseuhr Transportable Uhr in rechteckigem Gehäuse

Reliefauflage In einer Model geformtes Motiv aus Tonerde, das einem keramischen Gefäß vor dem Brennen zum Schmuck aufgelegt wird

Renaissance Von Italien ausgehender internationaler Kunststil, der unter Ablehnung der mittelalterlichen Formen an die römische Antike anzuknüpfen suchte

Reserve In der Keramik eine weiße Aussparung aus dem farbigen Fond zur Aufnahme eines Bildmotivs

Rocaille Ein asymmetrisches, aus C-förmigen Schwüngen zusammengesetztes Muschelornament, namengebend für das Rokoko

Rokoko Von Frankreich ausgehender Stil am Ende des Barock (in Deutschland ca. 1720 – 1770) mit lebhaften, zierlichen, oft asymmetrischen Formen

Rollbüro Schreibtisch, dessen Pultaufsatz durch eine bogenförmig geführte Jalousie verschlossen werden kann

Rollwerk Ornamentform, dem Beschlagwerk verwandt, mit plastisch aufgerollten Enden an den Ziermotiven, besonders in Deutschland und den Niederlanden im 16./ 17. Jh.

Rostpendel Kompensationspendel in Form eines Gitterrosts aus Metallstäben mit verschiedenen Ausdehnungskoeffizienten

Salzglasur Transparente, harte Glasur auf Steinzeug, wird erzeugt durch Einwurf von Kochsalz in den Ofen zum Zeitpunkt der höchsten Brenntemperatur

Scharffeuerfarben Eine begrenzte Palette von Keramikfarben (Kobaltblau, Manganviolett, Gelb, Grün, Rot), die hohe Brenntemperaturen aushalten und deshalb zusammen mit der Glasur eingebrannt werden können

Schlesischer Schaft Pseudo-facettierter, d.h. gepreßter Schaft an englischen Trinkgläsern

Schlickerware Englische Irdenware mit einer Verzierung aus farbigem Ton

Schmelzfarben Hitzeempfindliche, über der Glasur aufgetragene und abschließend im sog. Muffelofen schwach

Oben: Glaskelch, Cristallerie St-Louis, frühes 19. Jh.; unten: Schale, René Lalique

Pendule, Frankreich, spätes 17. Jh.

*Taschenuhr,
spätes 18./frühes 19. Jh.*

*Oben: Kanne, Mailand,
1847; unten:
Streuer, England, 1711*

eingebrannte Keramikfarben, sie liegen deutlich tastbar auf der Oberfläche und sind farblich differenzierter als Scharffeuerfarben

Schnelle Schlanker, hoher, konischer Krug, Sonderform des rheinischen Steinzeugs im 16. Jh.

Schwarzlot Schwärzliche Emailfarbe zum Bemalen von Glas und Keramik

Seetangmarketerie Furniermuster aus verschlungenen Arabesken auf englischen Möbeln, das an Seetang erinnert

Sekretär Hochformatiges, zweiteiliges Schreibmöbel, dessen Oberteil durch eine Klappe verschlossen ist, die heruntergelassen als Schreibplatte dient

Seladon Ostasiatisches Steinzeug oder Porzellan mit grünlicher oder bläulicher Glasur

Sgraffito Ritzmuster auf Keramik, durch die Glasur bis auf den Scherben gehend

Sintern Das „Verglasen" von Steinzeug und Porzellan bei sehr hohen Brenntemperaturen, bewirkt Wasserundurchlässigkeit des Scherbens

Skelettuhr Uhr mit freiliegendem Werk unter einem Glassturz

Sodaglas s. Strandglas

Spiegel Vertiefter Grund eines Tellers oder einer Schüssel

Spitzenglas Amerikanisches Preßglas mit plastischem, spitzenartigem Muster

Steingut Keramik mit kaolinhaltigem, gelblich-weißem, weichem Scherben, hauptsächlich in England produziert

Steinzeug Keramik aus besonderen Tonvorkommen, die bei hohen Brenntemperaturen zu einem sehr harten, wasserdichten Scherben sintern

Sterling Gesetzlich vorgeschriebener Feingehalt für englisches Silber (925)

Stichvorlage Kupferstich, nach dem ein Bildmotiv auf Keramik, Glas, Silber oder ein Möbel übertragen wird

Stippen Glasveredelungstechnik, Punktieren der Glasoberfläche mit der Diamantspitze, so daß ein nach Helligkeitswerten abgestuftes Muster entsteht

Stitzenform Kannenform mit kegelstumpfförmigem, geradwandigem Körper, häufig bei englischem Silber

Stock-, Stutzuhr Deutsche tragbare Uhr, in der Form der englischen Bracket-Uhr ähnlich

Strandglas Weiches, leicht bräunliches Glas mit einem Alkalianteil aus der sodahaltigen Asche von Strandpflanzen, wurde in Küstengebieten, besonders Venedig, produziert

Streublumen Keramikdekor des 18. Jh. mit locker über die Fläche verteilten Blütenmotiven

Sturzbecher Becher ohne feste Standfläche, der in einem Zug geleert werden muß, bevor er umgekehrt abgestellt werden kann

Style rayonnant Französischer Keramikdekor aus Behangmustern, Spitzen u.a. Motiven, die auf die Mitte hin zentriert sind, besonders bei Fayence aus Rouen

Treiben Das Ausarbeiten plastischer Formen in Gold- oder Silberblech durch Hämmern (Vortreiben) von der Rückseite her

Trembleuse Tablett aus Porzellan oder Silber mit Standring für eine Tasse, für das Frühstück im Bett gedacht

Überbauschrank Schranktyp des 16. Jh. mit einem Schrankteil als Untergeschoß und einem offenen, zurückspringenden Aufsatz

Überfangglas Glas mit einer oder mehreren verschiedenfarbigen Schichten über einem gewöhnlich weißen Kern; durch Schneiden oder Durchschleifen bis auf das Grundglas entstehen mehrfarbige Effekte

Umdruckverfahren Übertragen einer Bildvorlage von einer Kupferplatte auf Keramik mittels eines Papierdrucks, seit der Mitte des 18. Jh. in England angewandt

Unruhe Schwingsystem vor allem bei tragbaren Uhren, besteht aus einem Schwungrad, das durch eine Feder bewegt wird

Unterglasurfarben s. Scharffeuerfarben

Vedute Stadt- oder Landschaftsansicht

Vernis Martin Französische Lackarbeiten des 18. Jh.

Verre eglomisé Glas, dessen Rückseite von einer schwarzen Lackschicht bedeckt ist, deren Aussparungen von Emailfarben, Gold- oder Silberfolie hinterfangen sind

Vögelesdekor Keramikdekor aus Streublumen und exotischen Vögeln auf deutschen Fayencen

Volute Spiralförmige Einrollung

Waag Zeitstandard früher Uhren in Form eines beweglichen Balkens mit verschiebbaren Gewichten

Wainscotstuhl Englischer Stuhl des 16. und 17. Jh. mit verbretterter Lehne und Kastensitz

Waldglas Nordeuropäisches mittelalterliches Glas von grünlicher Färbung mit Zusatz von Buchenasche

Weichporzellan Schwach gebranntes Porzellan mit einem geringen Kaolingehalt und relativ weichem Scherben

Windsorstuhl Englischer ländlicher Stuhl mit Spindellehne, im 17. Jh. entwickelt

Zarge Verbindung zwischen den Beinen eines Möbels, die den oberen Teil der Konstruktion trägt, häufig verziert

Zellenschmelz Emailtechnik, bei der die verschiedenfarbigen Glasflüsse durch dünne, aufgelötete Metallstege getrennt werden

Zinnglasur Weiße, deckende, zinnhaltige Glasur auf Fayence und Majolika, Untergrund für farbige Bemalung

Ziselieren Bearbeiten von Metallgegenständen von der Vorderseite her zum Erzielen flacher plastischer oder linearer Muster, auch zum Nacharbeiten von Treibarbeiten

Zwiebelmuster Ein chinesischen Blumenmustern nachgeahmter Keramikdekor, zuerst in Meißen angewandt

Zwischengoldglas Doppelwandiges Glas mit dazwischenliegenden Motiven aus Gold-, seltener Silberfolie, vor allem in Deutschland und Böhmen im 18. Jh.

Zylinderbüro s. Rollbüro

Register

Bildnachweis

o. = oben, u. = unten, m. = Mitte, r. = rechts, l. = links

AISA, Barcelona: 51 o.l., 52 o.l./u.l.; Richard Bryant/ARCAID: 150; Armitage, London: 166/7, 172 o.r./u.r., 174 u.l., 176 o.m./l./o.r./u.r., 177 o./m.l./m.r./u., 178 u.r., 179 l., 180 o.l./o.r./u.l., 185 o.; E. Armstrong: 91 o.m.r., 111 m./r., 155 r.; Bayerisches Nationalmuseum, München: 55 o.r.; Bonhams, London: 6 u.m.l, 7 l., 11, 23 o.r., 28 o., 29 u.r., 30 o.l., 31 r., 33 u., 44 u.l. & Ausschnitt, 56 u.l., 69 o., 70 o., 94 o.l., 95 o., 118, 123 u.r., 135 u. 140/141 o., 141, 156 r., 160 m., 178 u.l./m.u., 195 m./u., 196 u.; Bridgeman Art Library: 35 m.r., 43 u., 74 r., 90 r., 94 m., 98, 99, 110 l., 117 r., 147, 148, 154, 163 u.l., 165 u.l., 183 o., 187 o.r.; /Hanley Museum and Art Gallery: 60; / Bristol Museum and Art Gallery: 132 u.r.; /Cecil David Ltd.: 142; /Bethnal Green Museum/ 149 m.; /Kingston Antiques: 157 u.r.; /S.J. Phillip: 168 o.r.; aus Thomas Chippendale „The Gentleman and Cabinet Maker's Director": 26 u.l./m.o./m.u.; Christie, Manson and Woods, Genf: 7 m.u.r., 82 o., 83 l./o.r./u.r., 84 o.l./r./u., 161 o., 164 m.l./m.r., 165 o., 168 o.m., 172 l., 188 l., 189 o./u.l., 196 o.; Christie, Manson and Woods, London: 9 l./m.l., 42 u.l./u.r., 56 o., 57 o.r./u.l., 63 o., 64 o./u., 65 u.l./o.r./ o.r./u., 67, 68 o.r., 69 m.r./l., 72 r., 86 o., 91 l., 94 r., 95 m.r./u., 100 o.r./u.r., 101 o.l., 103 u.r., 108 o., 109 o., 110 r., 111 l., 116 l., 124 u.r., 125 o.l., 149 o.r., 156 l.,
173 o., 176 l., 177 m.l., 180 u.r., 187 o.; Christie, Manson and Woods, New York: 16 u.l., 37, 42 o.l., 56 r., 58 o.l., 59 r., 72 o.l., 73 o.r./m./m.r., 91 m.u.r., 105 u.l./m.r./u.r., 106 o., 107 u.l., 109 m., 117 l., 122 u.l., 123 o.r., 138 m.r./ u.r., 139 u.l./u.m./u.r., 140 l., 155 l., 158 l./r., 159 o.m./o.r., 164 l./r., 173 m.r., 174 o.l./o.r., 176 u.m., 184 u.r., 193 m.; Corning Museum of Glass, Corning, New York: 120, 121 o.l./o.r./u.l., 123 l./o.r.; Design Council: 35 u.l.; Jacqueline Guillot/Edimedia: 136/7 u., 195 o.; Musée des Cristallines de St. Louis/Edimedia: 138 u.l.; E.T. Archive: 48 o./o.m., 98 u., 131 o., 185 m.r.; Lauros-Giraudon: 119 m., 128 o.; Goldsmith Company: 175 u.m.; Claus & Liselotte Hansmann Kulturgeschichtliches Bilda-chiv A-Z: 129 o.l., 185 u.m.; aus George Hepplewhite „The Cabinet Maker and Upholster's Guide": 30 m.o.l., 58 u.l.; Angelo Hornak Photograph Library: 36 l., 11, 23 o.r., 130 l., 146 l., 149 o.l./u.r., 163 o.r.; aus Thomas Hope „Household Furniture and Interior Decoration": 32 u.; Jonathan Horne: 91 o.m.l.; Interfoto, München: 82 m.r.; Kölnisches Stadtmuseum: 5 o.r., 161 u.l./u.r., 162 o.l./m./u.r., 163 o.l.; Königlich Kopenhagener Porzellanmanufaktur: 8 l., 9 r., 115; Liberty: 35 u.r.; Mallett & Son Ltd., London: 48 u.; Mansell Collection: 35 o.l., 157 o.r.; Münchner Stadtmuseum: 5 o.l., 18 u.l.; Musée des Arts Decoratifs, Paris: 109 u., 137 o.r., 138 o.l.; Museum für Kunst und Gewerbe, Hamburg: 170 o.l./u.l./u.r.; National Portrait Gallery, London: 25 o.l., 33 o.; National Trust, Photographic Library: 58 r., 112, 113 u.; Nationalmuseum, Stockholm: 50 u., 145, 146 o.l., 190 r., 191 r.; Phillips, London: 95 o.r., 98 o.l; Photo J. Withaker: 10, 26/7 u., 27 u.r.; Photo J. Bethel: 28 u., 29 o., 32 m.l., 91 o.m.r.; Pilkington Glass Museum: 6 m.r., 128 o., 133 r., 134 u.m., 144 r.; Royal Doulton Ltd.: 96, 97 o.l./u.l., 98 o.m., 100 o.r., 102 o.l./ o.r./u., 103 u.l./o.l.; Hugo Rüf, München: 125 o.r.; aus
Thomas Sheraton „Design for Household Furniture": 31 o.l.; S.J. Shrubsole Ltd., London: 178 o./m., 179 o.l./r./ m./u.r., 181 o./m./u., 182 o./u.l.; Somervale Antiques, Bath: 133 l., 134 o.l./r., 135 o.; Sotheby's Genf: 170 o.r., 184 u.l., 188 o.r./u.r., 189 u.r.; Sotheby, King & Chasemore – The Pulborough Saleroom : 183 u.; Sotheby, Parke Bernet, London: 6 o.m.l./r., 7 m.l./ o.m.r., 8 m.l./r., 20 l., 21 l./r., 31 m., 47 l., 48 o.r./m., 49 r., 61, 63 u.l./m.r., 64 u.l., 65 o., 66 u.l., 68 l./r., 90 o.m.l., 97 u.r., 108 m., 121 m.r., 124 o.l., 125 o.l., 126 u., 127 u., 128 m.l./o.l., 131 u., 132 m.l./u., 134 u.l., 138 u.m., 139 o.l./o.m./o.r., 151, 153 o./u., 155 m.l., 175 l., 182 u.r., 186, 192 o./u., 196; Sotheby, Parke Bernet, Monaco: 2, 70 u.l./u.r., 71 l./r., 72 u.l., 73 o.l., 116 r., 159 u.r.; Sotheby's, München: 105 o.r.; Sotheby, Parke Bernet, New York: 32 o.r., 45 u.r.; Sotheby's, Winchester: 57 o.l.; Sotheby's, Zürich: 155 m.r., 159 l., 163 o.r., 165 o.l.; Spink and Sons Ltd.: 175 r.; Time Museum, Rockford Illinois: 1; Transglobe, Hamburg: 55 u.l.; Earle D. Vandekar or Knightsbridge Ltd.: 73 u., 87 o., 94 u.l., 107 o., 108 u., 111 m./r., 113 o., 114; Victoria and Albert Museum: 100 u.l., 143 o.l., 144 o.m./o.l.; mit freundlicher Genehmigung des Victoria and Albert Museums/MB/Photo Eileen Tweedy: 173 m.l.; mit freundlicher Genehmigung des Victoria and Albert Museums/MB: 191 l.; Vorstand des Wedgwood Museum, Barlaston, Staffordshire: 92, 93, 97 u.r.; Wir danken dem Museum für Angewandte Kunst, Köln, für folgende Abbildungen: 5 m.l./m.r./u.l. 12 o., 13 o./u., 15 m./l., 16 o.m./r., 17 o./u. 18 o.r./u.l./u.r., 19 o./m.l./u., 54 o.l./o.r./u., 74 r., 75 o.r./u.l., 76 o./m.l./m.r., 77 o., 78 o., 79 o./u., 80 o./u., 81 l./r., 82 u.l., 83 o., 85 o.l./ o.r./u., 86 m.l./m.r., 87 u.r., 88 l./o./m.u., 89 o./u.r., 122 o./u.r., 124 u.l., 125 u.r., 126 o., 127 o.l./o.r./ m.r., 129 o.r./u.r., 168 o.l./u.l., 169 o./m.l./m.r., 171 o./u., 194 o.;